Paul Schwarzenau · Das Kreuz

W0190805

Buchreihe *Symbole*

Paul Schwarzenau

Das Kreuz

Die Geheimlehre Jesu

Kreuz Verlag

Meiner Frau

Cip-Titelaufnahme der Deutschen Bibliothek

Schwarzenau, Paul:
Das Kreuz: die Geheimlehre Jesu /
Paul Schwarzenau. – 1. Aufl. – Stuttgart: Kreuz-Verl., 1990
  (Buchreihe Symbole)
  ISBN 3-7831-1030-0

© by Dieter Breitsohl AG
Literarische Agentur Zürich, 1990
Alle deutschsprachigen Rechte beim
Kreuz Verlag Stuttgart
1. Auflage
Kreuz Verlag Stuttgart 1990
Umschlaggestaltung: Hans Hug
Umschlagbild: Victor Vasarély, »Quasar-paal 2«,
© VG Bild-Kunst, Bonn, 1990.
Gesamtherstellung: Röck, Weinsberg
ISBN 3 7831 1030 0

Inhalt

Vorwort

Zum exoterischen Verständnis des Kreuzes gehört die Annahme, daß der Mensch vor Gott ein Sünder, in Christus aber ein gerechtgemachter Sünder sei. Für Luther liegt darin das eigentliche Zentrum des christlichen Glaubens. Nur im Kreuz Christi werden die Strenge der Gerechtigkeit Gottes und das Übermaß seiner Liebe voll angeschaut, zugleich aber auch die Tiefe unserer Sünde radikal wahrgenommen. Vollständige Verurteilung und Rechtfertigung des Menschen fallen so in eins. Die christliche Theologie, insbesondere die protestantische, kann sich nicht genug tun, die Radikalität dieser exoterischen Deutung des Kreuzes zu unterstreichen. Darin liegt aber auch zugleich das tiefste Hemmnis der Theologie, sich auf ein esoterisches Verständnis einzulassen, das in der Verwirklichung des Selbst den Symbolgehalt des Kreuzes ergreift. Denn der Mensch ist nach dieser Radikalität ein Gottloser, Welt- und Selbstverfallener, dessen Religiosität nur eine besonders frivole und raffinierte Auflehnung des sündigen Menschen gegen Gott darstellt. Dabei ist für den Sprachgebrauch aber zu bedenken, daß das Selbst im exoterischen Sinn der Theologie das Ego meint, während es esoterisch einen vom Ich streng zu unterscheidenden neuen Mittelpunkt in der Tiefe der Person bedeutet: das Göttliche, das sich am Ich verwirklichen will. In der exoterischen Auffassung ist alles Heil außer uns: das Zeichen dafür ist das Kreuz.

An diesem Kreuz sind viele Menschen zerbrochen. Innerkirchliche und innerweltliche Askese haben sich aus einer so verstandenen Theologie des Kreuzes entwickelt. Daß mit dieser Radikalität auch eine nicht minder große Leichtfertigkeit einhergehen kann, die alle unsere Schuld auf den Mann am Kreuze »wirft«, soll nicht verschwiegen sein. Er hat ja auf Golgatha ein für allemal die Vergebung für uns »umsonst« erworben, die nur in Anspruch genommen werden muß. Es bleiben unauflösliche Fragen. Sind gute Werke notwendig? Kann der Mensch überhaupt gute Werke tun? Warum schenkt Gott nicht allen Menschen den heilsnotwendigen Glauben? Welcher Zusammenhang besteht zwischen der Nachfolge Christi, der Teilhabe an seinem Kreuz und dem geduldigen Ertragen von körperlichem, seelischem und sozialem Leiden?

Nehme ich dadurch die Strafe Gottes gegen den sündigen Menschen auf mich und mache mich zugleich empfangsbereit für die Rechtfertigung, die Jesus für mich am Kreuz erworben hat?

Fragen über Fragen, die die christliche Menschheit im Zusammenhang mit dem Symbol des Kreuzes bis heute bedrängen und, wie man den Eindruck hat, eher bedrücken als befreien.

Dem steht die Tendenz gegenüber, das Kreuz Christi frei von solchen Bedenklichkeiten ausschließlich als ein Zeichen der Liebe Gottes zu betrachten. Gott habe uns durch das Zeichen des Kreuzes sagen wollen, wie sehr er uns liebt, und dies durch die Hingabe seines Sohnes, die eben nur diesen Zweck verfolgt, zum Ausdruck gebracht. Gott sagt ja zu uns ohne Wenn und Aber. Aber damit verblaßt das Symbol des Kreuzes, das noch unendlich mehr an ausgetragener und unausgetragener Bedeutung in sich schließt, zu einem bloßen Zeichen. Es kommt daher, ehe wir in die Erörterung des Kreuzes als *Symbol* eintreten, darauf an, daß wir den Sprachgebrauch des Wortes »Symbol« richtigstellen[1].

Die eigentliche Verwirrung besteht darin, daß wir die Ausdrücke »Symbol« und »Zeichen« ohne deutliche Unterscheidung benutzen, ja das eine Wort gegen das andere nach Belieben austauschen, als wäre »Zeichen« nur die Übersetzung und Erläuterung des Fremdworts »Symbol«. »Der Begriff eines Symbols« ist aber, wie C. G. Jung sagt, »streng unterschieden von dem Begriff eines bloßen Zeichens. Symbolische und semiotische Bedeutung sind ganz verschiedene Dinge«[2] (»semiotisch« ist abgeleitet von griechisch: semeion = Zeichen). Da der Sprachgebrauch, der allgemeine und der wissenschaftliche, diese strenge Unterscheidung bis heute nicht beachtet, muß, wenn irgendwo vom »Symbol« oder vom »Zeichen« die Rede ist, immer erst herausgefunden werden, ob es sich dabei wirklich um ein Symbol und nicht um ein bloßes Zeichen handelt.

Zeichen sind eindeutig, sie erhalten ihre Bedeutung durch die Bestimmung, die man ihnen gegeben hat. So bedeutet das Posthorn die Post, obgleich diese Übereinkunft heute keineswegs mehr zwingend ist. Man muß das Zeichen im Sinne dieser seiner Eindeutigkeit erklären. Das Symbol aber ist, um an einen Ausdruck Kierkegaards anzuknüpfen, ein »subobjekti-ver« Tatbestand. Das Symbol ist in einem dynamischen Sinn objektiv und subjektiv zugleich. Es überwindet die Trennung in eine Subjekt- und Objektsphäre, in eine Innen- und Außen-welt. Das Symbol zielt immer auf eine Überwindung dieser Spaltung, die in unheimlicher Weise insbesondere unsere mo-derne Situation kennzeichnet. Ungeheure Beträge seelischer Energie bleiben aufgrund dieser Spaltung ungenutzt im bloß Subjektiven stecken und richten dort ihre vielbeschriebenen Schädigungen, ja Zerstörungen an, denen eine wuchernde Au-ßenwelt, deren treibende Energien wir oft als »entfremdende Mechanismen« deuten, spiegelbildlich gegenübersteht. Das Symbol, um es zu wiederholen, zielt als »subobjektiver« Tat-bestand auf eine Überwindung dieser Spaltung, es zielt daher immer auf eine »neue Existenz«, auf eine »neue Welt«, die es energetisch erst möglich macht.

»Die psychologische Maschine, welche Energie verwandelt, ist das Symbol«, kann C. G. Jung aus diesem Grunde sagen; er fügt ausdrücklich hinzu: »Ich meine ein wirkliches Symbol und nicht ein Zeichen.«[3] Da Religionen auf Lebensverwand-lungen ausgehen, ist es nicht zufällig, daß sich der umfassende Sinn der großen Weltreligionen je in einem Symbol darstellt. Es bedeutet einen tiefgreifenden Verlust an universaler Mäch-tigkeit einer Weltreligion, wo dieses Symbol mehr oder min-der nur noch als bloßes Zeichen verstanden wird, für das Theologie und Glaubensverkündigung erst die richtigen se-miotischen Erklärungen bereitstellen.

Das Hauptsymbol des Christentums ist das Kreuz. »Die Er-klärung des Kreuzes als eines Symbols der göttlichen Liebe ist bloß semiotisch«, sagt C. G. Jung, »denn ›göttliche Liebe‹ bezeichnet den auszudrückenden Tatbestand treffender und besser als ein Kreuz, das noch viele andere Bedeutungen ha-ben kann . . . Solange ein Symbol lebendig ist, ist es der Aus-, druck einer sonstwie nicht besser zu kennzeichnenden Sache. Das Symbol ist nur lebendig, solange es bedeutungsschwanger ist.«[4] Das weist auf einen noch unabgeschlossenen Prozeß.

Das Kreuz meint im Grunde »das Kreuz der Wirklichkeit«, wie Eugen Rosenstock-Huessy es ausgedrückt hat. Es ist Ganzheits- und Wandlungssymbol, ein Symbol des Univer-sums, das in sich zusammenfaßt, was da ist »die Breite und

Länge und Höhe und Tiefe, . . . auf daß ihr erfüllt werdet zu der ganzen Fülle Gottes« (Epheser 3,18 f.). Es ist darum auch das »Kreuz in Wirksamkeit«, wie es Rosenstock-Huessy zugleich nennt[5]. Das Kreuz ist in diesem Sinne eine »Maschine«, deren energieverwandelnde Arbeitsleistung auf eine universale, noch unabgeschlossene Verwirklichung geht. Zu diesem Unabgeschlossenen gehört, daß verwandelte Energie, wie das Hauptsymbol sie freisetzt, aus der Tiefe die Symbolvorstellung »Gott« mit sich führt, gewissermaßen als Ausdruck eines neuen Energieschubes, dessen Kraft noch nicht ausgeschöpft ist. Gott ist, wie jeder Blick auf die »Realität« bestätigt, noch nicht voll aktualisiert. Er schaltet sich zwischen Realität und Verwirklichung durch seine »Offenbarungen«, durch die er allein, wie man gesagt hat, erkannt sein will, das heißt durch Symbole, die alle zuströmende Energie ins Universale einer noch ausstehenden Verwirklichung verwandeln. Nicht zufällig spricht daher das Neue Testament im Zusammenhang mit dem Kreuz ausdrücklich von der »Energie Gottes«, die die vorgegebene Wirklichkeit in die Fülle Gottes verwandeln wird. Das heißt aber mit Blick auf den in diesen Verwandlungsprozeß hineingenommenen Menschen, daß dieser nun »wächst das Wachsen Gottes« (Kolosser 2,19).

Das Kreuz der Wirklichkeit

Das Urphänomen

»Blicke also auf gen Himmel, o Mensch, und erfreue dich schaudernd deines unermeßlichen Vorzugs, den der Schöpfer der Welt an ein so einfaches Prinzipium, deine aufrechte Gestalt, knüpfte! Gingest du wie ein Tier gebückt, wäre dein Haupt in eben der gefräßigen Richtung für Mund und Nase geformt und danach der Gliederbau geordnet, wo bliebe deine höhere Geisteskraft, das Bild der Gottheit, unsichtbar in dich gesenkt?«[1]

Johann Gottfried Herder schreibt diese hymnischen Worte in seinen »Ideen zur Philosophie der Geschichte der Menschheit«. Er hebt dadurch die aufrechte Gestalt als Wesensmerkmal des Menschen hervor. Der Mensch wird durch sie nicht nur in den Kosmos eingefügt; er wird fähig, den Sinn desselben auszusprechen. Er vermag die »höhere Geisteskraft, das Bild der Gottheit«[2], das unsichtbar in ihn versenkt ist, wirksam werden zu lassen. Durch den aufrechten Gang »bekam das Haupt seine schöne Stellung und Richtung«[3]. Die Stirn, die Herder ein zartes, ätherisches Himmelsgewächs nennt, gewann »völligen Raum, sich umherzubreiten und seine Zweige abwärts zu versenken«[4]. Mit der Aufrichtung des Menschen drängt alles in ihm zur Bildung des menschlichen Gehirns. Herder vergleicht dieses einer Blume, die sich »vorn weg zu einem Gewächs voll ätherischer Kräfte wölbt«[5]. Die aufrechte Gestalt selbst nennt er einen emporstrebenden Baum, »gekrönt mit der schönsten Krone einer feineren Gedankenbildung«[6]

Diese Wesenskennzeichnung des Menschen isoliert ihn nicht gegenüber den andern Lebewesen. In ihr vollendet sich vielmehr die Evolution und findet zu ihrem Sinn. In Baum und Pflanze finden wir bereits die aufrechte Gestalt angedeutet. Aber das Tier muß sich noch wie ein »hingestrecktes, auf vier Stützen geschlagenes Gerippe herschleppen«[7]. Herder sieht darin die Ausarbeitung von animalischen Kräften im Tier, die Vorstufen zum Menschen bilden. Aber unbewußt strebt auch das tierische Sein zur aufrechten Gestalt. »Der kriechende Wurm erhebt, so viel er kann, vom Staube sein Haupt, und das Seetier schleicht gebückt ans Ufer. Mit hohem Halse steht der stolze Hirsch, das edle Roß da, und dem gezähmten Tier werden schon seine Triebe gedämpft; seine Seele wird mit Vorideen genährt, die es zwar noch nicht fassen kann, die es aber auf Glauben annimmt und sich gleichsam blind zu ihnen gewöhnt. Ein Wink der fortbildenden Natur in ihrem unsichtbaren organischen Reich, und der tierisch-hinabgezwungene Körper richtet sich auf, der Baum seines Rückens sproßt gerader und blüht feiner auf; die Brust hat sich gewölbt, die Hüften geschlossen, der Hals erhoben, die Sinne sind schöner geordnet und strahlen zusammen ins hellere Bewußtsein, ja zuletzt in einen Gottesgedanken. Und das alles wodurch anders als vielleicht, wenn die organischen Kräfte sattsam geübt sind, durch ein Machtwort der Schöpfung: Geschöpf, steh auf von der Erde!«[8]

Walter F. Otto nimmt den Gedanken der Menschengestalt von der Seite des Mythos auf. Im aufrechten Stehen kommt der Wesensgrund derselben zum Ausdruck. Schon die Rückenlage des Kindes, die dem Tier nicht natürlich ist, weist auf das Sicherheben hin. Der Mensch strebt mit seiner Grundhaltung nach oben. Alle anderen Wesen, auch die in die Luft sich schwingenden, sind abwärts gerichtet. Der Mensch strebt zum Himmel und zur Sonne. Otto erkennt darin »die menschengestaltige Antwort auf die Gegenwart dessen, was über dem Menschen ist«[9]. Er nennt daher »diese Haltung des Menschen den *ersten Mythos*«[10]. Der Mythos ist ihm nicht erst eine Offenbarung in Worten. Er ist die gestalthafte Erscheinung des Ewigen, die im aufrechten Stehen am Menschen selbst geschieht. In diesem Stehen ist »der ganze Mensch versammelt, die ganze Fülle und Lebendigkeit seiner Kräfte und Vermögen«[11].

Otto denkt dabei nicht an ein müßiges Dastehen. Er knüpft an die Ruhestellung des aufrechten Menschen im Tanz an. Diese stellt »selbst eine Art von Bewegtheit« dar, die »in der entsprechenden Musik zum Ausdruck kommen würde«[12]. Er weist im Zusammenhang damit darauf hin, daß sich der Mythos in der Kult*handlung* ganz in Formen der Körperlichkeit ausdrückt. Das geschieht, um es noch einmal zu betonen, *vor* seiner Kundgebung im Wort. »Die Kulthandlung ist die notwendige Antwort des Menschen auf die Gegenwart des Göttlichen. Aber diese Antwort ist kein selbständiges, freiwilliges Tun des Menschen. Die göttliche Gegenwart selbst prägt sich in

13

ihr aus, schafft sich Zeugnis, inkarniert sich in ihr. Sie ist also selbst die Offenbarung der göttlichen Wahrheit ... Das Göttliche, wenn es wahrhaft nahe ist, will sich selbst in dieser menschlichen Gestaltung begegnen. Dem ursprünglichen Kultakt, der sich in allen folgenden wiederholt, brauchte kein Glaube an Göttliches voranzugehen: es war unmittelbar da in den kultischen Haltungen und Handlungen.«[13]

Otto bringt zum Ausdruck, daß sich hier eine Art Urphänomen ausspricht, »das für alle nachfolgenden Kulte bis zum heutigen Tag« gilt. »Davon kann man sich am leichtesten überzeugen, wenn man acht hat auf die einfachsten und urtümlichsten, mit der Gottesverehrung zu allen Zeiten verbundenen Formen des Verhaltens. Das Händefalten und Handerheben, das andächtige Stehen, sich Verneigen, Niederfallen und Knien sind spontane Ausdrucksformen, in denen das Göttliche selbst seine Gegenwart bezeugt. So auch die großartigsten Veranstaltungen des Kultus: sie bringen ein göttliches Geschehen leibhaft zur Erscheinung. Sie sind keine Nachahmungen oder Sinnbilder, noch viel weniger magische Verrichtungen; sie sind die heiligsten Vorgänge selbst, sie sind die Wahrheit des göttlichen Ereignisses.«[14]

In der Menschengestalt und ihren spontanen Ausdrucksformen liegt also schon der Urmythos als Antwort auf das Göttliche bereit, das sich zugleich darin ausspricht. Der Mensch mit seinem Denken überspringt leicht das ihm Zunächstliegende, seinen eigenen Leib. Er meint, der Mensch habe sich den Kultus und Mythos zu irgendwelchen Zwecken zurechtgedacht. Dabei ist aber der erste Mythos, um Walter F. Ottos Ausdruck zu gebrauchen, ein unmittelbarer, spontaner Ausdruck des Göttlichen und darin des Menschlichen. Der Mensch ist am meisten, am vollendetsten er selbst, wo er in den spontanen Ausdruck seiner Leiblichkeit eintritt. Im Leib liegt eine tiefe und umfassende Weisheit, die unser bewußtes Wissen weit übersteigt und mit dem Instinkt verwandt ist. »Das uns unbegreifliche Wissen liegt in den Organen selbst, die durch ihre Bildung darauf angelegt sind, Handlungen zu vollziehen, die, wenn sie menschlich bewußte wären, die gründlichste Erfahrung und Überlegung erfordert hätten. Wir sehen den weiblichen Vogel, der zum erstenmal befruchtet worden ist, das Nest bauen, in dem die junge Brut aufwachsen soll; und wir erstaunen fast noch mehr, wenn der männliche Partner bei diesem geheimnisvollen Tun Hilfe leistet. Aber es gibt bekanntlich noch viel erstaunlichere Instinkthandlungen der Tiere, die sogar weit hinausgehen über das, was menschliches Bewußtsein und Wissen zu leisten vermöchte!« Ausdrücklich setzt Otto hinzu: »Eben solche Wunder vollbringt auch der physische Organismus des Menschen.«[15]

Diese Einblicke Walter F. Ottos, die die Herderschen in Richtung auf den dem Menschenleib innewohnenden Urkultus und Urmythos vertiefen, müssen für alles Folgende festgehalten werden. Herder und Otto heben die aufrechte Menschengestalt hervor. Otto erweitert diese auf die spontanen Äußerungen der Leiblichkeit. Herder betont die Tendenz der Kopf- und Hirnbildung und fügt im Folgenden die Bedeutung der menschlichen Hand hinzu. »Durch die Bildung zum aufrechten Gange bekam der Mensch freie und künstliche Hände, Werkzeuge der feinsten Hantierungen und eines immerwährenden Tastens nach neuen, klaren Ideen.«[16] Damit ist der Ansatz gelegt, das Verständnis des menschlichen Wesens vor allem auf eine Wechselwirkung von Hirn und Hand zu legen und damit auf sein Machen und nicht auf sein Sein, das sich in seiner ganzen Leiblichkeit ausspricht. Auf letzteres deutet Otto mit Nachdruck wieder hin. Doch bedürfen seine grundlegenden Einsichten im Blick auf den Urkultus und Urmythos einer wesentlichen Ergänzung, ja Korrektur.

Diese Ergänzung und Korrektur finden wir bei dem frühchristlichen Denker und Apologeten Justinus Martyr (ca. 110 bis ca. 165). Justin schreibt in seiner ersten Apologie (Schrift zur Verteidigung des Christentums) über das Symbol des Kreuzes: »Betrachtet alles, was in der Welt ist, ob es ohne diese Figur gehandhabt werden oder Gestalt gewinnen kann. Das Meer kann nicht durchschnitten werden, wenn nicht dieses Siegeszeichen, das hier Segel heißt, auf dem Schiffe unversehrt bleibt. Die Erde wird nicht gepflügt ohne dasselbe; Grabende und Handwerker verrichten ihre Arbeit nicht ohne Werkzeuge, die diese Form haben; die menschliche Gestalt unterscheidet sich in nichts anderem von der der unvernünftigen Tiere als dadurch, daß sie aufrecht ist, die Hände ausspannen kann und im Gesichte von der Stirne an einen Vorsprung, die Nase, trägt, durch die beim Lebenden der Atem geht und die keine andere Form als die des Kreuzes hat; ist doch durch den Propheten also gesagt worden: ›Der Atem vor unserm Antlitz Christus der Herr‹[17]. Auch die bei euch üblichen Sinnbilder bekunden die Macht dieses Zeichens, ich meine die Feldzeichen und Siegeszeichen, mit welchen ihr überall aufzieht; tragt ihr doch damit, wenn auch unbewußt, die Abzeichen eurer Herrschaft und Macht zur Schau. Auch die Bildnisse der bei euch verstorbenen Herrscher stellt ihr in dieser Form dar und benennt sie noch in Inschriften als Götter.«[18]

Justin weist geradezu auf die Allfälligkeit des Kreuzsymbols hin, ohne das, wie er sich ausdrückt,»nichts, was in der Welt ist, gehandhabt werden oder Gestalt gewinnen kann«. Es ist ihm geradezu das Symbol in allen Symbolen und das Werkzeug in allen Werkzeugen, wodurch diese erst wirksam werden. Zum andern aber nennt er die aufrechte Gestalt des Menschen, die er jedoch zusammensieht mit den ausgespannten Händen und dem menschlichen Gesicht, dessen Kreuz durch Nase und Stirn gebildet wird. In diesem Ausgespannt-Sein ist erst der Mensch und darin das ihm entsprechende Göttliche zur Stelle. In Richtung der von Justinus Martyr gemachten Beobachtungen gehen auch die Hinweise von Ingrid Riedel in ihrem Buch »Formen«: »Das Kreuz kommt ... in der Natur vielfach vor: als Strukturprinzip bei Kristallgittern, dort in streng geometrischer Form, aber auch als Formprinzip bei Pflanzen, im Blütenstand der Kreuzblütler zum Beispiel, auch in vielen anderen Blütenständen; an den Gabelungen zwischen Blättern und Stengeln bei Pflanzen, zwischen Stamm und Ästen beim Baum. Ebenso strukturiert es den Körperbau zahlreicher Lebewesen.«[19]

Ob Alfons Rosenberg die Justin-Stelle gekannt hat, ist fraglich. Doch entfaltet er in seinem Buch »Kreuzmeditation« das in dieser Stelle liegende Urphänomen auf eine umfassende Weise. Es ist daher notwendig, daß wir auf die wesentlichen Strukturelemente dieser »Meditation des ganzen Menschen« eingehen[20].

A. Rosenberg ist zu seiner Kreuzmeditation offenbar durch ein Gedicht von Werner Bergengruen angeregt worden, das die Überschrift »Membra vestra templum sunt Dei vivi« (Eure Glieder sind der Tempel des lebendigen Gottes) trägt:

»Du Mensch nach Gott gebildet bist.
Dein Leib ist Gleichnis: Kreuz und Christ.
Gerammt im Grund der Hauptstamm steht,
Seitan der Schulter Querholz geht.
Erkenn' das Kreuz, du hängst daran,
Schmerzenskind und Schmerzensmann.
Halswirbel führ'n den Sprossenlauf
Der Jakobsleiter himmelauf.
Verhüllt von dunklen Rippen brennt
Herz: Ewiges Licht und Sakrament.
Verborgner Felsborn pocht und schwillt.
Neig dich vor jedem Menschenbild.«[21]

Aber Rosenberg geht nicht sogleich vom Christuskreuz aus,
sondern vom Kreuz der menschlichen Gestalt als einem Urphänomen, vom »Menschheitskreuz« und »Kreuz der Wirklichkeit«, wie er im Anschluß an E. Rosenstock-Huessy sagt.
Es geht ihm ausdrücklich darum, »ein neues, nichttheologi-
sches Kreuzverständnis zu gewinnen«[22]. »Die Lösung des Pro-
blems«, sagt Rosenberg, »ist so einfach wie umfassend: Es ist
das Kreuz, diese Grundfigur des gesamten Daseins, das von
universalem Charakter ist, weil es sowohl den göttlichen, kosmischen, wie den Bereich des Menschen repräsentiert. Das
Kreuz – dies gehört zum Urwissen der Menschheit – ist sowohl
das Signum der Grundordnung der Welt wie auch der leiblich-
geistigen Struktur des Menschen. Gewiß ist das Kreuz das
Zeichen des christlichen Glaubens. Jedoch stellt die christliche Deutung des Kreuzes nur *eine* Facette dieses uralten
Heilszeichens dar. Denn so bedeutungsvoll und erhaben auch
das christliche Verständnis des Kreuzzeichens ist, so ist doch
die universale Bedeutung desselben noch umfassender.
Universal muß dies älteste Heilszeichen der Menschheit genannt werden, weil es von den frühesten Zeiten der Menschheitsgeschichte an, in allen Epochen, überall und jederzeit als
Kundgabe und Verheißung der Gottheit verehrt wurde.«[23]
Der universale Charakter soll aber nun ganz aus der Kreuzförmigkeit der menschlichen Gestalt entwickelt werden. Auch
diese ergibt sich nicht aus einem bloßen Dastehen, sondern
aus dem, was Rosenberg »die rechte Haltung« des Menschen
nennt, in der geistig wie leiblich das Innere und das Äußere in

17

Wechselwirkung stehen. »Die rechte Haltung aber ist dem Menschen vorgegeben in der Art seines Skelettes, das kreuzförmig gebildet ist: Die aufrechte Wirbelsäule wird überkreuzt durch den Schultergürtel und die Arme. Zuvor aber gründet es im Becken als in seiner Erde – mit ihm zusammen bildet es das untere Kreuz, im Gegensatz zu dem oberen des Schultergürtels und der sieben Halswirbel, die vom Gewölbe des Schädels gekrönt werden. Verbunden aber sind die beiden ›Kreuze‹ durch den schwingenden Bogen des Rückgrates. Dadurch ist das Kreuz des Menschen, das seine gesamte Existenz versinnbildet, in nicht umkehrbaren Polen zwischen Himmel und Erde, oben und unten ausgespannt.«[24] Dem Äußeren entspricht das Innere. »Der Mensch ist zeit seines Lebens am Kreuz seiner Knochen, aber auch seines Ichs, ›aufgehängt‹.«[25] »Am Kreuz hängend und es erkennend, ist der Mensch von Anfang an und von Grund auf ein Gerichteter, d. h. ein sowohl auf das Du wie auf ein vorgegebenes Lebensziel Gerichteter.«[26] Er ist in der Kreuzeshaltung der ganzen Welt konfrontiert und stellt »in seinem ausgebreiteten Selbststand«[27] »eine Zusammenfassung, eine Vereinigung des Universums durch die Kreuzgestalt«[28] dar. »Erst wenn darum der Mensch inne wird, daß er am Kreuz hängt – dessen Realisierung für ihn Fülle und Leben, dessen Ablehnung aber die Selbstzerstörung und -zerspaltung bedeutet –, wird er des in seinem Wesen gleichsam schlafenden Urbildes, auf das hin er geschaffen ist und das als sein Lebenssinn wirkt, gewahr werden.«[29]

Der Mensch erhält aus seiner kreuzförmigen Leibhaftigkeit heraus eine sein Wesen begründende vielfältige Dimensionalität. Er ist bezogen auf ein Unten und ein Oben und damit auf die waltenden Kräfte der Tiefe, der Erde, des Unbewußten, und zugleich der Höhe, des Himmels und des Bewußten. Er hat einen »Erdpol« und einen »Himmelspol« in der Dimensionalität der Vertikalen. Demgegenüber verbindet ihn die Horizontale mit der Dimensionalität von links nach rechts. Sie verbindet ihn mit der Dimension der Introversion, der Wende zur Mitte, und der Dimension der Extraversion, der Wende nach außen. Strebt die Vertikale, die das Männliche repräsentiert, vom Erdpol zum Himmelspol, so erstreckt sich die Horizontale über die ausgestreckten Arme zur Berührung mit dem Menschengeschwister und den anderen Wesen neben uns. »In der

Horizontalen wirkt sich die venushafte Bindekraft des Daseins aus: das Weiblich-Bindende und das Mütterlich-Hegende ... Auch repräsentiert die Horizontale die Erde, die alle Gewächse, die sie ins Leben schickt, unterschiedlos nährt.«[30] Demgegenüber umspannt die Vertikale »die unteren und oberen, die sinnlichen und geistigen, die irdischen und himmlischen Pole der Schöpfung. Im Gegensatz zur breit hingelagerten Horizontalen, als flächenhafter Basis, verfügt die Vertikale nur über einen fast punktförmigen schmalen Ausgangsort. Von diesem ›Punkt‹ aus schießt sie gleichsam wie eine Rakete in die Höhe – sie kann aber ihr Aufrechtsein nur durch unablässiges Streben zum fernen Oben und durch ihre energische Dynamik durchhalten. Ist die Horizontale das Symbol für das Leibhafte des Lebens, so die Vertikale für den aufstrebenden Geist. Dieser kennt kein Verharren, die Erde ist für ihn nicht Heimat, sondern gleichsam nur Abschußrampe.«[31]

Die Dimensionen treffen sich in der »heiligen Mitte«. Diese ist nach Rosenberg »bereits vor der Entstehung der Zweiheit existent«[32]. Sie ist der Inbegriff der ungespaltenen Einheit, der noch nicht in ihre Vielheit auseinandergetretenen Fülle. Sie ist eigenschaftslose Einheit und unentfaltete complexio oppositorum in einem und so das Bild der Gottheit schlechthin. Rosenberg sagt dazu: »So ist auch die Mitte als kosmische Energiequelle vor den vier Kreuzarmen, die aus ihr hervorgegangen, auch wenn diese in der Sinnenwelt ihren Ursprung erst bilden. Diese Mitte ist das Bild der Ganzheit vor jeder Teilung und zugleich der Ort und die Kraft, durch welche die vierfache Ausstrahlung in die Welt wieder zur überweltlichen Ganzheit vereinigt wird. Das gleiche gilt, wenn diese Mitte als Symbol des Selbst, der transkausalen Einheit des Menschen, verstanden wird. Denn dieses Selbst ist der transkausale Ursprung des Menschen, den er freilich erst auf dem Weg der Wandlung durch das Ausrichten auf die Mitte wieder zu erlangen vermag. Darum ist diese ›Mitte ohne Eigenschaften‹ (weshalb es unmöglich ist, sie mit den Kategorien der Sinnenwelt zu beschreiben) das eigentliche Ziel der Menschwerdung, zu dem alle Menschen bewußt oder unbewußt hinstreben und in dem sie den Einklang der Welten zu erfahren vermögen.«[33] Ausdrücklich nennt Rosenberg »die lösende und einende Mitte, den ›Ort‹ der Fülle, des Pleromas, des Findens, der Ruhe«[34].

Solche an das Nirvana gemahnenden letzten »Beschreibungen« der weiselosen Gottheit bilden zugleich auch wieder den »Grund« für das Wesen des Kosmos und des Menschen. Sie lassen das Erlebnis der Dimensionen des Kreuzes in eine Parallelbeschreibung von Gott, Kosmos und Welt übergehen. Denn kreuzförmig geht Gott aus sich hervor und teilt sich dem Menschen als Grund des Universums mit, das in sich zusammenfaßt, was da ist »die Breite und Länge und Höhe und Tiefe«, und schließt darin die Bestimmung des Menschen auf, »auf daß ihr erfüllt werdet zu der ganzen Fülle Gottes« (Epheserbrief 3,18 f.). Gott, Kosmos und Mensch bilden im Kreuzsymbol einen drei-einigen Aspekt. Diese drei Aspekte göttlichen, menschlichen und kosmischen Seins dürfen nicht voneinander gelöst werden, ohne daß Gottesbild, Weltbild und Menschenbild dadurch tiefen Schaden erleiden. Es ist daher auch nicht zufällig, daß bei der Beschreibung der Kreuzförmigkeit der Menschengestalt der göttliche, kosmische und menschliche Aspekt immer wieder ineinander übergehen.

Darin zeigt sich auch die Beziehung des Kreuzsymbols zu den grundlegenden Einsichten des chinesischen Universismus. Repräsentiert die Vertikale das Männliche, dann kommen in ihr die Yang-Kräfte zur Darstellung, in der Horizontalen als Ausdruck des Weiblichen hingegen die Yin-Kräfte. Ständig durchdringen, durchkreuzen und überkreuzen nach der chinesischen Weisheitslehre des I Ging männliche Yang- und weibliche Yin-Kräfte einander. Befruchtend (yang) und gestaltend (yin) vereinigen sich Himmel und Erde und bringen dadurch die Wandlungszustände hervor, die die geheimnisvolle Bahn (Tao) des Universums ausmachen. Symbolisch besteht aber auch die Möglichkeit, daß der linke Kreuzbalken das Weibliche, der rechte Kreuzbalken das Männliche darstellt. Dadurch entsteht die Vorstellung eines androgynen (mannweiblichen) Urmenschen, der auch wieder ein Bild für die Gottheit sein kann, wie sie sich aus ihrer eigenen undifferenzierten Tiefe erschloß. Gleichzeitig ist sie in dieser Gestalt ein Urbild des Kosmos in vielen Religionen. Die Kreuzdimension der Horizontalen kann schließlich noch für die Zeit, die Vertikale für die Ewigkeit stehen. Das Kreuzsymbol stellt deren Vereinigung dar.

Johann Wolfgang Goethe hat in seinem Alterswerk »Wil-

helm Meisters Wanderjahre« bei der Darstellung der Pädagogischen Provinz das Wesen des Menschen durch eine kreuzförmige Symbolik zum Ausdruck gebracht. Er tut dies durch die
Heraushebung der drei Dimensionen »über uns«, »unter uns«,
»neben uns«, zu denen als vierte noch die Beziehung auf sich
selbst kommt. Dabei geht es Goethe bei dieser Kreuzförmigkeit um die Erschließung dessen, was zur Menschwerdung des
Menschen noch über das hinaus hinzukommen muß, was uns
die Natur lehrt. Das Kreuzessymbol gewinnt hier den Charakter der Vervollständigung und Erfüllung der menschlichen Existenz. »Aber etwas bringt niemand mit auf die Welt, und doch
ist es das, worauf alles ankommt, damit der Mensch nach allen
Seiten zu ein Mensch sei«[35]: die Ehrfurcht. Die Gebärdengrüße
der Schüler der Pädagogischen Provinz bringen diese Ehrfurcht
dreifach durch eine ebenso elementare wie tiefsinnige Körper-
sprache zum Ausdruck, die Wilhelm Meister von den Oberen
auf folgende Weise gedeutet werden: »Dreierlei Gebärde habt
ihr gesehen, und wir überlieferten eine dreifache Ehrfurcht,
die, wenn sie zusammenfließt und ein Ganzes bildet, erst ihre
höchste Kraft und Wirkung erreicht. Das erste ist die Ehrfurcht vor dem, was über uns ist. Jene Gebärde, die Arme
kreuzweise über die Brust, einen freudigen Blick gen Himmel,
das ist, was wir unmündigen Kindern auflegen und zugleich
das Zeugnis von ihnen verlangen, daß ein Gott da droben sei,
der sich in Eltern, Lehrern, Vorgesetzten abbildet und offenbart. Das zweite, Ehrfurcht vor dem, was unter uns ist. Die
auf den Rücken gefalteten, gleichsam gebundenen Hände, der
gesenkte, lächelnde Blick sagen, daß man die Erde wohl und
heiter zu betrachten habe; sie gibt Gelegenheit zur Nahrung;
sie gewährt unsägliche Freuden; aber unverhältnismäßige Leiden bringt sie . . . Aber aus dieser Stellung befreien wir unsern
Zögling baldmöglichst, sogleich wenn wir überzeugt sind, daß
die Lehre dieses Grads genugsam auf ihn gewirkt habe; dann
aber heißen wir ihn sich ermannen, gegen Kameraden gewen-
det nach ihnen sich richten (indem die Schüler den Kopf nach
der rechten Seite wenden und sich in eine Reihe stellen). Nun
steht er strack und kühn, nicht etwa selbstisch vereinzelt; nur
in Verbindung mit seinesgleichen macht er Fronte gegen die
Welt.«[36] Es ist ein Symbol für die Ehrfurcht vor dem, was uns
gleich ist.

In der kreuzförmigen Dimensionalität dieser dreifachen Ehrfurcht sieht Goethe die eigentlich wahre Religion ausgedrückt. Die Religion, die auf der Ehrfurcht vor dem, was über uns ist, beruht, nennt er die ethnische. Es ist die Religion der Völker; an ihr nehmen alle sogenannten heidnischen Religionen teil, die sich von einer nur niederen Dämonenfurcht abgelöst haben. Der fröhliche Aufblick zum Himmel kommt am reinsten im alttestamentlichen Gottesglauben und in den dazu parallelen Erzählungen der antiken Mythologie zur Darstellung. Darum werden in der ersten Halle des Heiligtums der Pädagogischen Provinz Bilder aus diesen beiden religiösen Überlieferungen gezeigt. Im Credo entspricht die ethnische Religion dem ersten Glaubensartikel.

Die Religion, die auf der Ehrfurcht vor dem, was unter uns ist, beruht, nennt Goethe die christliche. Auch sie ist, wenngleich verborgener, in allen Religionen enthalten. Sie wird in der Erziehung der Schüler nur kurz gestreift, da es der Natur der Jugend entspricht, sich ohne Resignation in unbedingtem Streben zu entfalten. Sie wird gleichsam für die zweite Lebenshälfte in ihrem tiefsten Aspekt als Integration des Schattens und des Verzichtes auf Perfektion aufbewahrt. Der Mensch erfüllt sich als »Entsagender«, das heißt als einer, der seine Grenze und Endlichkeit bewußt annimmt und integriert. In diesem Verständnis von »Entsagung« als Befähigung, der Erde dienen zu können mit seiner Endlichkeit, die nicht dumpf und apathisch, sondern für das Ganze erschlossen ist, liegt ja das Thema der »Wanderjahre«. Goethe nennt die christliche Religion »ein Letztes, wozu die Menschheit gelangen konnte und mußte. Aber was gehörte dazu, die Erde nicht allein unter sich liegenzulassen und sich auf einen höheren Geburtsort zu berufen, sondern auch Niedrigkeit und Armut, Spott und Verachtung, Schmach und Elend, Leiden und Tod als göttlich anzuerkennen, ja Sünde selbst und Verbrechen nicht als Hindernisse, sondern als Fördernisse des Heiligen zu verehren und liebgewinnen.«[37] Für Goethe ist solche Entsagung und Schattenintegration die Essenz der christlichen Religion, die mit der Selbstfindung zusammenfällt. Diese ist die »Ehrfurcht vor sich selbst«, die aus den drei Ehrfurchten als deren reine Frucht entspringt. Im Credo entspricht die christliche Religion dem zweiten Glaubensartikel.

Die Religion, die aus der Ehrfurcht vor dem, was neben uns ist, oder, wie es auch heißt, vor dem, was uns gleich ist, entspringt, nennt Goethe die philosophische. Hier tritt Christus neben Sokrates als Lehrer der Menschheit auf. Es gehört zur Weisheit Goethes, daß er Christus zugleich unter diesem Aspekt zu betrachten weiß. Christus nicht mehr in der Mitte der Weisheitslehrer der Menschheit als einen von ihnen zu sehen, wie manche kirchlichen Lehrer möchten, wäre ein kaum erträglicher Verlust, besonders für den Menschen der ersten Lebenshälfte, der nach Erkenntnissen strebt, die Menschheit zu ihrem Ideal zu verändern. »Der Philosoph, der sich in die Mitte stellt, muß alles Höhere zu sich herab, alles Niedere zu sich herauf ziehen, und nur in diesem Mittelzustand verdient er den Namen des Weisen.«[38] Es geht um die Vollendung und Wandlung der Menschheit zur Geistgemeinschaft. Im Credo entspricht die philosophische Religion dem dritten Glaubensartikel.

Goethe kann sagen, daß sich die Spuren dieser drei Religionsstufen in allen geschichtlichen Religionen, auch der geschichtlich-christlichen, vorfinden. Sie bilden, um einen Ausdruck von U. Mann zu gebrauchen, die »Religion in den Religionen«. »Der erste Artikel ist ethnisch und gehört allen Völkern; der zweite christlich, für die mit Leiden Kämpfenden und in Leiden Verherrlichten; der dritte zuletzt lehrt eine begeisterte Gemeinschaft der Heiligen, welches heißt: der im höchsten Grad Guten und Weisen.«[39] Die »Religion in den Religionen« ist kreuzförmig strukturiert und stellt das Urphänomen dar, das sich in den geschichtlichen Religionen hält. Es weist auf ihren göttlichen, kosmischen und menschlichen Grund. An dieser ihrer Kreuzförmigkeit sind die Religionen, auch die geschichtlich-christliche, letztlich zu messen.

Das Kreuzsymbol und das Unbewußte

Aus der Gebärdensprache des Leibes erhebt sich der Urmythos, durch den sich uns die Wirklichkeit von Gott, Welt und Mensch in der Tiefe, Höhe und Breite ihrer kreuzförmigen Dimensionalität zuteilt. Der Leib selbst aber ist der unmittelbarste Ausdruck einer hinter dem Bewußtsein liegenden Tiefenwirklichkeit, der Wirklichkeit des Unbewußten. Der Leib ist die Objektivität des Unbewußten. Im Leib schafft sich das Selbst, das noch im Unbewußten liegende Zentrum der menschlichen Ganzheit, einen durch kein Dazwischentreten des Bewußtseins gestörten Abdruck seines Seins. In unserem Leib ist das Selbst unmittelbar zur Stelle, ohne daß wir darum wissen müssen. In unserem Leib wissen wir mehr, als unser Bewußtsein an Erkenntnis aufnimmt und bisher aufgenommen hat. Der Leib ist der Spiegel des Selbst, das unmittelbare Selbst-Bild. Der Leib ist so für den Menschen der umfassendste Träger des Geistes.

Aus dem geistigen Zentrum des Unbewußten, dem »Bauchgehirn« oder plexus solaris – dem vegetativen Nervensystem oder Sonnengeflecht –, gehen die Impulse zum Kleinhirn, dem Gehirn der urtümlichen oder archetypischen Bilder, das seinerseits wieder das Großhirn mit schöpferischen Intuitionen durch diese Bilder anregt. C. G. Jung spricht im Zusammenhang mit dem vegetativen Nervensystem vom Sympathicus. »Das Unbewußte ist jene Psyche, die aus der Tageshelle eines geistig und sittlich klaren Bewußtseins hinunterreicht in jenes Nervensystem, das als Sympathicus seit alters bezeichnet wird, und nicht wie das Cerebrospinalsystem Wahrnehmung und Muskeltätigkeit unterhält und damit den umgebenden Raum beherrscht, sondern ohne Sinnesorgane das Gleichgewicht des Lebens erhält und auf geheimnisvollen Wegen durch Miterregung nicht nur Kunde vom innersten Wesen anderen Lebens vermittelt, sondern auch auf dieses innere Wirkung ausstrahlt. Es ist in diesem Sinne ein äußerst kollektives System, die eigentliche Grundlage aller participation mystique, während die cerebrospinale Funktion in der Absonderung der Ichbestimmtheit gipfelt und stets nur durch das Medium des Raumes Oberflächen und Äußerlichkeiten erfaßt. Letzteres erlebt alles als Außen, ersteres aber alles als Innen.«[40]

Aus der Leiblichkeit heraus und zugleich kollektiv drängt das Unbewußte, sich zu manifestieren. Der Mensch tut erst etwas, ehe er es denkt und versteht. Er tut ein Geschehen, das aus seiner Leiblichkeit, buchstäblich aus seinem Leibe herausfährt. Das Ur-Tun ist der Kultus, nicht in seiner späteren Ausarbeitung und Rationalisierung, sondern in seiner unwiderstehlichen, ursprünglichen Manifestation. Das Symbol als ein dem Leibe entsteigendes wird zuerst getan, genauer: getanzt, ehe es als Bild-Symbol und als Laut-Symbol, Vision und Audition, in den Menschen einbricht und zugleich nach außen durchbricht: Imagination, Inspiration und Projektion. Der Mensch entnimmt sich einem Ur-Chor, der die Ur-Welt, den Ur-Gott und den Ur-Menschen tanzte und so buchstäblich dem Boden entstampfte.

Erst über ein ursprüngliches Ritual erfährt der Mensch das Selbst in der ihn übergreifenden Gruppe, deren Teil er ist. Die Einbrüche und Durchbrüche, Introjektionen und Projektionen, die der Mensch in diesem Geschehen erlebt, wecken stufenweise das Bewußtsein und lassen aus dem Körper selbst das Gruppenselbst entsteigen, aus dem sich zuletzt, in einem langen Prozeß, das individuelle Selbst abhebt. In diesem Prozeß stehen wir selbst noch mitten drin. »Das Körperselbst ist die ursprüngliche Manifestation des individuellen Selbst«, sagt Erich Neumann[41]. Er will damit zum Ausdruck bringen, daß unser Selbst zunächst ganz im Körper und seinen Manifestationen zur Stelle ist, sich im Ritual vom Körper ablöst, wobei es als Götter und Ahnengeister erscheint, die das Geist-Selbst der Gruppe ausmachen, um zuletzt in der Erfahrung des individuellen Selbst zum Ziel zu kommen, das in dem Geist-Selbst großer Einzelner der Gruppe vorgebildet ist, die uns den Weg zum eigenen Selbst vor-bahnen. Das Ritual ist der Ort und der Weg der anhebenden Selbst-Erfahrung und Selbst-Entfaltung.

Erich Neumann hat den Versuch gemacht, das ursprüngliche Ritual, aus dem die menschliche Ur-Religion erwuchs, mit den Mitteln der Tiefenpsychologie zu rekonstruieren. »Es ist häufig und eindrücklich geschildert worden, auf welch abenteuerlich gefährlichen und manchmal stundenlangen Wegen die tief im Innern der Berge liegenden Höhlen oft erreicht werden mußten, welche dem Eiszeitmenschen als Kultorte dienten, in denen er seine magischen Tiermalereien anbrachte. Kriechend und kletternd, durch unterirdische Seen schwimmend und an Abgründen auf schmalstem Grat entlangrutschend, durch steile Felskamine hinauf und über fast unüberschreitbare Felsplatten hinweg, wurde der heilige Ort erreicht, in tiefster, nur durch die flackernden Mooslämpchen erhellter Dunkelheit, in dauernder Bedrohung durch die Gefahren des Weges.«[42]

Neumann stellt sich die Frage, was den Frühmenschen veranlaßt haben könnte, »sich freiwillig diesen immensen Gefahren auszusetzen und gerade einen solchen Kultort zu suchen«. Er nimmt das Ergebnis vorweg, wenn er schreibt: »Es handelt sich um den Archetyp des Mysterienweges, an dessen Ende ein Wandlungsgeschehen steht, das am heiligen Ort, im zentralen Raum, dem Uterus der Großen Mutter, sich abspielt. Dieser Wandlungsort aber ist nur auf einem Einweihungsweg zu erreichen, der durch ein todesträchtig gefährliches Labyrinth führt, in dem keine Bewußtseins-Orientierung möglich ist.«[43]

Diese Ausführungen setzen voraus, daß das heilige Ritual bereits »gefunden« bzw. »erfunden« worden ist. Es hängt dies damit zusammen, daß, wie bereits angedeutet, der Mensch erst etwas tut, ehe er es denkt und versteht. Und in letzterem Falle denkt der Mensch zunächst nicht, sondern »es denkt« in ihm. Naturgemäß fällt es uns schwer, zuzugeben, daß die grundlegenden Konstituenten des menschlichen Seins niemals von Menschen bewußt »erfunden« worden sind, zumal sie sich nachträglich als zweckmäßig herausstellen. »Das Erfinden«, sagt Jung, »(ist) in den primitiven Sozietäten eine wesentlich andere Sache als bei uns.« Die Riten und ihr Symbolgehalt haben sich »aus unerkennbaren Anfängen entwickelt, und zwar nicht bloß an einer Stelle, sondern an vielen zugleich, und auch zu verschiedenen Zeiten. Sie haben sich aus den nie erfundenen, sondern überall vorhandenen Voraussetzungen, die der menschlichen Natur eigentümlich sind, herausentwickelt.«[44]

Erich Neumann schildert das menschliche Ur-Ritual, auch wenn ihm unerkennbare entwicklungsfähige Anfänge vorausgegangen sein mögen, als eine Erfindung nicht des menschlichen Bewußtseins, sondern der menschlichen Natur. »Fraglos hat der Eiszeitmensch keinen Kultort ›gesucht‹, er ist auf ihn gestoßen oder richtiger, er ist von seinem Unbewußten zu ihm geführt worden, und zwar im Ablauf eines Geschehens, das sich, wie jedes ursprüngliche Geschehen, gleichzeitig innen und außen abgespielt hat.«[45] Neumann versteht Ritus ganz ursprünglich als Weg, so wie wir auch heute noch davon sprechen, daß man einen Ritus »begeht«. Und nun stellt er uns vor Augen, wie die primitive Gruppe und der sie führende »Große

Einzelne«, von dem dunklen Innern des Höhlenlabyrinthes angezogen und fasziniert, den Weg in jenes Dunkle hinabstiegen, bis sie in jene höchste Anspannung, ja bis zum »bursting point« gerieten, da unter der Macht des Numinosen aus ihrem Innern das Ur-Symbol »explodierte«. Neumann denkt sich als Ur-Symbol, das in diesem ältesten Ritual der Frühmenschheit durchbrach, die Uroboros-Schlange, die er auch die »Uroboros-Schlange des Anfangs«[46] nennt. Der Uroboros ist die sich selbst in den Schwanz beißende Schlange, die sich selbst verzehrt und selbst zeugt, die Männliches und Weibliches noch ungeschieden in sich vereinigt.

Es läßt sich aber deutlich machen, daß im Umschlagen der höchsten Spannung die Geburt eines noch ursprünglicheren Symbols als Ur-Offenbarung im menschlichen Ur-Kultus geschah. Alfons Rosenberg hat es, wenn es ihm auch in dieser Konsequenz nicht bewußt war, angedeutet, wenn er die Entstehung des Kreuzsymbols dynamisch beschreibt: »So ist auch die Mitte als kosmische Energiequelle vor den vier Kreuzarmen, die aus ihr hervorgegangen.«[47] Diese Mitte ist nach Rosenberg »das Bild der Ganzheit vor jeglicher Teilung und zugleich der Ort und die Kraft (der) vierfachen Ausstrahlung in die Welt«[48]. Sollte nicht in jenem bursting point zwischen Erzittern (Tremendum) und Faszination vor der Imagination der Gruppe ein Punkt von verzehrender Strahlungskraft und Energie aufgetaucht sein, der, während er auf das Innere eines jeden vorzustoßen schien, in vier Strahlen kreuzförmig auseinandertrat, als wolle das glühende Gebilde vierfach im Unendlichen zerstrahlen, Kreuz und Stern? Dann aber, als gelte es, die Urangst, die von solcher Strahlung ausging, aufzufangen, sei aus der Tiefe des Hintergrunds ein wunderbarer weiter Kreis aufgetaucht und habe die vier Kreuzesstrahlen in seinen hegenden Schutz genommen und sei als solches Radkreuz aus Licht vor dem Blick der erschrocken-befreiten Menschen zur Ruhe gekommen? Ausdruck des umfassenden Seins mit den fünf Dimensionen der Mitte, des Oben, Unten, des Links und Rechts? Vieles spricht dafür, daß wir darin die Ur-Vision der Menschheit zu erblicken haben. In dem gleichschenkeligen Kreuz mit dem mandalaförmigen Ring ist zugleich der von Neumann vermutete Uroboros angelegt.

Man stoße sich nicht an dem Schein einer äußersten Abstraktheit des aufleuchtenden Symbols! Mit Recht weist Aniela Jaffé darauf hin, daß die Abstraktionstendenz des Unbewußten mit Schwächung des Bewußtseins zunimmt[49]. Das Bewußtsein ist in dieser Ur-Situation noch punktförmig klein. Es wird vom Numinosen wie mit einer Speerspitze getroffen, vom Sinn des Seins verwundet und geweckt. Überhaupt sind die geometrischen Figuren, die sich in diesem Ur-Symbol aus der Tiefe der Seele mitteilen, keine durch Abstraktion gewonnenen Formen, die der Verstand hervorbringt. Sie sind die tiefsten Archetypen des menschlichen Geistes, die Ur-Formen, aus denen uns Grundstrukturen des Seins als Gott, Kosmos und Mensch aufgehen. Das Tiefste ist das Erste, das Anfängliche das Ursprüngliche. Im Ur-Sprung bricht der Grund hervor. Die Wahrheit ist in Symbolen für das Ganze immer beim Menschen gewesen.

Alfons Rosenberg nennt in diesem Sinne das Kreuz, insbesondere das Radkreuz, das »älteste Heilszeichen der Menschheit«, das universal »in allen Epochen, überall und jederzeit als Kundgabe und Verheißung der Gottheit verehrt wurde«[50]. Wir finden dieses Symbol zuerst in den prähistorischen Höhlen der Steinzeit, und zwar vornehmlich als gleichschenkliges Kreuz und Radkreuz. Die große Anzahl der erhaltenen Zeichen spricht für seine grundlegende Bedeutung. Sie wurden in den finsteren Kulthöhlen oft nicht nur nebeneinander, sondern auch übereinander geritzt und gemalt, als habe sich jede Generation dadurch einzeichnen wollen. »Offensichtlich war das Kreuz schon in der Steinzeit, wie später in den Hochreligionen von zentraler Bedeutung.«[51]

Kreuzformen

In die Steinzeit zurück weist auch die germanische Rune »man«. Diese stellt einen Menschen dar, der seine Arme über die Waagrechte hinaus so weit hebt, daß die Handgelenke in einer gedachten waagrechten Verbindung den Scheitel berühren würden. In der Dimensionalität dieser kreuzförmigen Körpergebärde fließt dem Menschen nach U. J. Heinz die Stufe des Im-Geist-Seins zu[52]. Dem entspricht in gewisser Weise die hellseherische Auffassung Abd-ru-shins, daß immer hinter jedem echten Menschheitslehrer das strahlende Wahrheitskreuz stehe[53]. Auch das Anch-Kreuz (Lebenskreuz) der Ägypter geht wohl in älteste Zeiten zurück. Im Totenbuch kann es auf dem Djed-Pfeiler dargestellt werden. Dabei gehen von ihm zwei Arme aus, die die Sonnenscheibe tragen[54]. Das Anch-Kreuz verbindet so die Säule des Königtums mit dem Ganzen des Kosmos und seiner göttlichen Sonnenmanifestation. Götter, zum Beispiel der Sonnengott Re, tragen es auf den Knien[55] oder halten es in den Händen[56]. Ein Fackelhalter der Amarna-Zeit stellt es in einer Verbindung von Licht und Leben dar[57].

Es entspricht einem eschatologischen Grundsatz, daß das Letzte wie das Erste sein wird. Diese Regel bringt der Barnabasbrief in der Form eines Jesuswortes: »Siehe, ich mache das Letzte wie das Erste.«[58] Dieser Grundsatz läßt sich auch tiefenpsychologisch wahrscheinlich machen. In einer Traumserie wird oft im ersten Traum, dem Initialtraum, bereits die Lösung, die am Ende hervortritt, vorweggenommen. Der erste Durchbruch aus der Tiefe ist schon ein Vorgriff auf das, was sich letztlich entbergen will. Im Ur-Sprung liegt zumindest keimhaft und andeutungsweise schon das künftige Ganze, das Telos und Ziel. Es ist nun bedenkenswert, daß die Christen in den Anfängen ihres geschichtlichen Auftretens unter der Vision des Kreuzkreises standen als Symbol für das hereinbrechende Ende. Sie nannten dieses Symbol das Zeichen des Menschensohns. Dieses Symbol hängt sicher auch mit Ezechiel 9,4 ff. zusammen. Dort werden die jahwetreuen Jerusalemer mit dem Kreuz auf der Stirn gezeichnet und so vor dem Gericht geschützt. Das Kreuzzeichen ist zugleich der letzte Buchstabe des hebräischen Alphabets in einer älteren Schriftart, die zur Zeit des Propheten Ezechiel noch gebräuchlich war. Es ist also auch hier ein Zeichen des Endes. Das christliche Kreuz leitet sich keineswegs, wie man meinen möchte, vom Kreuz von Golgatha ab. Demgegenüber hat der Theologe und Theologiehistoriker Eric Peterson nachgewiesen, daß der Kreuzkreis den frühen Christen als eschatologisches Symbol für den wiedererscheinenden Christus galt[59]. Von hierher leitet sich das Kreuzsymbol in seiner Beziehung auf das Christentum her. Vor das innere Auge der Christen trat also die Vision eines Symbols des Endes, von dem nach dem genannten Gesetz vermutet werden kann, daß es das Symbol des Ursprungs gewesen ist. Das Erste wie das Letzte! Alfons Rosenberg weist noch darauf hin, daß in den ersten christlichen Jahrhunderten oft Lichtkreuze am Himmel geschaut wurden[60]. Wenn die Menschen des Mittelalters schon die Kreuze aus den Wolken fallen sahen, so wird das eine ähnliche Beziehung auf das Ende gehabt haben[61].

Die Entsprechung von Anfang und Ende, Ende und Anfang drückt sich aber in jeder Krise aus, die ein Durchbruch aus der seelischen Tiefe wendet, sei es, daß dies in der Gestalt eines Traumes, einer Vision oder Imagination erfolgt. In solchen Durchbrüchen erscheint das Ur-Symbol aufs neue. Ein Beispiel dafür sind die inneren Erfahrungen, die C. G. Jung in seinem »Roten Buch« niedergelegt hat. Man versteht darunter einen in rotes Leder gebundenen Folioband, den Jung mit vielen Bildern im Jugendstil illustrierte, die als »Selbstexperimente« verstanden sein wollen. Es sind aus dem Unbewußten auftauchende Phantasien, Meditationen und Auseinandersetzungen mit dem Unbewußten. In diesem »Roten Buch« findet sich ein Bild, das als »Symbol des Sakralen in einem Flammenkreis über der Welt des Krieges und der Technik« bezeichnet wird[62] (s. Tafel I). Jung hat es zwar erst 1920 gemalt. Ihm liegt aber ein Traum vom 22. 1. 1914 zugrunde, den er als eine Vorwegnahme des Ersten Weltkriegs empfand. Das Symbol schließt also eine höchste Bedrohung in sich ein. Das Symbol des Sakralen ist ein gleichschenkliges, rotfarbenes Kreuz auf goldenem Grund, das ein Kreis umschließt, von dem acht mächtige Feuerlohen ausgehen. Der ganze Himmel ist von Feuerglühen erfüllt, das allmählich in ein wahnwitziges Van-Goghsches Blau übergeht. Unter diesem Symbol, ja großenteils noch mit ihm verbunden, sitzt auf einem schwarzen, fliegenden Teppich in Yoga-Stellung eine schwarzweiß gekleidete Gestalt mit einem schwarzen Kreis in Brusthöhe ihres quergestreiften Kleides. Sie fliegt in einer Art von Starre und Versunkenheit heran, als sähe sie die Landschaft nicht, über die sie hinschwebt. Auf ihrem Haupt trägt sie ein Feuerungsgerät, welches das mächtige Radkreuz wie einen Ballon im Schweben erhält. In großer Ruhe und zugleich Schreckensmacht schwebt der Luftfahrer mit seinem gigantischen Radkreuz über die Landschaft, die trotz militärischer Details noch nicht das Entsetzliche zu ahnen scheint, das auf sie zukommt.

Eine andere Phantasie aus dem »Roten Buch« heißt »Das Licht im Zentrum der Finsternis«[63]. Es ist wieder ein Kreis, dem ein kreuzförmiges Muster entfährt, das in sich ebenfalls konzentrische Kreise zeigt. Eigentümlicherweise aber wird das Kreuz-Kreis-Symbol von einer mächtigen gebänderten Schlange spiralig umlagert, während in Fortsetzung des Mittelpunktsymbols nach allen Seiten sternförmige Lichtstreifen ausfahren in einen tiefschwarzen Grund, der die Ahnung einer Stadt in der Nacht durchblicken läßt. Dies weist auf die psychologische Nähe von Kreis- und Schlangensymbol, die auch wir mit E. Neumann voraussetzen.

Das Radkreuz-Symbol, die Vereinigung von Mandala und Kreuz, hängt, so scheint es, mit den tiefsten Schichten der Manifestationen des Seins zusammen. Wir erkennen es auf einer Abbildung des C-Vitamin-Kristalls in 125facher Vergrößerung[64]. Die Mitte ist wiederum durch einen deutlich herausgehobenen Kreis gekennzeichnet, darin sich ein nach außen

Vitamin-C-Kristall (125fache Vergrößerung)

31

hin ausstrahlendes Kreuz befindet, das in schwarzen, rutenförmigen Strahlen über den Kreisrand ausbricht. Um den inneren Kreis legt sich noch eine wellenförmige Fläche weiterer konzentrischer Kreise, die aber auch noch von den kreuzförmigen Strahlen übergriffen werden. Das Ganze macht einen äußerst dynamischen Eindruck, als ob das Heraufwellen der Kreise in einer Gegenbewegung zu dem nach außen austretenden Kreuz stünde.

Wohnen im Kreuz der Welt

Im 11. Kapitel seiner Lebensbeschreibung des Romulus schreibt Plutarch folgendes über den Bau der Stadt Rom: »Nachdem Romulus seinen Bruder mit seinen Erziehern auf dem Platze Remonia begraben hatte, setzte er den Bau der Stadt fort, ließ aber vorher Männer aus Etrurien kommen, die ihn, wie bei Mysterien, unterrichten und alles nach gewissen heiligen Gebräuchen und Vorschriften anordnen mußten. Es wurde nämlich auf dem jetzigen Comitium eine runde Grube gemacht und in diese Erstlinge von allen Dingen, deren Gebrauch entweder das Gesetz erlaubt oder die Natur notwendig macht, gelegt. Zuletzt warf jeder eine Handvoll Erde, die er aus dem Lande, woher er gekommen war, mitgebracht hatte, hinein und rührte alles durcheinander. Eine solche Grube heißt bei den Römern, ebenso wie das ganze Weltgebäude, *mundus*. Hierauf beschrieb man um sie, wie um den Mittelpunkt eines Zirkels, den Umfang der Stadt. Der Erbauer befestigt an einem Pflug eine eiserne Pflugschar, spannt einen Ochsen und eine Kuh daran und zieht in eigener Person eine tiefe Furche um jene Grenzlinie. Einige gehen hinterdrein, deren Aufgabe es ist, die vom Pfluge aufwärts geworfenen Erdschollen einwärts zu kehren und keine außerhalb liegen zu lassen. Durch diese Linie bestimmt man den Umfang der Mauer, und sie wird mit Ausstoßung zweier Buchstaben Pomerium, das heißt der Raum hinter und nach der Mauer ge-

Tafel I (zu Seite 30)
Symbol des Sakralen in einem Flammenkreis über der Welt des Krieges und der Technik. Von C. G. Jung 1920 gemalt aufgrund eines Traumes vom 22. 1. 1914, welcher den Ausbruch des Krieges im August 1914 vorwegnahm.

nannt. Wo man ein Tor einzusetzen gedenkt, nimmt man die Pflugschar ab und hebt den Pflug darüber weg, um einen Zwischenraum zu lassen. Aus dieser Ursache hält man die ganze Mauer, die Tore ausgenommen, für heilig; sollten aber auch die Tore für heilig gehalten werden, so mußte man sich ein Gewissen machen, Dinge, die zwar notwendig, aber nicht rein sind, durch sie ein- und auszuführen.«[65] Hinzufügen muß man, daß die Tore die vier Himmelsrichtungen bezeichneten und durch Straßen kreuzförmig in der Nord-Süd- und Ost-West-Richtung miteinander verbunden waren. Grube, Straßen, Tore und Mauer bildeten also ein Radkreuz.

Dazu bemerkt Mircea Eliade: »Die Projektion der vier Horizonte von einem Zentrum aus ist ein alter, sehr weit verbreiteter Gedanke. Der römische *mundus* war ein kreisförmiger Graben, der in vier Teile geteilt war; er war zugleich Abbild des Kosmos und exemplarisches Modell der menschlichen Siedlung. Man hat mit Recht vorgeschlagen, *Roma quadrata* nicht im Sinne von quadratförmig zu verstehen, sondern als viergeteilt. Der *mundus* wurde offensichtlich dem *omphalos*, dem Nabel der Erde, gleichgesetzt; die Stadt (*urbs*) erhob sich in der Mitte des *orbis terrarum*. Es konnte nachgewiesen werden, daß sich aus ähnlichen Vorstellungen auch die Bauweise germanischer Dörfer und Städte erklärt. In den verschiedenen Kulturen finden wir das gleiche kosmologische Schema und die gleiche rituelle Darstellung: *die Niederlassung in einem Land kommt einer Weltgründung gleich.*«[66]

Hinter dem Ritual, aus dem die Stadtgründung erwuchs, hält sich, wie erwähnt, das Radkreuz auf eine neue Weise als Urphänomen und ältestes Symbol der Welt. In seinem Mittelpunkt stand in den Ursiedlungen der Menschheit die Feuerstelle, um die sich die frühen menschlichen Gesellschaften sammelten. Auf gekreuzten Wegen näherten sie sich diesem Zentrum oder entfernten sich von ihm und dem hegenden Kreisbogen als Grenze des Eigenreviers. Das Radkreuz ist das älteste Symbol menschlichen Wohnens in der Welt und zugleich ein Symbol der Welt selbst. Auch sehr viel später entstandene Städte, wie wir am Beispiel Roms sahen, sind nach diesem symbolischen Schema aufgebaut worden.

M. Eliade sieht das Wesen des Religiösen in ursprünglichen Manifestationen des Heiligen, in Hierophanien (aus: griechisch *hieros* = heilig und *phainomai* = sich zeigen). Das Heilige ist hier verstanden aus der Erfahrung archaischer, vormoderner Kulturen. In diesem Verständnis »ist das *Heilige* soviel wie *Kraft* und letztlich *Realität* schlechthin. Das Heilige ist gesättigt an Sein. Heilige Kraft bedeutet Realität, Ewigkeit und Wirkungskraft in einem.«[67] Das Bestreben des religiösen Menschen geht dahin, »an der Realität teilzuhaben, sich zu sättigen mit Kraft«[68]. Er will ein Leben im Heiligen führen.

Um dieses Verlangen zu erfüllen, ist es notwendig, daß das Heilige sich manifestiert. Eine solche Manifestation oder Offenbarung des Heiligen kann sich an jedem naturhaften Gegenstand oder Wesen vollziehen. Es kann dies ein Stein, ein Baum, ein Berg sein, an dem einem Menschen und dadurch seiner Menschengruppe das Heilige begegnet. Stein, Baum oder Berg sind in diesem Falle nicht wegen ihrer naturhaften Beschaffenheit heilig, sondern weil sich das Heilige an ihnen mitteilte und dem Menschen begegnete. Das Heilige selbst ist das »ganz andere«, das in die natürliche, profane Welt einbricht und dadurch die Voraussetzung für ein Wohnen im Heiligen und Teilhaben am Heiligen stiftet. »Tritt nicht heran«, sprach der Herr zu Mose, »ziehe die Schuhe von den Füßen, denn die Stätte, darauf du stehst, ist heiliges Land« (2. Mose 3,5). Jakob sah auf der Flucht vor Esau im Traum eine Leiter, die an den Himmel rührte und auf der Engel auf- und niederstiegen. Als er die Gottesstimme vernahm, wachte er auf und rief: »Wie furchtbar ist diese Stätte! Hier ist nichts anderes denn Gottes Haus, und hier ist die Pforte des Himmels.« Als Zeichen der erfahrenen Theophanie (Erscheinung des Göttlichen) richtete er den Stein, auf dem sein Haupt lag, auf und nannte die Stätte Beth-El, Haus Gottes (1. Mose 28,12–19). Die Manifestationen des Heiligen sind mit den Erscheinungsweisen des Numinosen verbunden. Darunter verstehen wir das aus der Seinstiefe des Heiligen stammende Erschrecken oder Tremendum und zugleich das tiefere Ergriffen- und Angerührtsein oder Fascinosum. Rudolf Otto hat in seinem Buch »Das Heilige« (1917) auf diese Zusammenhänge aufmerksam gemacht. Er hat uns dadurch überhaupt erst in den Stand gesetzt, die Hierophanie als Manifestation der tiefsten Seinsmächtigkeit und darum des Seins selbst zu begreifen.

In jeder Hierophanie enthüllt sich für den, der sie erfährt,

eine »*heilige Mitte*«. Aus der unbedingten Erlebnismacht, die
für ihn und seine Gruppe damit verbunden ist, ist dieser heilige
Ort zugleich das »*Zentrum der Welt*«. Da der religiöse Mensch
in der Mitte der Welt wohnen will, ist er auf eine entsprechende Manifestation des Heiligen angewiesen. Wo sich das Heilige nicht spontan mitteilt, dienen Beschwörungen und man-
cherlei Techniken diesem lebenswichtigen Zweck. So läßt man
etwa ein Haustier frei und sucht nach Tagen die Stelle auf, wo
es sich niedergelassen hat. Dort opfert man es, errichtet an
der Stelle einen Altar und baut eine Siedlung um diesen »festen Punkt« herum[69]. Noch Mohammed ließ die erste Mo-
schee dort errichten, wo sein Kamel bei seinem Einzug in
Medina plötzlich niederkniete und seinen Hals auf die Erde
legte. Die heilige Mitte ist der »Nabel der Welt«; denn hier ist
mit dem Heiligen zugleich der Kosmos, die seinsmächtige,
seinsgesättigte Wirklichkeit selber geboren worden.

Um die heilige Mitte gliedert sich kreuzförmig der heilige
Kosmos. Das Kreuz der Wirklichkeit erstreckt sich vom festen
Mittelpunkt aus in die Breite und Länge, die Tiefe und die
Höhe (Epheser 3,18). Von der Mitte geht die *Öffnung* nach
oben aus und die Verbindung mit der Tiefe. Das Bild von der
Leiter in der Erzählung vom Stammvater Jakob (1. Mose 28)
drückt dies sinnfällig aus. Engelwesen steigen auf ihr hinab und
hinauf. Deutlicher aber noch wird dieser Zusammenhang
durch die Vorstellung von der Weltsäule, der axis mundi, zum
Ausdruck gebracht. Diese stützt und verbindet Oben und Unten. Sie steht in einer unverkennbaren Analogie zur Symbolik
der aufrechten Menschengestalt, worauf Herder und Walter
F. Otto hingewiesen haben. M. Eliade berichtet das Beispiel
der Achilpa, eines Arunta-Stammes aus Australien, die den
heiligen Pfahl auf ihren nomadischen Wanderzügen mitneh-
men, um auch »bei ständiger Ortsveränderung immer in ›ihrer
Welt‹ und zugleich in Verbindung mit dem Himmel zu bleiben
... Das Zerbrechen des Pfahls ist die Katastrophe, gewissermaßen das Ende der ›Welt‹, der Rückfall ins Chaos. Spencer
und Gillen berichten, daß der ganze Stamm von tödlicher
Angst befallen wurde, als einmal der heilige Pfahl zerbrach;
die Stammesangehörigen irrten einige Zeit umher und setzten
sich schließlich auf den Boden, um zu sterben.«[70]

Zugleich stellt die kosmische Säule die Verbindung zur Unterwelt dar. Es gilt, die Unterwelt, das Chaos, dessen mächtigste Erscheinung das Meer ist, daran zu hindern, in den in der Mitte der Wirklichkeit offenbarten Kosmos wieder einzubrechen. Die Schlange ist das Symbol dieser Urmacht. Da auch jedes Haus eine Wiederholung des Kosmos ist, rammt beim indischen Hausbau der Maurermeister einen angespitzten Pfahl in den vom Astrologen bezeichneten Punkt, an dem der Grundstein gelegt werden muß. Unter diesem Punkt befindet sich die Schlange, die die Welt trägt, und ihr Kopf soll gut festgehalten werden[71]. Eine russische Ikone stellt Christus als Sieger dar, der auf dem Tau-Kreuz sitzt und in der Rechten ein Schwert und eine lohende Fackel und in der Linken einen Blitz zum Kampf gegen den Drachen hält. Das Ganze hinterläßt den Eindruck, als sei Christus in seiner Auferstehung das Kreuz hinaufgestiegen, um von dort die dämonischen Mächte in Schranken zu halten[72]. Das berührt sich mit der Vorstellung der erwähnten Achilpa, daß der heilige Pfahl ihren Stamm mit dem Urgott verbinde, der einst auf der Erde ihren Stammvater und ihre Einrichtungen erschaffen habe.

Der kosmische Berg oder der Tempel können die Funktion der Weltachse übernehmen. »Dur-an-ki, ›Band zwischen Himmel und Erde‹, war ein Name vieler babylonischer Heiligtümer ... In Babylon bestand jedoch auch eine Verbindung zwischen der Erde und den unterweltlichen Regionen, denn die Stadt war auf bâb-apsî, ›der Pforte des Apsû‹ erbaut, wobei apsû die Wasser des Chaos, das der Schöpfung vorangegangen ist, bedeutet. Dieselbe Überlieferung finden wir bei den Hebräern: der Felsen des Jerusalemer Tempels reichte bis tief in den tehôm, das hebräische Äquivalent von apsû. Und wie es in Babylon eine ›Pforte des Apsû‹ gab, so verschloß der Felsen des Jerusalemer Tempels den ›Mund des tehôm‹ ... Die ›Pforte des Apsû‹ und der Felsen, der den ›Mund des tehôm‹ verschließt, bezeichnen nicht nur den Kreuzungs- und Verbindungspunkt zwischen Unterwelt und Erde, sondern zugleich den *Unterschied in der ontologischen Ordnung dieser beiden kosmischen Ebenen.*«[73] Entsprechendes gilt für den Kreuzungs- und Verbindungspunkt zwischen Himmel und Erde. *Die vertikale Struktur des Kosmos stellt also entsprechend der aufgereckten Gestalt des Menschen ein Doppelkreuz dar.* Wie die aufrechte Gestalt des Menschen aber auch durch den

Baum symbolisiert werden kann, so bezeichnet der Welten-
baum mit Wipfel und Wurzelwerk das kosmische Doppelkreuz.

Die Schöpfung entstand, weil der Schöpfergott die Chaosmacht tötete und aus ihrem Opfer die geordnete Welt bereite-
te. So verbinden sich mit diesem Uropfer der Chaosmacht die
Geheimnisse der Tiefe. Mit ihnen muß sich der Initiand in den
Mysterien auseinandersetzen. In der heiligen Mitte werden
die Opfer gebracht, die Tempel errichtet. Die heilige Mitte
mit der Öffnung nach oben und dem Pfahl versinnbildlichen
die Jurten der Schamanen. Von diesen steigen sie zu ihren
Himmelsreisen auf. Die Achse der Welt kann außerdem durch
den heiligen Stein, den heiligen Baum oder den heiligen Berg
zum Ausdruck gebracht werden.

Von der Mitte geht die *Orientierung* im Raume aus. Es sind
die kreuzförmigen vier Himmelsrichtungen mit den ihnen ei-
gentümlichen Bestimmungen. So schreibt Hans Sedlmayr in
»Die Entstehung der Kathedrale« (Zürich 1950) im Blick auf
die byzantinische Kirche: »Die vier Teile des Kircheninnern
symbolisieren die vier Weltrichtungen. Das Innere der Kirche
ist das Weltall. Der Altar ist das Paradies, das nach Osten
verlegt wurde. Die kaiserliche Tür des Altars heißt auch die
Tür des Paradieses. In der Osterwoche bleibt die Haupttür in
den Altar während des ganzen Gottesdienstes offen; der Sinn
dieses Brauches ist deutlich im Osterkanon ausgedrückt:
›Christus ist aus dem Grabe auferstanden und hat uns die
Türen des Paradieses geöffnet.‹ Demgegenüber ist der Westen
das Gebiet der Finsternis, des Grams, des Todes, das Gebiet
der Wohnungen der Verstorbenen, welche der Auferstehung
des Gerichtes harren. Die Mitte des Kirchengebäudes ist die
Erde. ›Nach den Vorstellungen des Kosmas Indikopleustes ist
die Erde viereckig und wird von vier Wänden begrenzt, die
von einer Kuppel überwölbt sind. Die vier Teile des Kircheninnern symbolisieren die vier Weltrichtungen.‹«[74]

*In der heiligen Mitte kreuzt sich nicht nur der Raum, sondern
auch die Zeit.* Eliade weist auf den Nachweis hin, den Hermann Usener erbracht hat. Danach sind die beiden Begriffe
templum und *tempus* (Zeit) sprachlich miteinander verwandt.
Beide Worte können durch den Begriff »Scheidung, Kreu-
zung«[75] erklärt werden: »*templum* bezeichnet die räumliche,

tempus die zeitliche Wendung eines raumzeitlichen Gesichts-kreisbildes.«[76] Im Mittelpunkt schneiden und kreuzen sich alle Richtungen des Raumes und der Zeit. Letzteres gilt natürlich nur für die reversible heilige Zeit, die als qualitative Zeit alle Jahre wiederkehrt und die Wiederholung der heiligen Ereignisse und Taten ermöglicht, aus denen der Kosmos hervorging. Darum spielen Kalenderfragen in den mythisch akzentuierten Religionen eine so entscheidende Rolle. Der Mythos erzählt von den entscheidenden Taten Gottes bzw. der Götter, durch die für den Menschen überhaupt erst die eigentliche, die abso-lute Wirklichkeit in die Erscheinung tritt. Der Mensch nimmt in dem Maße an der Wirklichkeit teil, ist also selber erst im vollen Sinn wirklich, wie er in dieser religiösen oder mythi-schen Welt lebt. Sie wird ihm durch den Mythos erzählt, den er durch den Kult nacherlebt, nachvollzieht und wiederholt. Das Erzählen des Mythos und seine Begehung durch den Kult er-eignen sich in zyklischer Wiederkehr im Fest, das heißt in heiliger Zeit am heiligen Ort. Ihr zyklischer Umlauf ist das Jahr, das eine Qualität der Wiederkehr, der Wiederholung und Wiederherstellung, der Regeneration hat. Der Mensch ist in solcher Wiederkehr wieder ein ganzer und heiler Mensch; er wird als ein Ganzer und Heiler wiederhergestellt aus der Kraft der Wiederkehr der absoluten Wirklichkeit, des Heiligen. Der Mensch wird im heiligen Jahr periodisch zum Zeitgenossen Gottes bzw. der Götter. Mit der Rückkehr zur uranfänglichen Zeit tritt der Mensch zugleich ins Zentrum der Welt ein, in die Mitte der Welt, von wo aus sich das Walten der Götter entfal-tete.

Enthüllen Vertikale und Horizontale des heiligen Raumes ei-ne kreuzförmige Struktur, so stellt sich die heilige Zeit, das Jahr, als ein Kreis dar, der ständig sich selbst umkreist. Darin enthül-len sich Raum und Zeit als ganze Wirklichkeit im Symbol des Radkreuzes. »Bei bestimmten nordamerikanischen Stämmen ist die Verbundenheit zwischen Kosmos und Zeit sogar in der Struktur der heiligen Bauten ausgedrückt. Weil der Tempel das Bild der Welt darstellt, enthält er auch einen zeitlichen Symbolismus. So repräsentiert zum Beispiel die heilige Hütte der Algonkin und Sioux ... das Universum, aber sie symboli-siert zugleich auch das Jahr, denn man stellt sich das Jahr als einen Lauf durch die vier Himmelsrichtungen vor, welche

durch die vier Fenster und vier Türen der heiligen Hütte dargestellt sind. Die Dakota sagen: ›Das Jahr ist ein Kreis um die
Welt‹, d. h. um ihre heilige Hütte, die eine imago mundi ist.«[77]
Mit jedem Jahr endet die Welt und beginnt die Welt von neuem. »Die Yokut sagen ›die Welt ist vergangen‹, wenn sie sagen wollen ›ein Jahr ist abgelaufen‹. Bei den Yuki wird ›Jahr‹
mit den Wörtern für ›Erde‹ oder ›Welt‹ ausgedrückt. Wie die
Yokut sagen sie, ›die Erde ist vergangen‹, wenn ein Jahr vergangen ist.«[78] Das Neujahrsfest ist daher identisch mit dem
Fest der Erneuerung der Weltschöpfung. Durch feierliche Rezitation, aber auch dramatische Darstellung wird der uranfängliche Kampf geschildert, wie aus dem Chaos die Schöpfung
entstand. »Der Kampf zwischen *Tiâmat* und *Marduk* wurde
durch einen Kampf zwischen zwei Gruppen von Spielern dargestellt, ein Zeremoniell, das sich auch bei den Hethitern –
hier ebenfalls im Rahmen des Neujahrsdramas –, bei den
Ägyptern und in Ras Schamra findet. Der Kampf zwischen
zwei Gruppen von Spielern *wiederholte den Übergang vom
Chaos zum Kosmos*, vergegenwärtigte die Kosmogonie. Das
mythische Ereignis wurde wieder *gegenwärtig*. ›Möge er weiter
Tiâmat besiegen und seine Tage abkürzen können!‹ rief der
Priester aus. Kampf, Sieg und Schöpfung finden *in diesem Augenblick* statt, hic et nunc.«[79] Es handelt sich dabei nicht um
eine Gedächtnisfeier, sondern um eine *Wiedervergegenwärtigung*. Der Mensch tritt wieder ein in die mit Ursprungskraft
geladene Ursprungszeit.

Die mythisch-rituelle Vereinigung von Kreuz und Kreis
stellt eine ursprüngliche Orientierungstechnik dar, durch die
der Mensch in einer unübersehbaren, unübersichtlichen und
feindlichen naturhaften Weite »seine Welt« errichtete. Jenseits dieser »Welt«, dieses »Raumes« und dieser »Zeit« lag das
Chaos, das Reich der Feinde, der Geister und der Verstorbenen. In den Wurzeln mancher Sprachen klingt noch die ursprüngliche Gemeinsamkeit der Bedeutung von Feind und
Geist durch, so in der Wurzelverwandtschaft von hostis
(Feind) und ghost (Geist), Geist in der Bedeutung von Gespenst, Verstorbener. Vor den unvorstellbaren Gefahren der
»Weltlosigkeit« und »Nicht-Orientiertheit« hatte sich der
Mensch uranfänglich zu schützen. In der Manifestation des
Heiligen brach dieser Urschutz durch und trug im Symbol die

Gestalt des Radkreuzes. Nach ihm waren die Struktur und die Verteidigungsgräben oder -mauern der menschlichen Ursiedlungen errichtet. In der »heiligen Welt« wußte er sich geschützt. »Sehr wahrscheinlich erfüllten die Verteidigungsanlagen der Wohnsitze und Städte ursprünglich magische Zwecke, denn diese Anlagen – Gräben, Labyrinthe, Wälle – scheinen eher zur Abwehr von Dämonen und Seelen Verstorbener angelegt als gegen menschliche Angreifer.«[80]

Das Radkreuz stellt daher eine Uroffenbarung dar, die dem Menschen das Wohnen in seiner Welt erst ermöglichte. Diese Erkenntnis ist um so wichtiger, als der Mensch von Natur aus keine ihm artgemäße Umwelt mitbringt. Durch sich offenbarenden Einbruch der Symbole in das Innere hat der Mensch erst Welt und Wohnen in der Welt. Er erfährt und bewahrt sie in heiliger Zeit, in der er seine Welt im heiligen Raum begeht. Von dorther kommt ihm Seiendes und er sich selbst erst in den Blick.

Der Opfermensch

Das Uropfer Gottes und das älteste Opferritual

In der Mitte der Welt fanden die Opfer statt. In das Symbol des Kreuzes, das in der Weltmitte und ihren Dimensionen dargestellt wurde, trat das Opfer, das im Opfermenschen seinen ergreifendsten Ausdruck fand. Das Opfer ist etwas so Ursprüngliches wie das Kreuzsymbol. Beide stehen nicht nebeneinander, sondern gehören seit den Anfängen des Menschengeschlechts wesensmäßig zusammen. Auch wenn im folgenden vom Kreuz nicht namentlich gesprochen wird, steht es doch in einem Tiefenzusammenhang mit der Opferhandlung. Im Opfer setzt der Mensch, wie wir sehen werden, seine eigene Welt, die kreuzförmige, ein. Das ursprüngliche Opfer ist der Mensch. Die christliche Religion nimmt diesen Zusammenhang am sprechendsten auf. Das Kreuz und der Gekreuzigte bilden in ihr eine symbolische Einheit, die auf die Urzeit, von der wir sprechen werden, zurückweist. Das Weltenkreuz und der Opfermensch – das findet im Gekreuzigten, der am Kreuz von Golgatha hängt, seine den Menschen im tiefsten anrührende Wiederholung und Aufgipfelung. Der Mensch ist sein Kreuz, haben wir im voraufgehenden Kapitel dargelegt. Im Opfermenschen tritt diese seine Bestimmung ins volle Licht, die das Johannesevangelium als »Erhöhung des Menschen« (Joh. 3,14) bezeichnet. Darin bringt sich, wie in uralten religiösen Urkunden immer wieder durchklingt, der Grund der Welt selber dar. Das Opfer, das im Opfermenschen aufscheint, ist daher der Gott. Es ist der Gott und der Mensch. Die folgenden Ausführungen werden dies erschließen.

Im Laufe der Religionsgeschichte ist das ursprüngliche Menschenopfer freilich durch das Tieropfer ersetzt worden. Die Erzählung von der Opferung Isaaks (1. Mose 22) ist dafür ein anschauliches Beispiel. Damit tritt aber nur das Menschenopfer selbst aus dem uns grausam erscheinenden Konkretismus in eine existentielle Bedeutung, die einer ständigen Bewußtmachung bedarf.

Das vedische Opferritual bringt diese Zusammenhänge in großartiger Anschaulichkeit zur Darstellung. Das Opfer ist nicht nur ein Abbild der Welt. Das Opfer errichtet vielmehr die Welt, es stellt den Menschen in die Welt hinein, läßt ihn wohnen in der Mitte der Welt. Drei Opferfeuer kennzeichnen die Mitte: das Kochfeuer im Westen, das rund ist und die Sonne repräsentiert; das Opferfeuer im Osten, das quadratisch ist und die Erde repräsentiert; das Schutzfeuer im Süden, das halbmondförmig ist und den Mond repräsentiert. Letzteres bildet ein Bollwerk gegen die Dämonen. In der Mitte ist die Opferstreu, der Barhis, der Platz für die Götter. Diese werden durch das Opfergeschehen und die Gesänge herbeigerufen. Darum singt der Hotri, der Priester und Herbeirufer:

»Ich rufe Agni (Feuer) her, den Hauspriester,
den göttlichen Opferpriester,
den Herbeirufer der Götter,
der uns Schätze gibt.
Der Gott komme mit den Göttern« (Rigveda I,1.5).

Die Götter kommen von Norden. Darum ist diese Seite offengehalten. Die Welt ist zu den Göttern hin offen. Ihr Sinn und ihre Tiefe enthüllen sich im gefeierten Erscheinen der göttlichen Wesenheiten. Die Welt ist orientiert in West und Ost, Süd und Nord und Mitte.

Der Opferkult setzt die eigene Welt ein. Er grenzt sie ab gegen das Ungeordnete, Ungestaltete, das Chaos. Das Opferfest wird von Göttern und Menschen gemeinsam gefeiert. Götter und Menschen haben gemeinsamen Ursprung. Sie stammen letztlich beide vom Himmel und der Erde als dem Urvater und der Urmutter ab. Das Himmlische verhält sich zum Irdischen wie Urbild und Abbild. In den Göttern erscheinen die Urbilder, die Archetypen, das urbildlich gesteigerte Sein. Das Fest wiederholt das Erstmalige und Ursprüngliche. Urbild und Abbild sind wieder beieinander und vereint.

Im Opfer vergegenwärtigt sich das Uropfer. Das Opfer, aus dem die gestaltete Wirklichkeit, die Welt, erst erstand. Das Opfer ist der Gott selbst. Nicht irgendein Gott, einer der vielen Götter und Göttinnen, von denen das indische Pantheon Millionen zählt. Es ist der eigentliche Gott. Das Urwesen, aus dem alles Sein hervorgeht. Die indische Überlieferung nennt dieses Urwesen: DER MENSCH. Es ist damit nicht der Mensch gemeint, wie er in endlosen Generationen kommt und geht, sondern die Urperson, als die sich das Ursein erschließt und ergreift. Als dieses sich selbst ergreifende Ursein ist die Urperson zugleich auch der Urgeist. Die Inder nennen die

Urperson, den Urgeist, das Ursein in der Sprache des Sanskrit: Purusha. Purusha, der Name für den eigentlichen Gott, heißt »*der* Mensch«.

Wie in jedem christlichen Abendmahl vom Opfer des göttlichen Logos in Christus die Rede ist, vergegenwärtigt durch die Einsetzungsworte, so erklingt zum vedischen Opfer der Opferhymnus Rigveda X,90, der vom Opfer des Purusha, des eigentlichen Gottes, handelt[1].

»Tausendköpfig ist der Purusha,
tausendäugig, tausendfüßig,
die Erde hat er allerseits bedeckt
und überragte sie um zehn Finger« (V. 1)

Tausend ist eine archaische Zahl für »unendlich viel«. Alles, was je einen Kopf, Augen oder Füße getragen hat, trägt und tragen wird, ist in dem unendlichen Lebewesen enthalten, das als der Gott »Mensch« in die Erscheinung tritt. Ja, darüber hinaus heißt es von diesem Purusha:

»Dieser Purusha ist dieses All,
was geworden ist und was werden soll;
auch über das Unsterbliche ist er Herr,
das durch Speise aufwächst« (V. 2).

Der Purusha enthält den ganzen werdenden Kosmos und den Bereich des Göttlichen in sich:

»Solchermaßen ist seine Größe,
und noch gewaltiger als dieses ist der Purusha;
ein Viertel von ihm sind alle Wesen,
drei Viertel das Unsterbliche im Himmel« (V. 3).

Aus ihm geht der universale Raum hervor:

»Zu drei Vierteln stieg der Purusha hoch empor,
ein Viertel von ihm entstand wiederum hier;
darauf schritt er nach allen Seiten aus
(über alles) was Speise ißt und nicht ißt« (V. 4).

Purusha ist das androgyne Urwesen, das aus sich seine weibliche Entsprechung hervorgehen läßt, die große Göttin, die Virāj, um dann aus der Göttin als seine männliche Entsprechung geboren zu werden:

»Aus dem ward die Virāj geboren,
aus der Virāj der Purusha.
Als er geboren war, ragte er hinten
über die Erde hinaus und auch vorn« (V. 5).

Dann aber klingt in Gott das wahrscheinlich älteste Opferritual an, das Menschenopferritual, darin der Mensch die Einsetzung seiner Welt, und das ist zugleich seiner Gemeinschaft, feierte und wiederholte:

»Als mit dem Purusha als Opfergabe
die Götter ein Opfer verrichteten,
da war der Frühling seine Schmelzbutter,
der Sommer das Brennholz, der Herbst der Opferguß
(V. 6).

Den besprengten sie als Opfer auf der Opferstreu,
den am Anfang geborenen Purusha;
mit dem vollzogen die Götter für sich
ein Opfer, und die Sādhyas und die Seher« (V. 7).

Aus dem Uropfer geht die Einsetzung der Jahreszeiten, aber auch, wie ich hier nicht weiter zitiere, die Gründung des Kosmos aus den Opferteilen des riesigen Menschenleibes des Purusha hervor. Aus seinem Geist ist der Mond entstanden, aus seinem Auge die Sonne und aus seinem Atem der Wind. Aus seinem Nabel ging der Luftraum, aus dem Haupte der Himmel, aus den Füßen die Erde und aus dem Ohr gingen die Himmelsrichtungen hervor. Aber auch die Grundordnung der bestehenden Gesellschaft, die vier Ur-Kasten, haben in der Opferung »*des* Menschen« ihren Grund:

»Als sie den Purusha zerlegten,
in wieviel Teile zerteilten sie ihn?
Was ward sein Mund, was die Arme,
was die Schenkel? Was werden seine Füße genannt? (V. 11).

Der Brahmane ward sein Mund,
seine Arme wurden zum Rājanya gemacht,
seine Schenkel sind das, was der Vaishya ist,
aus seinen Füßen entstand der Shudra« (V. 12).

Das Opfer steht im Zentrum von Kosmos und Gesellschaft.

Der Mensch nimmt am Sein und damit an seiner Selbstverwirklichung in dem Maße teil, wie er sich selbst in das Ur-
Opfer hineinstellt. Dahinter steht die Vorstellung, daß Welt
und Selbstverwirklichung für uns nur dadurch entstehen und
bestehen können, daß wir die Allfülle unserer Möglichkeiten,
den Menschen oder Purusha in uns, zugunsten einer bestimmten, konkreten Verwirklichung hingeben. Der Mensch bringt
den allgemeinen Menschen, der in ihm angelegt ist, dadurch
zur Verwirklichung, daß er einen Teil seiner Möglichkeiten
aufopfert und sich bewußt bleibt, daß er so im Wirklichen am
allgemeinen Menschen teilnimmt. Indem das Opfer, wie es
heißt, beopfert wird, entsteht die Grundordnung des Seins. Es
ist der Gott selbst und in ihm die Essenz des Menschen, die
sich in diesem Opfer entfaltet:

»Sieben waren seine Umlegehölzer,
dreimal sieben Brennhölzer wurden gemacht,
als die Götter das Opfer veranstalteten
und den Purusha als Opfertier anbanden (V. 15).

Mit dem Opfer beopferten die Götter das Opfer;
dies waren die ersten (Opfer-)Satzungen.
Diese Mächte nun gelangten zum Himmelsgewölbe,
wo die früheren Götter, die Sādhyas, sind« (V. 16).

Der Urgott »Mensch« opfert sich also in einer Art »kosmi-
schem Golgatha« zur Welt, damit die Welt sei. Die Schöpfung
geht aus dem Menschen in Gott hervor. Es ist etwas in uns,
das ist dabeigewesen, als Himmel und Erde geschaffen wurden. Gott, Welt und Mensch gehören in der Existentialstruktur zusammen. Nur der Mensch »hat« Welt und fragt nach
Grund und Ursprung der Welt. Er findet sich selbst in diesem
Grund. Nach indischer Überlieferung wurde die Kunde von
diesem Ursprung von den sieben Rishis oder Ursehern geschaut und mitgeteilt. Eine Art Hellsehen, das an die Ursprünge des Seins reicht. Der Purusha-Hymnus vertritt von dieser
Schau her die Auffassung einer wurzelhaften Einheit von
Gott, Welt und Mensch im »Menschen«. Die religionsge-
schichtliche Entwicklung in Indien bringt diesen Zusammenhang deutlich zum Ausdruck: Purusha ist Gott als der kosmische Mensch, er wird in der Tiefe des Menschen erfahren als

der inwendige Mensch und erhält in dieser Erfahrung die Bedeutung von Geist und Selbst.

Wenn wir die Wirklichkeit des Unbewußten bis in ihre letzte und tiefste Wurzel verfolgen, dann kommen wir zu Einsichten, die uns unser Gott-, Welt- und Menschenbild von Grund auf neu sehen lassen. Für gewöhnlich sieht der Mensch in ihnen drei getrennte Bereiche. Gott ist zunächst für sich, in der Regel als eine Persönlichkeit vorgestellt nach Art des Menschen. Dann entwirft Gott in sich einen Plan, etwa nach Art eines menschlichen Architekten, und schafft, nach Art eines menschlichen Künstlers, die Welt. In diese Welt als vom Menschen unabhängig entstandene setzt er schließlich den Menschen hinein. Auffällig ist allerdings, daß auch in diesem naiven Gottesbild Gott wie ein Mensch vorgestellt ist, der nach Art eines Menschen ein Werk entwirft und, sicher nicht zufällig, ein Wesen nach seinem Bilde hervorbringt. Gott, Welt und Mensch sind also selbst in einer naiven Betrachtungsweise viel inniger miteinander und ineinander verschränkt, als das auf den ersten Blick erscheinen möchte. Die Tiefenpsychologie C. G. Jungs lehrt uns aber nun, daß der einzelne Mensch in einem kollektiven Unbewußten wurzelt, das sein Ich und seine Einzelpersönlichkeit um den Bereich der gesamten Menschheit, ja des gesamten Kosmos überragt. Wenn ich von »meinem« Unbewußten spreche, dann spreche ich von dem Teil des Unbewußten, der meinem Ich noch verhältnismäßig nahe ist. Richtiger wäre es, wenn wir das Unbewußte von seinen Ichen reden ließen. Das Unbewußte umgreift alle Iche. Nicht nur, die da sind, sondern auch die da waren und sein werden. Es ist in der Tat ein tausendköpfiger, tausendäugiger und tausendfüßiger Purusha, der in allen Ichen da ist, schaut und auftritt. Er ist nicht nur in den Ichen da, also in der Menschheit im engeren Sinne, sondern auch in den Vorstufen des Ich, in denen er auf dem Wege ist zum Ich oder den Ichen, in der Tierwelt, in der Pflanzenwelt, im Mineral. Er ist da in den übermächtigen Bildern, die in Traum, Vision und ekstatischem Hellsehen aus seiner Tiefe dem Menschen heraufleuchten und die Macht jener Archetypen oder Urbilder bekunden, die hinter dem Ergriffenwerden durch die Bildermacht stehen. Eine Welt der Engel, Götter und Mächte leuchtet darin auf, die den Zeiten der Schöpfung und der Geschichte die

Impulse geben. Dahinter hält sich als das eigentliche Zentrum des Unbewußten das Selbst, das nicht mit meinem Ich oder dem Selbstischen verwechselt werden darf. Es ist mein eigentlicher, kommender Mittelpunkt und Ausgangspunkt allen Seins. In Träumen, Visionen und hellseherischen Momenten symbolisiert es sich in Bildern des Gottes, des ewigen Menschen, der Lotusblume, der Rose, des diamantenen Kristalls, des gekreuzten Rades. »Mein« Unbewußtes ist mit diesem allem verbunden, nimmt an diesem allem teil, in ihm ist alle Vergangenheit, Gegenwart und Zukunft, aller Raum und alle Zeit. In meinem Unbewußten bin ich dabeigewesen, als Gott sich hingab ins Unbewußte zur Welt, wie Gott sich sucht in allem und so alles hervorbringt.

C. G. Jung spricht in seiner Arbeit »Das Wandlungssymbol in der Messe« davon, »daß mit dem Christusopfer und der Communio einer der tiefsten Akkorde der menschlichen Seele angeschlagen ist, nämlich das uralte Menschenopfer und die rituelle Anthropophagie«[2]. Wenn Jung geltend macht, daß es sich dabei »um urälteste sowohl wie zentralste religiöse Vorstellungen« handelt[3], dann ist es bedeutsam, daß die hochentwickelten Weltreligionen Christentum und Hinduismus diesen archaischen Ansatz *im Zentrum* der Religion festhalten und in die Gestalt »schönster Menschlichkeit«[3] und Göttlichkeit wandeln konnten. Durch das »unblutige Opfer« der Messe (bzw. die »geistliche Nießung« von Leib und Blut Christi der Protestanten) blickt noch der brutale Konkretismus der Passionsberichte, durch die indische Opferidee das Menschenopferritual, wie der Purusha-Hymnus zeigt.

Da die landläufige Vorstellung im Opfer eine Beschwichtigung zürnender Gottheiten sieht oder eine Leistung an die Götter in Erwartung einer entsprechenden Gegenleistung (do ut des), ist eine Herausarbeitung des ursprünglichen Sinns von größter Bedeutung. Das Menschenopfer ist, wie schon erwähnt, durch Tieropfer ersetzt worden. Das schließt nicht aus, sondern fordert eigentlich, daß beide Rituale sinn- und ereignisparallel strukturiert sind. Immerhin wäre es möglich, daß Erkenntnisse, die wir im Bereich ältester Tieropferrituale finden, auch für das Menschenopfer gelten. Zu solchen ältesten Ritualen gehört das wohl schon in der Steinzeit begangene, heute noch von Jägervölkern gefeierte *Bärenopferzeremoniell*.

In die Heilsdramatik dieses Bärenfestes führt uns Hans Findeisen in seinem Buch »Das Tier als Gott, Dämon und Ahne. Eine Untersuchung über das Erleben des Tieres in der Altmenschheit« hinein[4]. Er teilt uns dort eine von dem russischen Forscher Krejnowitsch aufgezeichnete Erzählung mit, die uns »jenen kultischen Komplex sogar vom Standpunkt der göttlichen Bärengeister aus beleuchtet«. Sie enthält exemplarisch alle wesentlichen Elemente dieses zentralen altmenschlichen Mythos:

»Einst begab sich ein Giljake zur Winterszeit flußaufwärts, wo auf einem besonderen Gerüst Fische zurückgelassen worden waren, die man im Herbst gefangen hatte. Der Giljake hatte einen Schlitten mitgenommen, den er hinter sich herzog. Auf dem Wege verirrte er sich, und so streifte er den ganzen Winter im Walde umher, bis es wieder Frühling geworden war und er das Gerüst mit den Fischen endlich doch noch entdeckte. Als er sich dem Gerüst mit den Fischen näherte, sah er dort einen ihm unbekannten Menschen sitzen. Dieser Mensch sprach zu dem Giljaken:

›Komm, laß uns zusammen in mein Dorf gehen!‹

›Wo befindet sich denn dein Dorf? Ist es in der Nähe oder weit weg?‹ fragte der Giljake.

›Dort ist es ja schon, hier ganz in der Nähe‹, antwortete der Unbekannte.

Und dann gingen sie zusammen weiter. Es dauerte nicht lange, da kamen sie zu einem Winterhaus. Viele Hunde waren da bei dem Haus. Alle bei früheren Bärenfesten getöteten Hunde waren hier.

Die beiden Wanderer kamen in den Vorraum des Winterhauses. Dort lagen viele Bärenfelle. Dann traten sie in das Haus. Es war voller Frauen und Männer. In dem Haus saß ein alter Mann. Der Alte sprach:

›Du bist ein Mensch vom Unterlauf, wie ich sehe. Wir selbst sind Waldleute. Ehemals hast du für uns Hunde getötet und uns die Speise Moss aus zerriebener Lachshaut, Fischtran und Preiselbeeren gesandt. Wenn du jetzt nichts dagegen hast, lebe bei uns für eine lange Zeit.‹

Dann schlief der Alte drei Tage und drei Nächte lang. Nachdem er ausgeschlafen war, erhob er sich und sprach:

›Heute wird von dem Unterlaufland Speise hierhergelan-

gen; denn an verschiedenen Stellen der Erde werden Opfe-
rungen vorgenommen. Säubert deshalb den Fußboden!‹

Die letzten Worte waren an die Frauen gerichtet. Diese
säuberten nunmehr das Haus und legten Tannenreiser auf die
hintere Schlafbank. Als die Sonne herabsank und die Dämme-
rung anbrach, ging der Alte zu den Türen und öffnete sie. Da
kam durch die Türen die Speise Tiruch herein. Ein vollständi-
ges Gericht kam durch die Türen herein und fiel auf die Schlafbank. Und dann kamen hintereinander Schüsseln mit dem Gericht Moss herein und fielen ebenfalls auf die Schlafbank nieder. Auf diese Weise erschienen zehn solcher Schüsseln mit
Moss, und diese nahmen die ganze Bank ein.

Darauf setzte sich der Alte hin. Nachdem er ein wenig von
den Speisen zu sich genommen hatte, hörte er mit dem Essen
auf. Nur unser Giljake aß. Da sprach der Alte:

›Wir alten Leute halten an diesem Gebrauch fest. Weißt du,
wir gewahrten dich und werden dich wieder in dein Dorf zu-
rücklassen. So hast du nunmehr etwas Neues erlebt, was du
den Deinen erzählen kannst!‹

Drei Tage lang aßen sie. Dann hörten sie mit dem Essen auf.
Nunmehr schlief der Alte drei Nächte lang. Nachdem er sich
ausgeschlafen hatte, erhob er sich und sprach:

›Die Unterlaufmenschen werden sich heute auf die Suche
nach einem Bären begeben. Meine Kinder, denkt einmal darüber nach!‹

Einer von ihnen sprach:

›Mein Herz tut mir weh!‹

Und ein anderer sagte:

›Mein Hals schmerzt mich.‹

Da sprach der Alte von neuem:

›Meine Freunde, überlegt es euch. Einer von euch muß
gehen!‹

Nun erhob sich ein Mann, der schweigsam auf der Schlafbank gelegen hatte, zog wortlos seinen Rock aus und sagte
dann:

›Wenn sich sonst niemand bereit findet zu gehen, dann
schickt mich!‹

Daraufhin ging der Alte in den Vorraum, holte ein Bärenfell, brachte es in das Haus und reichte es jenem Mann mit
den Worten:

›Nun begib dich auf den Weg zu meinen Kindern hinunter!‹
Dieser ruhige und gutmütige Mann, der nun das Bärenfell
angezogen hatte und zum Bären geworden war, brummte jetzt
wie ein Bär. Brummend umschritt er das Feuer. Der Alte ging
aus dem Haus, um seinen Sohn zu begleiten.

Der Bär aber machte sich auf den Weg flußabwärts und ver-
schwand. Unser Giljake lebte noch einen halben Monat bei
dem Alten.

Da kehrte auch dieser Bär zurück. Einen von vielen Hunden
gezogenen schwerbeladenen Schlitten mit Speisen brachte er
mit, und dabei war Moss, und auch Zwiebeln waren dabei.
Alles brachte er mit nach Hause.

Nun kehrte auch unser Giljake wieder in sein Dorf zurück.
Einen Monat lebte er noch und berichtete von seinen Erleb-
nissen. Dann starb er.«[5]

Findeisen fügt dieser hochpoetischen, aber ganz realistisch
gemeinten Erzählung folgende Erläuterung bei: »Der Giljake
war bei dem Herrn des Waldes und der Berge gewesen, der
den Menschen die Bären schickt. Die jenseitige Lebensform
der Bären ist danach eine Menschenseele. Sie verkleidet sich
sozusagen nur für ihre irdische Erscheinungsform als Bär ...
auch die Eskimo wissen von einer mythischen Zeit zu berichten, ›als man bald Mensch, bald Tier‹ war.«[6]

Findeisen führt in seiner Arbeit zahlreiche Beispiele für diese »festliche Tragödie« an, »bei der der Bär immer zugleich als
Opfer und als verehrtes, heiliges Wesen wieder dem ›Jenseits‹
anheimgegeben wird, aus dem er stammt«[7]. Wenn die Ostja-
ken am Ob dem Bären das Fell abzogen, gaben sie sich dabei
den Anschein, »als nähmen sie ihm nur einen angezogenen
Pelzmantel ab. Das abgezogene Fell wurde sofort durch Gürtel
und Halstücher aus Gras ersetzt. In die Körper schnitt die
Hausfrau an den verschiedenen Stellen sogar ›Taschen‹, in die
sie als Geschenk für die ›Gäste‹ Kaviar steckte, und an den
Schädeln wurden die Zähne mit Fett und Blut eingeschmiert.
Dabei riefen die Leute aus: ›Sagt euren Brüdern, daß man in
diesem Hause Gäste gut aufnimmt. Mögen eure älteren Brüder
ebenfalls kommen. Wir werden sie nicht schlechter als euch
bewirten!‹ Fast wörtlich erklärten die Lappen einem getöteten
Bären das gleiche, steckten ihm ein Stück gesalzenen Fisch ins
Maul und sagten: ›Hier, sag nicht zu Hause, daß du zu Besuch

gewesen, aber nicht bewirtet worden wärst. Es mögen ruhig auch die anderen kommen; wir werden sie ebenfalls bewirten!«[8]

Durch rituelle Bestattung von Schädel und Knochen wird dem Bären die Möglichkeit zur Rückkehr ins »Jenseits« gegeben. Dabei spielt ein Entschuldigungstanz eine Rolle, der die Jäger von der Schuld des Tötens entlasten soll.

Das Bärenzeremoniell, das Findeisen »ein Leitelement einer der ältesten religiösen Schichten der Menschheit« nennt[9], steht in einer unmittelbaren Beziehung zur ältesten Religion, dem Urgottglauben. In der Giljakenerzählung begegnet dieser Gott als der Alte, der »Herr des Waldes und der Berge, der den Menschen die Bären schickt«. Der Bär ist aber nach seiner jenseitigen Lebensform eine Menschenseele und ein Sohn jenes Alten. Im Bären begegnet daher mehr als ein bloßer Mensch, nämlich ein Sohn Gottes. Dieser entäußert sich gleichsam seiner göttlichen Menschen- und Sohngottesgestalt und nimmt, um in Analogie zu Philipper 2,5 ff. zu reden, Bärengestalt an und wird an Gebärden als ein Bär erfunden, um so den anderen Kindern des »Alten«, der ein Vater beider ist, der oberen und unteren Kinder, die Möglichkeit des Lebens zu schenken und zu sichern. Aber auch die Jenseitigen leben von den Ritualen, die die Menschen als Antwort auf die göttliche Urtat ausrichten. Indem die Menschen den Bären töten und den erforderlichen Bärenritus vollziehen, sorgen sie für seine Rückkehr ins Jenseits. Der Bär kehrt seinerseits mit Speisen (Opferspeisen) zu den Jenseitigen zurück, eine Art Himmelfahrt und Erhöhung. Das Jagd- und Opferzeremoniell ist also kultische Begehung und mythisches Drama, an dem beide Hälften der Wirklichkeit beteiligt sind. Das Ritual stellt, wie die Giljaken-Erzählung zeigt, den Jagderfolg für die kleine Dorfgemeinschaft der Unterlaufmenschen ebenso her, wie es den Alten und seine Söhne im Winterhaus des Waldes durch Zusendung von Opferspeisen ernährt. Vordergründig betrachtet, handelt es sich hier um ein »do ut des«-Denken. In Wirklichkeit kommt aber »vom Standpunkt der göttlichen Bärengeister aus« das Geben der Menschen erst dadurch zustande, daß die Göttlichen bereit sind, sich ins Opfer zu begeben. Es entsteht dadurch für den Menschen erst eine »Welt«, die aus Oben und Unten, Jenseits und Diesseits, konstituiert ist. Das

Bärenritual ist eine durch das göttliche Opfer ermöglichte Welt-Stiftung.

Von diesen Erkenntnissen aus läßt sich nun aber auch ein Zugang zum ursprünglichen Sinn des *Menschenopferrituals* erschließen. E. Rosenstock-Huessy hat es, wie es 1950 in Guatemala zum letzten Mal von den Indianern für einen französischen Missionar gespielt wurde (also schon eine Art »Oberammergau«), in seiner »Soziologie« nachgestaltend interpretiert. Die eindringliche Darstellung nimmt uns sofort in das Ganze einer gestifteten »Welt« hinein:

»Die großartigste und bekannte Feier eines Indianerstammes ist der wundersam gerettete ›Rabinal‹ aus Guatemala. In diesem schaurigen und rührenden Ritual ist ein junger Kriegsgefangener der Held. Er steht vor seiner Schlachtung am Opferstein der Sieger. Aber er wird hochgeehrt, denn vor dem Sterben darf er die höchsten irdischen Güter im Hofe des Siegers eines nach dem andern für einen Augenblick zeremoniell kosten. Jedesmal sind die hohen Ahnen gegenwärtig. Sie blicken auf ihn. In der letzten Verzückung aber ruft Rabinal: ›Schon sehe ich meine eigenen Augen auf dem Totempfahl. Dort sind sie geschnitzt und von dort blicken sie auf die jungen Krieger. Diese ihrerseits schauen auf mich. Sie erkennen mich. Sie erkennen mich an. Und sie rufen: Unser Vater, schau auf uns herab.‹ Das ist eine herrliche Urkunde, und es tut fast weh, sie logisch aufzugliedern. Um des Lesers willen, dem dies Geisterreich unvertraut ist, sei es doch getan. Hier sind klar drei Lebensstufen des Stammes durch Ansehen verkittet: Rabinal wird von den Ahnen angesehen. Die Nachkommen werden Rabinal als Ahnen ansehen. Er sieht im Tode Ahnen und Enkel beide auf ihn blicken und darf diese vollkommene Seligkeit aussagen. Die Vorfahren erkennen ihn als ihren Nachkommen an. Erster Erkenntnisakt. Die Nachkommen werden sich zu Rabinal bekennen und ihn ›Unser Vater‹ nennen und im Ausschnitzen seiner Augen ihn adeln. Zweiter Erkenntnisakt. Rabinal aber vergißt den eigenen Tod, vergißt sich selbst, weil ihn Ahnen anerkennen und Enkel sich zu ihm bekennen. Was ist aber dies für ein Erkenntnisvorgang? Rabinal fühlt unsterblich, weil Anerkennung und Bekenntnis zusammen ihm seine Wiedererkennung in Ahn und Enkel gewähren. Wird nun sein Blut von den ›Jaguaren‹,

den Kriegern des Siegers, am Opferstein vergossen, dann ver-
strömt es nicht ins Nichts: es wird gerochen. Es träufelt und
rieselt aus Ahn in Enkel hinein. Seine Tat stammt ihn diesen
zu. Ohne die Bildung des neuen Wortes zu-stammen kommt
man dem Heldentum der Stammeskrieger nicht nahe genug.
Und da alles Heldentum von dort kommt ..., so sollten wir
uns die Mühe nehmen zu fragen: Wann kann denn der Mensch
seinen eigenen Tod gleichmütig hinnehmen? Der Held ist un-
erschrocken, weil ihn die Augen vom Totempfahl anschauen
und ihm verheißen, daß auch er von dort her schauen wird. Er
vertauscht also sein Leben von Fleisch und Blut gern für dies
Geisterdasein. Seine Erben werden ihn speisen und tränken.
Aber sein Geist lebt mächtig fort ...«[10]

Strukturparallelen zum Tierritual treten sofort in den Blick.
Auch in diesem Fall wird das Opfer hochgeehrt und durch
zeremonielle Speisung am Opfermahl beteiligt. Der Kriegsgefangene wird also nicht aus dem naheliegenden Grunde einfach beseitigt, weil er als Feind eine Bedrohung für den Stamm
darstellt. Faktisch geschieht das, doch ist gerade davon nicht
die Rede. Die reiche Struktur des Rituals verbietet es ferner,
darin nur ein erzieherisches Schauspiel für junge Stammeskrieger zu erkennen, die durch den Anblick heldenhaften Sterbens zu todesverachtenden Kämpfern geformt werden sollen.
Zweifelsohne erreicht das Ritual auch diesen Zweck. Auf jeden Fall kommt es zu einer wechselseitigen Identifikation,
wodurch die Sieger erst ihren eigentlichen Ursprung erfahren.
Das Opfer identifiziert sich sterbend mit den Siegern, die Sieger ihrerseits mit dem Opfer, indem sie ihn »Unser Vater«
nennen.

Zu erläutern bleibt, warum es ausgerechnet der *Fremde* ist,
der Kriegsgefangene und Besiegte, der in die Lücke zwischen
Ahn und Enkel tritt und so die *Generationenstruktur* des
Stammes sicherstellt. Rosenstock-Huessy sieht diesen Zusammenhang, wenn er sagt: »Seine Tat stammt ihn diesen zu«[11], ja
er leitet von solchem Zu-Stammen – Herkunft von Abkunft
unterscheidend – überhaupt das Wesen des Stammes ab, wie
zugleich das Interesse der Ahnen dahin gedeutet wird, daß sie
über diesen sterbend Zustammenden den Enkeln neu erscheinen wollen. Darum blicken sie so gespannt auf seine in der
Verzückung zutage tretende Bereitschaft, die auch für sie von

höchster Bedeutung ist. Wenn das aber zutrifft, dann ist gerade der Fremde als der Geopferte »der Sohn« im exemplarischen und eigentlichen Sinn, zu dem daher die Lebenden, die Enkel, mit Recht »Unser Vater« sagen.

Weitere Parallelen zeigen sich. Auch der Fremde, der Kriegsgefangene, kann wie das Tier, das man jagt und erlegt, als zugeschickter Mensch verstanden werden. »Einer von euch muß gehen!« sagte der Alte zu seinen Söhnen in der Giljaken-Erzählung. Ein Mensch, und zwar ein »Sohn«, wird im einen wie im anderen Falle geopfert und dadurch zum »Vater« heimgesandt. Es geht also nicht nur darum zu erklären, »wann . . . denn der Mensch den eigenen Tod gleichmütig hinnehmen« kann und »wie er sein Leben von Fleisch und Blut gern für dies Geisterdasein« vertauscht, sondern um das den Stamm, die »Welt« des Stammes überhaupt erst stiftende Grundereignis der hyiothesia, der Einsetzung in die Sohnschaft, durch die Ahnen und Enkel, Geister und Lebende mit Einschluß aller Normen und Totemvoraussetzungen erst möglich werden. Im Ritual sind die Sieger Jaguare, Tiere, Totemtiere, der Geopferte hingegen ist der Mensch[12]. Er, der Geopferte, ist der Urmensch, durch dessen Tod die »Welt«, die im Opfer eingesetzt wird, erst ein Fundament erhält. In diesem noch näher zu erläuternden Sinn ereignete sich durch das Ritual dann die Macht, »die einen Stamm nach dem Tod aller seiner gegenwärtigen Glieder zusammenhielt«.

Eine Undeutlichkeit der Interpretation Rosenstock-Huessys liegt darin, daß er den Geopferten alsbald mit den Ahnen identifiziert, »weil ihn die Augen (der Ahnen) vom Totempfahl anschauen und ihm verheißen, daß auch er von dort her (als Ahne) schauen wird, . . . weil ihn die Enkel auf den Totempfahl schnitzen«[13]. Das würde, zur Konsequenz gebracht, bedeuten, daß Ahne im eigentlichen und tiefen Sinne nicht der leibliche Vorfahr, sondern immer nur der hinzugekommene und geopferte Fremde sein könne. Aber wo kommen dann jene ersten Ahnen her, die gespannt auf den als Sohn zu opfernden Fremden blicken, dessen Opferung für sie eine so bedeutende Rolle spielt? Wir müssen daher Ahn und Opfermensch auseinanderhalten.

Die Bedeutung des Opfermenschen für die Konstituierung der »Welt«, die mit der »Welt« des Stammes zusammenfällt, tritt noch stärker hervor, wenn wir uns auf Überlieferungen beziehen, die mit der rituellen Anthropophagie zusammenfallen. Das Pflanzervolk der Wa erzählt folgenden, Schädelkult und Anthropophagie begründenden Mythos: »Die vom Frosch abstammenden Urelten der Wa töteten und aßen einen Menschen. Die verwesenden Schädel des ersten Getöteten malten geheimnisvolle Zeichen auf den Felsen, auf dem er lag, und das gefiel dem höchsten der Geister so sehr, daß er den beiden Ur-Wa Söhne und Töchter schenkte. Seitdem müssen immer wieder Schädel genommen werden, um Fruchtbarkeit zu erlangen.«[14]

Der Mythos ist also nicht primär durch die Sorge für Leben und Fruchtbarkeit der Nährpflanzen begründet. Nicht davon ist die Rede, sondern von der Vorbedingung für leibliche Nachkommenschaft: »Das gefiel dem höchsten der Geister so sehr, daß er den beiden Ur-Wa Söhne und Töchter schenkte.« Wie sich der urzeitliche Mensch Fruchtbarkeit und Fortpflanzung der Tiere nicht biologisch, sondern nur als Erscheinen und Wiedererscheinen von verkleideten, jenseitigen Menschen vorstellen konnte, die der Alte, der Urgott, der höchste der Geister schickt, so verhält es sich auch im Blick auf den Menschen. Menschliche Nachkommenschaft wird den Menschen vom höchsten der Geister geschickt, weil sie einen Menschen töten, verzehren und durch Schädelkult seine Rückkehr zum höchsten der Geister ermöglichen.

Es besteht ein offenbares *Interesse des Höchsten Wesens* an der »*Sohnwerdung des Menschen*«, die dieses »Wesen« erst »Welt«-möglich macht. Erst über »den Sohn« nimmt auch »der höchste der Geister« an »Welt« teil, entringt er sich dem »Schlaf« – vom Schlaf des »Alten« berichtet die Giljaken-Erzählung mit Nachdruck –, dem Unbewußten, und wird zum »Welt«-Stifter und Schöpfer erlöst. »Der Sohn« stiftet so zugleich »Welt« und erlöst »den Vater«.

Analog zum Tierschädelkult werden bei den Naga »die gewonnenen Köpfe . . . gebeten, ihre Verwandten herbeizurufen, damit auch sie ihre Köpfe an die Sieger verlieren mögen«[15]. Eine weitere Beobachtung zeigt uns, daß die Ur-Ahnen noch gar nicht als eigentliche Menschen angesehen werden. Sie stammen, wie es heißt, vom Frosch ab, bringen also für sich nur ein Totem und noch nicht den Menschen zum Ausdruck. –

Bei den Guatemalteken des Rabinal-Ritus stellte sich der Stamm als »Jaguare« dar, die den Menschen opfern. – Der Stamm bedarf also zu seiner Menschwerdung des Menschenopfers, er muß sozusagen erst in das dargebrachte Opfer des Menschen hineingegründet werden. Nur so nimmt er, durch die Tat der Ahnen, die den ersten Mord auf sich nahmen, an der erscheinenden und wieder erscheinenden Menschheit teil, und also entspricht es dem Wohlgefallen des Höchsten Wesens, auf daß alle, die das Fleisch des gesandten Menschen essen und sein Schmerzenshaupt verehren, daraus das bleibende Leben der Menschheit haben. Der gesandte Mensch aber kehrt zu dem zurück, der ihn gesandt hat. Der Höchste sendet immer wieder solche, die ihm, dem gesandten und zum Vater zurückkehrenden Menschen, gleichen, seine Brüder, damit die »Welt« nicht verlorengehe.

Diese sich mühelos an den altmenschlichen Mythos anschmiegende, neutestamentliche Formeln aufnehmende Ausdrucksweise dieser Interpretation ist mit vollem Bedacht gewählt worden. Das Christentum hätte der Menschheit nichts Universales, keine *alle* Zeiten durchgreifende und ins Ziel der Zeiten leitende Wahrheit mitzuteilen, wenn es nicht *alle* Wahrheit, die den Menschen zum Menschen bildete, in sich aufzunehmen und aus dem Rohen der Ursprünge ins Vollendete einer künftigen, »geistigeren« Menschheit zu steigern vermöchte.

Moderne Humanität übersieht allzu leicht die Menschenopfer, die sie erst möglich machten. Sie neigt dazu, diese für überflüssig und unvernünftig zu erklären und sich selbst ein für allemal davon zu dispensieren. Sie hält die endlich errungene Menschlichkeit für eine bloße Natur(-Vernunft)-Tatsache. Dieser Abschaffung der Geschichte gegenüber bringt J. G. Fichte zum Ausdruck: »Alles Große und Gute, worauf unsere gegenwärtige Existenz sich stützt, und davon ausgeht, und unter dessen alleiniger Voraussetzung unser Zeitalter sein Wesen treiben kann, wie dasselbe treibt, ist lediglich dadurch wirklich geworden, daß edle und kräftige Menschen allen Lebensgenuß für Ideen aufgeopfert haben; und wir selber mit allem, was wir sind, sind das Resultat der Aufopferung aller früheren Generationen, und besonders ihrer würdigsten Mitglieder.«[16] Die idealistische Konzeption darf uns in diesem Zusammenhang nicht stören. Fichte fährt ganz in der Sprache der Stammeswelt fort, wenn er sagt:»Das ist einmal das Gesetz der Geisterwelt: alles, was zum Gefühl des Daseins gekommen, falle zum Opfer dem ins Unendliche zu steigernden Sein; und dieses Gesetz waltet unaufhaltbar, ohne irgend Eines Einwilligung zu erwarten. Nur dies ist der Unterschied, ob man mit der Binde um das Haupt, wie ein Tier, sich zur Schlachtbank wolle führen lassen; oder frei, und edel, und im vollen Vorgenusse des Lebens, das aus unserem Falle sich entwickeln wird, sein Leben am Altare des ewigen Lebens darbringen.«[17]

In den Kultfeiern der Stämme, schreibt J. Haekel, repräsentiert »der betreffende Opfermensch ein höheres Wesen oder eine Gottheit, durch das Verzehren des Menschen erhält man Anteil an überirdischen, göttlichen Kräften. So nannten die Azteken den rituellen Kannibalismus teo-qualo, ›Gottessen‹.«[18] Und der katholische Schriftsteller Léon Bloy, einer der »Unzeitgemäßen« des ausgehenden 19. Jahrhunderts, notiert in seinem Tagebuch:»Wer ist es, der verlangt, ›verspeist‹ zu werden? Jesus (Joh VI)! Die vollkommenste Form religiöser Verehrung ist doch die *Menschenfresserei.* Folglich ist Jesus Gott und Mensch zugleich.«[19] Diese abrupte Schlußfolgerung ist ebenso archaisch wie die unmittelbare Anwendung des ältesten Opferrituals auf das Geheimnis der Messe.

Tiefenpsychologische Deutung des Opferrituals

Lassen sich diese Zusammenhänge, die den Opfermenschen und das Ritual seiner Tötung (gegebenenfalls auch Verzehrung) in das Zentrum ältester menschlicher Religion stellen, tiefenpsychologisch noch erhellen? Hier tritt der Mensch für den Menschen in einer Weise in den Blick, daß der Mensch sich gibt, damit der Mensch sei, und das offenbar aus einer höchsten Exaltation seines Wesens. Man hat es schwer, angesichts der Verzückung des zu opfernden Rabinal von einem Über-Ich zu sprechen, das aus Normen der Stammesordnung den jungen Krieger zwanghaft in das auch von ihm bejahte Opfer drängt. Es muß etwas anderes sein, das den Opfermenschen befähigt, seinen Opfergang aus einer Tiefe zu gehen, darin sich Weltgrund, Persongrund und göttliches Sein aus einem letzten Muß und einer letzten Freiheit manifestieren. Das Opfer als Selbstopfer erscheint eher wie eine Verwirklichung des Selbst, das gegenüber dem Ich das Größere ist, ja seinerseits das Ich erst verwirklicht. Es ist in einem noch zu erläuternden Sinne Selbstverwirklichung. »Einer von euch muß gehen!« sagt der Alte in der Giljaken-Erzählung zu seinen Söhnen. Ein göttliches Muß tritt hier auf, das sich im Innern als inneres Muß bewahrheitet. Das Wort Jesu: »Es muß so geschehen« (Matthäus 26,54), klingt darin schon auf. Und zugleich ist der Mensch zur Stelle, der *frei* ist, sein Leben zu geben und, in einem tieferen Sinne, zu nehmen. Auch hier klingt Jesu Wort vor: »Ich habe die Macht, das Leben zu geben und wieder zu nehmen« (Johannes 10,18). Woher stammen dieses Muß und diese Freiheit? Inwiefern verwirklicht sich darin der Mensch?

Die Tiefenpsychologie Jungs kann zeigen, daß das Verhältnis des Menschen zu seinem Selbst, um dessen Manifestation und Verwirklichung es sich im Opfer handelt, zunächst im Unbewußten versunken ist. Seine Psyche »tummelt sich beim Primitiven noch fröhlich projiziert auf weiter Flur«. »Der Besitzstand« seines Bewußtseins ist dementsprechend »lächerlich klein«[20]. Die Seele ist zum größten Teil außerhalb des Menschen. Um nun die Beziehungen zum Selbstopfer zu klären, gilt es, auf eine Beobachtung zu achten, die Jung am gegenwärtigen Menschen veranschaulichen kann. Sie zeigt eine Grundbeziehung zwischen Opfer und Selbsterfahrung, ja Selbstergreifung auf. Jung schreibt in diesem Zusammenhang:

»Unsere unbewußten Inhalte sind . . ., solange sie unbewußt sind, stets projiziert, und zwar in alles, was ›mein‹ heißt, Sachen sowohl wie Tiere und Menschen. Und insofern ›meine‹ Eigentumsgegenstände Projektionsträger sind, so sind sie mehr und funktionieren auch als mehr, als was sie an und für sich sind.«[21] Jede *Opfergabe* ist aber Gabe von dem Meinen. »Was ich also von dem Meinen gebe, ist an sich schon ein Symbol, d. h. ein Mehrdeutiges, aber wegen der Unbewußtheit seines Symbolcharakters hängt es an meinem Ich, weil es ein Teil meiner Persönlichkeit ist. Daher ist mit jeder Gabe, laut oder leise, ein persönlicher Anspruch verknüpft. Ob man es will oder nicht, es ist stets ein ›do ut des‹. Die Gabe bedeutet darum eine persönliche Absicht, denn an sich ist das bloße

Geben keineswegs ein *Opfer*. Zu einem solchen wird es erst, wenn die mit dem Geben verbundene Absicht des ›do ut des‹ geopfert, d. h. aufgegeben wird. Das Gegebene soll, wenn es den Anspruch darauf erhebt, ein Opfer zu sein, auch so weggegeben sein, wie wenn es *vernichtet* worden wäre ... Denn wenn ich weiß und zugebe, daß ich mich selber gebe und drangebe und hierfür nicht bezahlt sein will, dann habe ich meinen Anspruch, d. h. einen Teil von mir geopfert. Daher bedeutet jedes Geben mit aufgehobenem Anspruch, d. h. ein Geben à fonds perdu in jeglicher Hinsicht ein *Selbstopfer*. Das gewöhnliche Geben, das nicht wieder bezahlt ist, wird wie ein Verlust *empfunden*. Das Opfer aber soll wie ein Verlust *sein*, damit nämlich der egoistische Anspruch sicher nicht mehr besteht. Die Gabe soll daher, wie schon gesagt, so gegeben sein, wie wenn sie vernichtet worden wäre. Weil sie nun mich selber darstellt, so habe ich in ihr mich selber vernichtet, d. h. mich selber ohne Erwartung weggegeben. Dieser beabsichtigte Verlust ist aber insofern und von einer anderen Seite betrachtet kein wirklicher Verlust, sondern im Gegenteil ein Gewinn, denn das *Sichopfernkönnen beweist das Sich-Haben*. Niemand kann geben, was er nicht hat. Wer sich also opfern, d. h. seinen Anspruch aufgeben kann, der muß diesen gehabt haben, mit anderen Worten, er muß sich dieses Anspruches bewußt gewesen sein. Dieses setzt einen Akt der *Selbsterkenntnis* voraus, ohne welche man gerade solcher Ansprüche unbewußt bleibt ... Durch die Selbstprüfung soll der mit jeder Gabe verbundene egoistische Anspruch bewußt werden, und dieser letztere soll bewußt ›geopfert‹ werden, sonst ist die Gabe kein Opfer. Mit dem Opfer beweist man, daß man sich hat, denn das Opfern ist kein Sich-Nehmenlassen, sondern eine bewußte und gewollte Abtretung, welche beweist, daß man über sich selber, d. h. über das Ich, verfügen kann. Damit wird das Ich zum *Objekt* des sittlichen Handelns, denn ›ich‹ entscheide dann aus einer Instanz, die *meiner Ichhaftigkeit übergeordnet* ist. Ich beschließe gewissermaßen gegen mein ›Ich‹ und hebe meinen Anspruch auf. Die Möglichkeit der Selbstaufhebung ist eine empirische Tatsache ... Psychologisch will sie besagen, daß das Ich eine relative Größe sei, die jederzeit irgendwelchen übergeordneten Instanzen subsumiert werden kann.«[22]

Jung fährt dann fort: »Das Bewußtsein umfaßt nicht die Ganzheit des Menschen, denn diese besteht einesteils aus seinen Bewußtseinsinhalten, anderenteils aber auch aus seinem unbestimmt weiten Unbewußten, von dem man keine Grenze angeben kann. In diesem Ganzen ist das Bewußtsein enthalten, vielleicht wie ein kleinerer Kreis in einem größeren. *Daher wohl besteht die Möglichkeit, das ›Ich‹ zum Objekt zu machen, respektive die Möglichkeit, daß eine umfänglichere Persönlichkeit stufenweise im Verlaufe der Entwicklung hervortritt und das Ich in Dienstbarkeit nimmt. Dieser Zuwachs an Persönlichkeit geht aus dem Unbewußten hervor, dessen Grenzen nicht absteckbar sind.*«[23] (Diese Persönlichkeit liegt dem Symbol des Gottes »Mensch« zugrunde, der sich in den Makrokosmos hineingeopfert hat.)

Ich habe Jung ausführlich zitiert, weil er die »Wurzeln des Bewußtseins« als Autonomie des Unbewußten aufzeigt, die zur *Selbstwerdung* des Menschen über das für diese konstitutive *Selbstopfer* drängt. Nur wer sich hingeben kann, hat sich wirklich. Das Selbst gibt das Ich hin, damit das Selbst, die umfänglichere Persönlichkeit, sich ergreife und darstelle, wodurch auch erst das »wahre Ich«, die Individualität, erscheint. C. G. Jung hat das an einem bereits zur Selbstreflexion befähigten Bewußtsein dargestellt. Es gilt nun, um zu einem tiefenpsychologischen Verständnis des archaischen Opfermenschen und damit des Menschenopferrituals zu gelangen, die Selbstwerdung des Menschen *anfänglich* aus der Autonomie des Unbewußten selbst hervorgehen zu lassen, ohne schon jenes reflektierende Bewußtsein vorauszusetzen, das ja erst eine Folge dieser Manifestation sein wird.

Als erster Schub dieses Prozesses sind die herausprojizierten Archetypen anzusehen, durch die Welt – Sachen, Tiere und Menschen – als Projektionsträger der unbewußten Gehalte erscheint. Dabei tritt die Zusammengehörigkeit und Einheit dieser Welt in der archetypischen Vatergestalt des weisen Alten oder Urgottes auf. Der Mensch befindet sich bei »lächerlich kleinem Bewußtseinsstand« im Zustande einer unbewußten Identität mit dieser »Welt«; sein Ich steckt noch in dieser Identität. Seine »Welt« ist identisch mit »Revieren« von Menschengruppen, »Urhorden«. Wer das Revier verletzt, verletzt etwas von dem unbewußt Identischen, von dem »Meinen«.

Das Auftauchen fremder Menschen stellt daher eine alarmierende Bedrohung dar, die die unbewußte Identität aufschreckt, »bewußter« macht. Zum Fremden besteht keine vorgegebene Identität; er ist »Feind« und zugleich ein rätselhaft-gefährliches Wesen, das am Rande der »Reviere«, »Welten«, auftaucht, ein Dämon oder Geist. Der Kampf auf Leben und Tod mit diesem anderen bringt, in noch unbewußt »egoistischer Absicht«, den Selbsteinsatz ins Spiel. Der Mensch gibt sich hin in der Absicht, »*seine* Welt« zu behalten. Dabei kommt der in seine Hände gefallene Mensch in seinen Blick. Ihm geschieht, was ihm selbst geschehen könnte. Er erfährt unter dem Totschlag das noch einmal aufstrahlende und in sich zurücksinkende Leben. Er erfährt am anderen ein Leben, das ihn in einer über sich entrückten Weise noch einmal anschaut, wie Leben sonst nie Leben anschauen kann, und trifft ihn darin im Schock des eigenen bedrohten, alarmierten, in die Grenze zum Tod gesetzten Lebens. Er erlebt darin eine »Hellwachheit«, die das Leben sonst nicht hat. Hier liegt die Wurzel für eine erste »aufgehende« *Identifikation*, die sich durch Bewußtseinserweiterung gegenüber dem »Meinen« der unbewußten Identität unterscheidet.

Diese »aufgehende« Identifikation trifft aber nun, wie Jungs Analyse gezeigt hat, auf eine Disposition im autonomen Unbewußten. Im sich hingeben könnenden Fremden erfährt der Mensch ein Ich und ein Leben, die über sich hinaus sind. Er erfährt in der dadurch erweckten Erregung seines Unbewußten eine tiefere Macht und Person, die ihn über das »Seine« hinausreißt und -ruft. Diese Macht weckt sein Ich und ist zugleich größer als das so erst entstehende Ich. Diese Macht ist der Vater des Ich. »Der Vater ist größer als ich« (Johannes 14,28). Und zugleich erscheint im Ich diese Macht und stellt sich in ihm dar. »Ich und der Vater sind eins« (Johannes 10,30). Jung nennt sie das Selbst.

Wenn man sich klarmacht, daß der primitive Mensch in einem sehr viel unmittelbareren, spontaneren Maße als der zivilisierte den autonomen Mächten des Unbewußten, diesen Wurzeln und Potenzen des Bewußtseins, ausgesetzt, ja ausgeliefert ist, dann kann man eigentlich über die Faszination nicht im Zweifel bleiben, die von der ekstatischen Erfahrung dieses Sterbens, dieses unter dem Totschlag das Bewußtsein überhellenden Sterbens des geheimnisvollen Fremden ausgehen muß-te. Dieser starb ihm darin zu. Er erfuhr darin die Manifesta-tion des Archetyps des Selbst in der Gestalt des »Sohnes«, ja in der Gestalt des »Menschen«. Er erfuhr darin den »Men-schen«.

Das Selbst ist Kern und Ganzheit des Menschen. Da das Bewußtsein (Ich) diese Ganzheit nicht umfaßt, sondern in ihr wie ein kleinerer Kreis in einem größeren enthalten ist, ist das Ganze, das Selbst, insofern es das Ich erweckt, der Vater. Indem sich aber das Ich ins Selbstopfer gibt, gewinnt es sich selbst, ja bringt es das Selbst erst durch Bewußtmachung her-vor; und insofern ist das Selbst unser Sohn. Das Selbst ist der Vater und der Sohn, der Urgott und der Menschensohn. Das Jesuswort gilt schon am Anfang der Menschwerdung: »Nie-mand kennt den Vater denn nur der Sohn und wem es der Sohn will offenbaren« (Matthäus 11,27). Jung drückt den Zu-sammenhang wie folgt aus: »Da nun das Verhältnis des Ich zum Selbst demjenigen des Sohnes zum Vater entspricht, kann gesagt werden, daß das Selbst, indem es uns zum Selbst-opfer zwingt, an sich selber den Opferakt vollzieht . . . Was aber gewinnt das Selbst? Wir sehen, daß es in Erscheinung tritt, daß es sich aus der unbewußten Projektion löst, daß es, indem es uns ergreift, auch in uns selber eintritt und damit aus dem dissoluten Zustand des Unbewußtseins in den des Be-wußtseins und aus dem potentiellen in den aktuellen Zustand übergeht. Was es im unbewußten Zustand ist, wissen wir nicht; jetzt aber wissen wir, daß es *Mensch, ja uns selber geworden ist.*«[24]

Wie kommen wir nun vom aktualen Ereignis der »aufge-henden Identifikation« zu jener ungeheuren Symbolhandlung des Menschenopferrituals, die geradezu als die festliche Bege-hung und Übernahme der Menschwerdung bezeichnet werden muß? Wir müssen die Stiftung dieses Rituals »aus den nie erfundenen, sondern überall vorhandenen Voraussetzungen, die der menschlichen Natur eigentümlich sind«, verständlich machen. Wir müssen dabei streng im Blick behalten, daß das Ritual urzeitlichen Ursprungs ist, also »in einer Zeit entstan-den ist, wo«, wie Jung sagt, »das Bewußtsein noch nicht dach-te, sondern *wahrnahm.* Gedanke war Objekt der inneren Wahrnehmung, nicht gedacht, sondern als Erscheinung empfunden, sozusagen gesehen oder gehört. Gedanke war wesentlich Offenbarung, nichts Erfundenes, sondern Aufgenötigtes oder durch seine unmittelbare Tatsächlichkeit Überzeugendes. Das Denken geht dem primitiven Ich-Bewußtsein voraus, und dieses ist eher dessen Objekt als dessen Subjekt.«[25]

Das Selbst wird sich als Objekt der inneren Wahrnehmung um so mächtiger ereignen, als Offenbarung also und unmittelbare Tatsächlichkeit, je weniger das Bewußtsein im entwickelten Sinne dachte. Das »innere Muß«, unter dem dieses Geschehen sich manifestiert, entspricht bei der Autonomie unbewußter Prozesse einem Gefühl der Notwendigkeit *und* der Spontaneität (Freiheitsgefühl). Es handelt sich um eine ursprüngliche Spontaneität, hinter der sich die werdende Gesamtpersönlichkeit, »der Mensch, der da war, ist und sein wird«, hält und offenbart. Dieser reißt sich im *Selbstopfer* los aus der unbewußten Identität.

Die innere Wahrnehmung dieser Erscheinung drängte aus sich selbst nach einer Objektivierung, die dieses »Denken« festhielt, wiederholbar machte und die seelische Energie in dieser Richtung kanalisierte. Eine solche Objektivierung und Kanalisierung psychischer Energie aber ist ein *Fest* oder *Ritual*. Die *Symbolhandlung*, die das Menschenopfer darstellt, hält die Manifestation des Selbstbildes als wiederholbare Manifestation des autonomen Unbewußten fest und widersetzt sich dadurch dem Rückfall in den dissoluten Zustand der unbewußten Identität. Sie schafft so die wiederholbaren Bedingungen für ein erwachendes und sich ausweitendes Bewußtsein.

Der ins Selbstopfer hingerissene Gefangene wird Gegenstand der Selbstidentifikation seiner Feinde. Sie umtanzen ihn in der Verkleidung von Totemtieren, geben also zu erkennen, daß dieser erst der »entkleidete«, wirkliche Mensch ist, während sie sich erst aus der unbewußten Identität durch das Aufschauen und Identifizieren mit ihm erheben. Sie nennen ihn »Unser Vater«, weil das Selbst der Vater ihres aufgehenden Bewußtseins ist. In der Identifikationshandlung, die es ihnen nicht gestattet, die Augen vom Opfermenschen abzuwenden, leiten sie die psychische Energie in die Richtung des eigenen,

Tafel II (zu Seite 71)
Österliches Prozessionskreuz von Kreta (um 1700).

jederzeit möglichen und bevorstehenden Selbstopfers nicht nur für den eigenen Stamm, sondern darüber hinaus in die Richtung, sich als Opfermensch dem anderen, fremden und feindlichen Stamm in Verzückung, also in Hingerissenheit zum sich so erst ganz habenden Selbst, darzugeben. Das Ergebnis ist so zweifelsohne eine Stabilisierung der Stammesstruktur, deren »Welt« auf begrenzten Jagdrevieren und ewigen Kriegspfaden beruht, dazu eine Gleichgewichtslage zu den anderen Stämmen insofern, als durch die innere Bereitschaft des Gefangenen zur Darstellung des Opfermenschen potentiell jedes Mitglied eines Stammes bereit war, die Stammesorganisation jedes fremden Stammes im Ritual neu in Kraft zu setzen. Die Stämme hielten sich so wechselseitig und stellvertretend im Ursprung ihrer Stamm- und Menschwerdung. Das Wort »Heros«, das sich ursprünglich nur auf den Opfermenschen bezieht, bezeichnet eine erste Achtung vor dem Anderen, dem Fremden und Feind, eine erste Integration des sonst nur zum Schrecken und Gespenst verdrängten Anderen. Die Kreisform des Rundtanzes um den Opfermenschen stellt daher zugleich ein erstes Ganzheitssymbol dar.

Der Opfermensch ist im Blick auf die ihn umtanzenden und opfernden Totemtier-Menschen der »Vater«, diese sind seine Kinder. Hinter dem Opfermenschen hält sich der Urgott. In bezug auf ihn ist der Opfermensch der zum Menschen entkleidete »Sohn«. Die hohen Ahnen, von denen E. Rosenstock-Huessy spricht, schauen deshalb mit gespannter Erwartung auf ihn, weil der Stamm sich überhaupt erst über ihn konstituiert und im Urbeginn konstituiert hat, dessen »Im Anfang« sich im Ritual wiederholt. *Der Opfermensch ist so der stets wiederkehrende Urmensch.* Hinter ihm kommen der Urgott in den Blick, die Urschöpfung und die Ahnen, die Tiere als verkleidete Menschen.

Die genannten Ergebnisse sind Folge, nicht Ursache des Rituals. Dieses ist nicht um dieser Folgen willen erfunden worden, da es nie erfunden worden ist. Es ist Ausdruck einer Manifestation, die diese Folgen oder Ergebnisse erst möglich machte. Es entspricht der Anfänglichkeit und Archetypik der Manifestation des Selbst im Opfermenschen, so daß von einer *Individualität* desselben nur bedingt die Rede sein kann. Dennoch ist mit ihm die Basis zur Entwicklung einer solchen in die

Erscheinung getreten. Er bildet diejenige Individualität, durch die eine wirkliche *Kollektivität* der Stammesmitglieder erst möglich wird. *In diesem Sinne ist der Opfermensch das erste Individuum in der Geschichte.*

Es ist in Richtung auf diese sich entwickelnde Individualität und Kollektivität des Menschen jedoch zu beachten, daß auch das von Freud beschriebene Über-Ich dieser Wurzel entstammt. Es ist ja leicht einzusehen, daß *nach* Einsetzung des Rituals sich zwangsläufig Rollendruck und Normenzwang einstellen werden, daß mit dem zunehmenden Bewußtsein auch die Umkehrung von Ursache und Folge Platz greifen wird: Der Mensch ist dann im Stamm heroisch gesinnt und opferbereit bzw. hat es zu sein, *weil* dies den Stamm sicherstellt, oder auch nur, *weil* man sich immer so verhalten hat. Es bricht unter diesen Umständen die Ambivalenz der »ethischen Forderung« auf, daß der Mensch vorgängig mehr oder minder gesagt bekommt, was von ihm erwartet wird (unter gleichzeitiger Androhung von Sanktionen), und daß er dies zugleich auch wieder aus seinem Eigenen heraus (autonom) tun soll.

Mit anderen Worten, der Autonomieanspruch des Unbewußten, der sich aus keinem Über-Ich ableiten läßt, wird erst dort bewußt, wo er als Widerstand und Widerspruch gegen Geltendes empfunden wird. Er meldet sich darum auch zunächst unter dem »egoistischen Anspruch«, das heißt, er macht ein Eigenrecht gegenüber der Projektion des Selbst in die öffentliche Meinung geltend. Die Aufgabe, vor der der Mensch steht, besteht aber weder in einer Unterwerfung unter das Über-Ich (Kollektivmoral) noch in einer blinden Auslieferung an die Naturtriebe. Dieses Dilemma rückt ihm gerade das unbewußt schaltende Über-Ich auf, das nur blinde Triebe unter sich kennt, welche sich daher notwendig dem Bewußtsein als unversöhnt melden müssen. Die Erfahrungen dieses Dilemmas deuten vielmehr darauf hin, »daß das Selbst weder eine Kollektivmoral noch den Naturtrieben gleichgesetzt werden kann, sondern als individuelle Bestimmung sui generis aufgefaßt werden muß. Das Über-Ich ist ein notwendiger und unvermeidlicher Ersatz für die Erfahrung des Selbst.«[26] »Solange das Selbst unbewußt ist«, unterstreicht Jung, »entspricht es dem Über-Ich Freuds und bildet eine Quelle beständiger moralischer Konflikte. Wird es aber aus der Projektion zurückgezogen, d. h. ist es nicht mehr die Meinung der anderen, dann weiß man, daß man sein eigenes Ja und Nein ist.«[27]

Wir sind, vom archaischen Symbol kommend, bei uns selbst angelangt. Die Opferidee meint Verwirklichung des Selbst, Selbst-Verwirklichung. Die größere, gegenüber unserem Ich umfassendere Persönlichkeit, das Selbst, drängt uns aus der Tiefe zur Verwirklichung unserer Individualität, die als solche ein Sinnbild des wahren Menschen, des Kosmos und Gottes ist. Sie, nicht eine angepaßte oder selbstverleugnende Norm- und Rollenerfüllung, die verkrüppelte Individuen hervorbringt, stellt die eigentliche Basis der Kollektivität dar. Vom Menschen, der dem Selbst Raum gibt und sein Bewußtsein durch die Selbsterfahrung erweitert, lebt menschliche Gesellschaft. Denn nur individuierte Menschen können der Gemeinschaft geben, was nur durch sie gegeben werden kann. Im bewußt ergriffenen Individuationsgeschehen reichen wir Menschen einander das Brot des Selbst-Seins dar, welches das wahre Brot des Lebens ist. Wir benötigen die folgenden Kapitel, um diese Zusammenhänge weiter zu umkreisen.

Das Kreuz als Mandala

Das Kreuz der Vollständigkeit

Mandalas haben etwas zu tun mit Meditation, mit Verinnerlichung. Wo das Radkreuz und die höhere Persönlichkeit, von denen wir in den beiden ersten Kapiteln als von außen an uns herantretenden Grundgegebenheiten gesprochen haben, meditiert werden, entsteht ein Mandala. Auch hier zeigt sich, daß das Symbol des Kreuzes und das des Selbst aufs innigste zusammengehören. Das Mandala führt uns in deren lebendige Erfahrung hinein.

Mandala, ein Sanskritwort, heißt das Runde, der hegende oder auch magische Kreis. Mandalas, deren ursprüngliche Form das Radkreuz darstellt, veranschaulichen das älteste Symbol der Menschheit. In seiner buddhistisch-tibetischen Gestalt hat es seine vollkommenste Ausformung erhalten. Eine andere Erklärung will seine Bedeutung von den Sanskrit-

Tibetisches Mandala

worten manda = Essenz und la = ergreifen ableiten. Diese wohl unzutreffende Etymologie zeigt aber den tieferen Sinn jeder meditativen Beschäftigung mit dem Mandala auf: Ergreifung des eigentlichen, im Selbst wurzelnden kosmischen und göttlichen Wesensgehaltes jeder Existenz.

Das buddhistisch-tibetische Mandala ist gekennzeichnet durch Mittelpunkt, Symmetrie, inneren und äußeren Kreis, Kreuzförmigkeit der Quadrate und Betonung der Kardinalpunkte. Zu den bisher als zusammengehörig betrachteten Symbolen von Kreis und Kreuz tritt das Viereck bzw. Quadrat als weiteres Symbol, das Vollständigkeit bedeutet, hinzu. Das Kreuz im inneren Kreis bildet ein weiteres quadratisches Zentrum, in dem sich Vairocana, einer der fünf Dhyanibuddhas, befindet, kreuzförmig von den vier übrigen flankiert, die die unmittelbarste Ausstrahlung des Ur-Buddhas bilden. Tiefenpsychologisch stellt Vairocana ein Symbol der höheren Persönlichkeit, des Selbst, dar, die unter vier Entfaltungsaspekten vom Ich meditiert und diesem so assimiliert wird.

Was das buddhistisch-tibetische Mandala auszeichnet, ist die Vollständigkeit der Dimensionen. Keinesfalls bilden sie die einzigen uns bekannten Mandalaformen. Christliche Mandalas stellen in der Mitte Christus dar als Ausdruck der höheren Persönlichkeit mit den vier Evangelisten oder ihren Symbolen in den Kardinalpunkten. Das Kreuzsymbol wird dabei oft mit den Symbolen der vier Paradiesesflüsse verbunden. Kreuz- und Mandalastruktur vereinigt auf eine sehr eigene Weise das um 1700 auf Kreta entstandene österliche Prozessionskreuz (Tafel II). Die vier Evangelistensymbole kennzeichnen die vier kosmischen Richtungen der diesseitigen Wirklichkeit, die nun zurücktreten hinter den höheren Menschen Christus. Der Goldgrund verweist auf den göttlichen Hintergrund der Welt. Aus ihm kommt der Auferstandene auf den Betrachter zu. Mit der Siegesfahne und angetan mit dem Königsrot der Liebe ist er Zentrum und Ursprung einer neuen, von nun an gültigen Gegenwart. Mandalas entstehen heute unmittelbar neu aus der aktiven Imagination, aus Traumerlebnissen und aus künstlerischem Schaffen.

Mandalas verweisen auf eine tiefenpsychische, letztlich transpersonale Struktur, die unter den Symbolen Kreis, Kreuz und Vierheit nach einer Verwirklichung strebt, in der sich die höhere Persönlichkeit des Menschen, das Selbst, manifestiert und auswirkt. Mandalas *verinnerlichen*, wie bereits angedeutet, die im Radkreuz auf die Außenwelt projizierte urtümliche Form des In-der-Welt-Seins, des Wohnens in der Mitte der Welt. Sie vergegenwärtigen in der höheren Persönlichkeit die umfassendere Macht, der sich das menschliche Ich um des Lebens seiner Welt willen darbringt. Das Mandala *vereinigt* so die Vorstellungen, die wir vom Kreuz der Wirklichkeit und vom Opfermenschen gewonnen haben. Zugleich aber – und dem gilt das Folgende – *interpretiert* es die in der höheren Persönlichkeit sich zeigende Selbstmacht, die sich am Ich verwirklichen will.

Mandalas haben eine Beziehung zu Oben und Unten: Bewußtes und Unbewußtes, zu Unten und Oben: Schatten und Bewußtsein, zu Äußerem und Innerem: Persona und Seelenbild, zu Rechts und Links: Männliches und Weibliches, zu Oberfläche und Tiefe: Ich und Selbst. Das Mandala »erhöht« den Menschen mit seinen Schwächen in die höhere Persönlichkeit und hängt ihn so ans Kreuz seiner Vollständigkeit. Letzteres hat eine besondere Beziehung zu den vier seelischen Funktionen: Denken, Fühlen, Intuieren, Empfinden, sowie auf die Einstellungsweisen Extraversion und Introversion.

Zur Veranschaulichung dieser Zusammenhänge beginne ich mit dem Beispiel eines Mandalaerlebnisses, das aus der aktiven Imagination einer Patientin Jungs hervorgegangen ist. Jung nennt dieses Erlebnis eine Vision, die die Patientin wie folgt erzählt:

»Ich stieg den Berg hinan und kam zu einem Orte, wo ich sieben rote Steine vor mir, je sieben auf beiden Seiten und sieben hinter mir sah. Ich stand im Zentrum dieses Vierecks. Die Steine waren flach wie Stufen. Ich versuchte, die vier nächsten Steine aufzuheben. Dabei entdeckte ich, daß diese Steine Piedestale waren von vier Götterstatuen, die kopfunter im Boden begraben waren. Ich grub sie aus und richtete sie um mich her, so daß ich in ihrer Mitte stand. Plötzlich senkten sie sich gegeneinander und berührten sich mit den Köpfen, so daß sie nun etwas wie ein Zelt über mir formten. Ich selber fiel zu Boden und sagte: ›Fallt auf mich, wenn ihr müßt. Ich bin müde.‹ Da sah ich, daß außen, um die vier Götter ein Kreis von Flammen sich gebildet hatte. Nach einiger Zeit erhob ich mich

wieder vom Boden und warf die Götterstatuen um. Wo sie auf
den Boden fielen, wuchsen vier Bäume. Darauf schossen im
Feuerkreis blaue Flammen empor, welche anfingen, das Laub
der Bäume zu verbrennen. Worauf ich sagte: ›Das muß ein
Ende nehmen, ich selber muß ins Feuer hineingehen, so daß
das Laub nicht verbrannt wird.‹ Darauf trat ich ins Feuer hinein. Die Bäume verschwanden, und der Feuerkreis zog sich
zusammen in eine einzige große blaue Flamme, die mich vom
Boden emporhob.«[1]

Man erkennt in dieser Vision unschwer, wie ich im Anschluß an die Interpretation Jungs schreibe, die Idee des Mittelpunktes. Dieser wird durch eine Art von Aufstieg erreicht.
Das heißt, man nähert sich ihm nicht ohne Anstrengung und
Bemühung. Ferner tritt die Vorstellung des Vierecks, genauer
des Quadrats, auf. Dieses weist auf Vollständigkeit hin und
bildet, wie Jung sagt, einen »Symbolausdruck der Individuation«[2]. Jung bezieht die vier Steine bzw. Götterstatuen auf die
vier seelischen Funktionen. Diese werden, da sie ursprünglich
kopfüber im Boden begraben waren, gewissermaßen aus dem
Unbewußten ins Bewußtsein gehoben. Der Kreis taucht
schließlich noch auf, der das Ganze zusammenschließt. Wir
haben hier gleichsam ein Mandala in Aktion. Jung interpretiert es wie folgt: »Die Überwindung der vier Götter, welche
das Individuum zu erdrücken drohen, bedeutet die Befreiung
von der Identität mit den vier Funktionen, ein vierfaches ›nirdvandva‹ (›frei von Gegensätzen‹); dadurch entsteht eine Annä-
herung an den Kreis, an die ungeteilte Ganzheit. Daraus wiederum ergibt sich weitere Erhebung.«[3]

Der Mensch besteht aus zwei Teilsystemen, dem Bewußtsein und dem Unbewußten. Diese Tatsache ist leichter ausgesprochen als wirklich realisiert. Was verstehen wir schon unter
dem Unbewußten? Oft verstehen wir darunter nur ein Unter-
bewußtsein, einen Grenzwert zwischen Bewußtem und Unbewußtem, der aber doch mehr dem persönlichen als dem kollektiven Unbewußten angehört. Um letzteres aber geht es hier.
Es ist ein Wirklichkeitsbereich, eine Wirklichkeitstiefe, die
von unserem persönlichen Bewußtsein unabhängig bzw. autonom ist. Erfahrungen, die wir mit ihm machen, entstammen
nicht unserer persönlichen Erfahrung, und der Mensch, der
sich in diesen Erfahrungen mitteilt, ist nicht der individuelle

Mensch eines kurzen, in seinem Ich mehr oder weniger zentrierten Lebens. Während das Bewußtsein trennt, ist das Unbewußte allem in der Tiefe verbunden, ja es ist die »allverbindende Tiefe«, wie Jung sich ausdrückt, oder die »allverbindende, dunkle Seele«. In diesem Sinne spricht Jung auch von der »Allverbundenheit der dunklen Seele«. Während das trennende Bewußtsein alles auf das vereinzelte Ich bezieht, treten wir, in der Berührung mit dem Unbewußten, »in den tieferen, allgemeineren, wahreren, ewigeren Menschen ein, der noch im Dämmer der anfänglichen Nacht steht, wo er noch das Ganze, und das Ganze in ihm war, in der unterschiedslosen aller Ichhaftigkeit baren Natur«[4].

Zwei Menschen in uns treten damit in den Blick. Einmal der um sein Ich mehr oder minder zentrierte Mensch des Bewußtseins, der, jedenfalls in unserem Kulturbereich, in einem hybriden und letztlich verhängnisvollen Abwehrkampf gegen die Regungen des Unbewußten steht. Zum andern dieser, wie Jung sagt, »tiefere, allgemeinere, wahrere, ewigere Mensch« unseres Unbewußten, der sich auf mannigfaltige Weise unserem Bewußtsein zu manifestieren sucht, dessen Offenbarungen in Träumen, aktiven Imaginationen, Visionen, Halluzinationen, in der Wirkung von Symbolen, Kulten, Riten, dichterischen und künstlerischen Gestaltungen, Auditionen, Klängen und uns ergreifenden Rhythmen an uns ergehen. Der Widerstand des Menschen unseres Kulturkreises gegen die Kundgaben dieses »dunklen«, weil »noch im Dämmer der anfänglichen Nacht« des Unbewußten stehenden Menschen ist ebenso hartnäckig wie unvernünftig, da er auf einer unzureichenden Aufklärung über die Voraussetzungen unseres Bewußtseins beruht. Er hat daher undurchschaute Züge einer über sich selbst nicht aufgeklärten Aufklärung, die die Bedingungen des Bewußtseins nicht wahrnehmen will und so das Bewußtsein letztlich daran hindert, beide Teilsysteme zu vereinigen und, soweit das bewußtseinsmöglich ist, das Unbewußte an das Bewußtsein zu assimilieren. Das In-Gang-Kommen unserer Bewußtseinstätigkeit setzt »Einfälle« und Intuitionen voraus, die wir uns nicht selber geben können, sondern die in uns hineinfallen aus jenem tieferen Menschen, der sich darin regt. Selbst unsere Gedanken beruhen darauf, daß »es« in uns »denkt«, das heißt, daß uns Gedanken, wie man ja auch sagt, »kommen«.

Im Zusammenhang mit der Traummanifestation sagt daher Jung: »Es war unserem Rationalismus vorbehalten, den Traum aus ›Tagesresten‹, das heißt aus Brocken zu erklären, welche von der reichbesetzten Tafel unseres Bewußtseins in die Unterwelt hinunterfielen. Wie wenn diese dunkle Tiefe nichts anderes wäre als ein leerer Sack, in dem nie mehr ist, als von oben hineingefallen ist. Warum vergißt man stets, daß es nichts Gewaltiges und Schönes im weiten Bereich menschlicher Kultur gibt, das nicht ursprünglich dem glücklichen Einfall entstammt? Was würde aus der Menschheit, wenn niemand mehr Einfälle hätte? Weit eher wahrlich ist das Bewußtsein jener Sack, in dem nie mehr drin ist, als was ihm ›eingefallen‹ ist. Wir ermessen nie mehr, wie sehr wir von Einfällen abhängen, als wenn uns peinlicherweise nichts einfallen will. Der Traum ist nichts anderes als ein Einfall jener allverbindenden, dunklen Seele.«[5]

Worauf es offenbar ankommt, ist die Überwindung der Trennung des Ego von dem umfassenderen, tieferen, wahreren, ewigeren Menschen. Dann muß aber der Mensch aus der Unverbundenheit oder Dissoziation der Unbewußtheit heraustreten, darin er sich zu leben gefällt. Er muß die Illusion aufgeben, Herr im eigenen Hause zu sein, der hingehen kann, wohin er will, sondern den nun ein anderer führt, eben dieser noch unbekannte umfassendere Mensch, der so paradoxerweise sein eigentliches Selbst ist. Christus, der ein Archetyp des Selbst, des tieferen Menschen ist, drückt das, an Petrus gewandt, wie folgt aus: »Da du jünger warst, gürtetest du dich selbst und wandeltest, wohin du wolltest; wenn du aber alt wirst, wirst du deine Hände ausstrecken, und ein anderer wird dich gürten und führen, wohin du nicht willst« (Johannes 21,18). Das Johannesevangelium weist darauf hin, daß dies auf den Tod – den Kreuzestod – deute, mit dem Petrus Gott preisen würde. Und Paulus macht den gleichen Zusammenhang, die Überwindung des Ego durch den umfassenderen Menschen, unter dem Kreuzsymbol deutlich: »Ich bin mit Christus gekreuzigt. Ich lebe aber; doch nun nicht ich, sondern der Christus lebt in meinem Ich« (Galater 2,19 f.).

Damit soll nicht gesagt sein, daß Christus das einzige archetypische Bild für dieses Selbst sei, das aus der Tiefe sich so dem Menschen manifestiert, daß er dadurch zu einem vollständigeren Menschen, ja erst eigentlich zur Person wird. Es heißt in einer feinen Unterscheidung von dem Gesagten, daß, wer Jesus nachfolgen will, *sein* (das heißt sein eigenes) Kreuz auf sich nehmen muß (Matthäus 10,38). Das Unbewußte mit seinen Manifestationen durch*kreuzt* ständig unser bewußtes Planen und damit die Trennungen und Isolationen unseres Ich, es macht uns aus einem auf sich selbst bezogenen Subjekt zum Objekt eines tieferen Subjekts; bereit sein, dieses ständig zu übernehmen, heißt *sein* Kreuz tragen. Wir sind uns dann in einem tieferen Sinne *selbst* gekreuzigt. Kreuzigung ist Bewußtmachung des Unbewußten, ist damit zugleich Erhöhung in den umfassenderen Menschen, der auf die Bewußtseinsebene erhöht wird; Sünde ist Bleibenwollen in der Unbewußtheit.

»Wo viel Licht ist, ist viel Schatten.« Das Licht des Bewußtseins, zentriert und bezogen auf das Ich, wirft viel Schatten: Alles, was vom Ich unbewußt gelassen, verworfen, abgelehnt oder verdrängt worden ist, sammelt sich zum »persönlichen Schatten« an. Das bezieht sich auf Außendinge, aber auch auf Wesenszüge unserer Person. In dem Maße, wie wir unser Ich »aufbauen«, es »auf der Höhe halten«, im gleichen Maße baut sich in uns der »dunkle Bruder«, der Schattenmensch, auf, den wir nicht als zu uns gehörig anerkennen wollen. All unser ungelebtes Leben geht in unseren Schatten ein, der uns unbewußt begleitet. Nur in plötzlichen Affekten, in Zornausbrüchen und unbeherrschtem Verhalten bricht etwas von dieser »dunklen Seite« in uns durch. Überall, wo wir uns niedrig, gemein, taktlos, tief unter unserm Niveau, unbeherrscht und feige verhalten, gibt sich der Schattenmensch in uns zu erkennen. Er tritt in solchen Emotionen und Verhaltensweisen aus der Unbewußtheit heraus und wird so erfahrbar, wenn wir bereit und imstande sind, diese negativen Erfahrnisse als Hinweise auf die Dunkelseite unseres Wesens anzuerkennen und in unser Bewußtsein aufzunehmen.

Für gewöhnlich verhalten wir uns nicht so, sondern wir projizieren diesen unseren Schatten auf Menschen und Verhältnisse, die dafür als Projektionsträger geeignet sind. Dieser Projektionsvorgang ist um so unheimlicher und gefährlicher, da sich alles Unbewußte allemal im Zustand der Projektion auf Personen und Außendinge befindet, von denen es erst in einem anstrengenden Akt der Bewußtmachung zurückgezogen werden muß. Da wir uns in unserer dunklen Seite nicht ertragen und so aus dem Blick zu schaffen suchen, ertragen wir den Mitmenschen nicht, der zum Träger unserer Schattenprojektion geworden, suchen wir ihn uns aus dem Blick zu bringen und, wo wir die Macht dazu besitzen, zu beseitigen. Ungeheures Potential des Hasses und der Feindschaft liegt hier in den unerhellten Tiefen der Seele bereit. Das gilt für die Schattenseite des Einzelnen wie für die des Kollektivs. »Kein Krieg kann geführt werden, wenn nicht der Feind zum jeweiligen Träger der Schattenprojektion gemacht wird, und die Lust und Freude der Kriegführung, ohne die kein Mensch in den Krieg gebracht werden könnte, entstammt der Befriedigung der unbewußten Schattenseite.«[6]

Insbesondere der Fremde und die jeweilige Minorität eignen sich zu Schattenprojektionen. Hierauf beruhen die schrecklichen Pogrome, die im Holocaust ihren Gipfel gefunden haben. Hierauf beruhen die Glaubensverfolgungen und Genozide. Hierauf die Verfolgung von Menschen anderer Hautfarbe und Rasse. Insbesondere der Mensch dunkler Hautfarbe eignet sich zur Projektion des eigenen Schattens. Nicht ein wirklicher Feind, nicht eine wirkliche Gefahr werden in diesen Kriegen und Verfolgungen bekämpft, sondern meine jeweils eigene »dunkle Seite« wird am anderen verfolgt und »unschädlich« gemacht. Er ist der »Sündenbock« für meine eigenen Minderwertigkeiten.

Diese Projektion wird aber noch unendlich dadurch verstärkt, daß zum »persönlichen Schatten« der »archetypische Schatten« hinzutritt. Der Schatten Gottes ist der Teufel, der Herr der dämonischen Finsternis. Der Schattenträger erscheint in dieser Kontaminierung mit dem archetypischen Schatten als satanisches Geschöpf, als luziferischer Geist, seine vielleicht bedeutende Intelligenz als mephistophelisch. Überall, wo die Welt in die zwei Lager des Lichtes und der Finsternis aufgeteilt wird, in eine Welt Gottes gegen eine Welt des Satans, in ein Reich des Guten und ein Reich des Bösen, handelt es sich um undurchschaute Projektionen des archetypischen Schattens. Die Schattenprojektionen gehen dann oft wechselseitig hin und her. In einer solchen Welt zweier dualistischer Lager kann, wie sich versteht, kein Frieden herrschen. Der Kreuzzug ist die angemessene Reaktion auf diesen fatalen Zusammenhang mit unabsehbaren Folgen der Zerstörung und Inhumanität, die niemand mehr verstehen kann und für die niemand mehr verantwortlich sein will, wenn ihr Projektionscharakter zusammenbricht.

Wenn das Unbewußt-bleiben-Wollen die Sünde ist, dann ist die Unbewußtheit über den Schatten die tiefste und schwärzeste Form der Sünde. Sie ist der Balken in unserem Auge, statt dessen wir nach einem Wort Jesu (Matthäus 7,3) des Splitters im Auge unseres Mitmenschen gewahr werden. Es kommt also darauf an, zuerst den Balken aus dem eigenen Auge zu ziehen, ehe wir uns daranmachen, den Splitter aus dem Auge unseres Mitmenschen zu entfernen. Tiefenpsychologisch ausgedrückt: Es kommt darauf an, daß wir unseren Schatten, den persönlichen, kollektiven und archetypischen Schatten, erkennen und vom Projektionsträger auf uns zurückziehen. Das ist eine der schwierigsten, aber auch letztlich fruchtbarsten Arbeiten, die der Mensch an sich selbst vornehmen kann. Es wäre die moderne Form der Sündenerkenntnis und des Sündenbekenntnisses. Jolande Jacobi sagt von dieser Bewußtmachung, daß ihr in der analytischen Arbeit notwendigerweise die größten Schwierigkeiten von seiten des Analysanden entgegengesetzt werden, »der es oft gar nicht ertragen kann, all dieses Dunkle als ebenfalls zu-sich-gehörig zu akzeptieren, und ständig fürchtet, unter der Last dieser Erkenntnisse, das mühsam errichtete und aufrechterhaltene Gebäude seines bewußten Ich zusammenstürzen zu sehen«[7].

Wir nehmen, in Vervollständigung des Bildes, gewissermaßen den Kreuzesbalken des Schattens auf uns, selbst wenn wir unter seinem Druck zusammenzubrechen drohen. Wir sind dann aber, um das Bild zu vollenden, auf dem Wege zum Kreuz der Vollständigkeit, daran wir den nun erhöhten tieferen, allgemeineren, wahreren, ewigeren Menschen finden, den archetypischen, urbildlichen Menschen, zu dem der archetypische Schatten als Bild seiner Vollständigkeit gehört. Der urbildliche Mensch, in dessen Bild wir geschaffen sind, ist nicht einfach der lichtstrahlende Mensch ohne Dunkelheit, sondern er ist auch das Bild der Sünde. »Er hat unsere Sünden selbst hinaufgetragen auf das Holz« (1. Petrus 2,24), und »er ist für uns zur Sünde gemacht« (2. Korinther 5,21).

Dadurch, daß wir den Schatten zurückziehen, wird aber die

Sünde als »die Handschrift, die gegen uns war«, ausgetilgt und an das Holz des Kreuzes der Vollständigkeit geheftet (Kolosser 2,14). Der Mensch erfährt sich nun aus archetypischer Tiefe als Licht- und Schattenträger, als heil und gebrochen, als simul justus ac peccator (Luther). Der Schatten wendet nun seine personbildende Energie in den Aufbau eines Menschen, der Fühlung mit der Tiefe seines Unbewußten aufnehmen kann. »Der Schatten«, sagt Jolande Jacobi, »steht sozusagen an der Schwelle zu den ›Müttern‹, zum Unbewußten.«[8] Der Schatten geht nun mit, »er wächst und verdichtet sich sozusagen im Gleichschritt mit dem Ich«[9]. Ungelebtes, verdrängtes Leben kehrt zurück und wird lebensmöglich. Im Schatten ruhen meine noch künftigen Möglichkeiten, die mich vor der Sterilität einer Perfektion bewahren, die auf der isolierenden Fixierung auf das Ich beruht. Licht und Schatten ergeben erst ein wirkliches Bild. Den Schatten anzunehmen und ins Bewußtsein zu heben bleibt eine nie abgeschlossene Aufgabe, da die Angebote an möglichen Projektionsträgern wechseln und der Mensch dazu neigt, in die Sünde der Unbewußtheit zurückzusinken. Die Aufforderung Jesu an uns, zu wachen, bezieht sich auf die Geheimnisse der Nacht, in die sich die Finsternisse verwandeln und in der der urbildliche, vollständige Mensch zu uns kommen will. Es kommt wohl darauf an, im Schlafen zu wachen, wie es in einer oft geäußerten alchemistischen Aufforderung heißt, womit nichts Geringeres gemeint ist, als offen zu werden und zu bleiben für die nun hell redenden Geheimnisse des Unbewußten.

Im Seelenbild, der Anima im Manne und dem Animus in der Frau, begegnen wir dem Gegengeschlechtlichen in unserer Seele. Der Mann trifft seine Eva, das Bild des Weiblichen, in sich an, wie die Frau ihren Adam, das Bild des Männlichen, in sich findet. Von der Anima her ist das Unbewußte des Mannes weiblich, vom Animus her das Unbewußte der Frau männlich getönt. Wichtig an dieser Erkenntnis Jungs ist die Einsicht, daß jeder Mensch nicht einfachhin Mann oder Frau ist, sondern daß sein Wesen als männlich-weiblich, weiblich-männlich angelegt ist. Darin liegt eine Hauptaufgabe seines Lebens, die der traditionellen Rollenbildung, insbesondere in vaterrechtlichen Gesellschaften, unter Umständen schroff entgegenläuft. Die vaterrechtliche Gesellschaft strebt dahin, den Mann in eine einseitige Männerrolle hineinzudrängen, ihn also einseitig zu vermännlichen, und umgekehrt dazu, die Frau in eine einseitige Frauenrolle hineinzuzwingen, sie also einseitig zu verweiblichen. Das Rollenbild, die Persona, steht nämlich in einem dialektischen Verhältnis zum Seelenbild. Ist das Rollenbild, die Persona, ausdrücklich und vorherrschend differenziert, dann befindet sich das Seelenbild in einem Zustand der Primitivität und der Undifferenziertheit. Ist die Persona des Mannes einseitig männlich akzentuiert, dann steht dieser eine primitive Anima in seinem Innern gegenüber, der er bei gegebener Projektion verfällt. Ein entsprechendes Beispiel ist Heinrich Manns »Professor Unrat«, der, Inbegriff der wilhelminisch-bürgerlichen Persona, in später Leidenschaft einer Kleinstadtkurtisane verfällt. Das gleiche gilt für die Frau, »die scheinbar unbegreiflicherweise an einen Abenteurer oder Hochstapler gerät und nicht mehr von ihm loskommt«[10]. Letzterer ist nämlich ein Projektionsbild des unentwickelten Animus. Jolande Jacobi gibt eine Aufzählung, die die Vielfalt der Erscheinungsformen des Seelenbildes eben nur andeutet, aber auf ihre schillernde Fülle in einer die Phantasie anregenden Weise hinzeigt. »Die Anima z. B. kann ebensogut als süße Jungfrau wie als Göttin, als Hexe, Engel, Dämon, Bettelweib, Hure, Gefährtin, Amazone usw. erscheinen. Eine besonders charakteristische Animagestalt ist z. B. die Kundry der Parsifalsage oder die Andromeda des Perseus-Mythos; in künstlerischer Formung z. B. die Beatrice der ›Divina Commedia‹, Rider Haggards ›She‹, die Antinéa in Benoits ›Atlantide‹ usw. Entsprechendes gilt, wenn auch etwas verschieden, für die Erscheinung des Animus, für welchen Dionysos, der Ritter Blaubart, der Rattenfänger sowie auch der Fliegende Holländer oder Siegfried auf einer gehobeneren, der Filmstar Rudolf Valentino oder der Boxchampion Joe Louis auf einer niedrigeren, primitiveren Ebene oder in geschichtlich besonders bewegten Zeiten, wie z. B. heute, auch einzelne berühmte Politiker oder Heerführer als Beispiele dienen können, insoweit es sich um Einzelfiguren handelt. Aber auch durch Tiere und sogar durch Gegenstände speziell männlichen bzw. weiblichen

Tafel III (zu Seite 86)
Albrecht Dürer, Anbetung der Heiligen Dreifaltigkeit (1511), Ausschnitt.

Charakters können Animus und Anima symbolisiert sein, insbesondere wenn sie die Ebene der menschlichen Gestalt noch nicht erreicht haben und vor allem in ihrer reinen Triebhaftigkeit erscheinen. So mag die Anima die Form einer Kuh, einer Katze, eines Tigers, eines Schiffes, einer Höhle usw. annehmen und der Animus als Adler, als Stier, als Löwe oder als Lanze, als Turm, als irgendein phallisches Gebilde in Erscheinung treten.«[11]

Die Arbeit am Seelenbild führt zu einer inneren Vermählung oder höheren Begattung, um den Ausdruck Goethes[12] zu gebrauchen, zum Mysterium Conjunctionis, symbolisiert im alchemistischen Opus. Der Mann zieht dann beispielsweise die Projektion seiner Anima von der Außenwelt zurück und findet sie in seiner Seele. So findet Faust in seinem Innern, symbolisiert in der »Unterwelt« bei den »Müttern«, Helena, den Inbegriff des Weiblichen, und gelangt noch zu einer Steigerung in dem Erlebnis der Mater Gloriosa. Das Komplementär-Weibliche und das Komplementär-Männliche wird auf solchem Wege der inneren Hochzeit erfahren und so der Hintergrund des Bewußtseins offen für die Kräfte der Liebe und der inspirierenden Weisheit. »Auf diese Weise ergänzen sich die zwei Geschlechter in einer glücklichen, naturgegebenen Wechselwirkung nicht nur auf der Ebene des Körperlichen, um dem ›leiblichen Kind‹ das Leben zu schenken, sondern auch in jenem geheimnisvollen bilderträchtigen Strom, der die Tiefen ihrer Seelen durchflutet und miteinander verbindet, um einem ›geistigen Kind‹ zur Geburt zu verhelfen.«[13] Letzteres ist in einem tiefsten Sinne das so erfahrene eigene, differenzierte geistige Sein, dessen biographisch-körperliche Seite nun zum Sinnbild für die dem Kosmos innewohnende Weisheit und Güte wird. Der Mensch wird empfänglich für das Geheimnis des Männlich-Weiblichen, das den gesamten Kosmos durchströmt in Kräften, die sich trennen, um sich immer wieder zu vereinigen, die den Menschen aufbauen und zugleich suchen, um in ihm zum Bewußtsein zu gelangen. Das chinesische Buch I Ging, die gelbe Bibel, hat in den Wandlungsbahnen der Yang- und Yin-Kräfte diesen ewigen Weg des Universums beschrieben, der Himmel und Erde durchzieht.

Die heilige Hochzeit, die Ehe, die hier in den Blick kommt, ist ein großes theologisch-kosmologisch-anthropologisches

Symbol, das Ganzheit und darin Selbstverwirklichung zum Ausdruck bringt. Das Wort Ehe in seiner sprachlichen Urbedeutung meint den Bund zwischen Himmel und Erde, stellt also das Ursakrament dar, das die Kräfte des Oberen und des Unteren, des Männlichen und des Weiblichen, und so auch des Rechten und des Linken vereinigt; denn der Himmel, der sich allnächtlich mit der Erde vermählt, vollzieht mit dieser die Conjunctio von männlich und weiblich, was nach einer weiteren Symbolik der Verbindung von rechts und links entspricht. In diesem Sinne heißt es in den Pseudo-Clementinen: »So, wie Gott, der *eine* Person ist, im Anfang gleichsam als rechts und links zuerst den Himmel und dann die Erde schuf, hat er auch in der Folge alle Gegensatzpaare begründet.«[14]

Eine sehr spontane Vision, in der, wie ich glaube, sich das Gottesbild uns unter dem Aspekt der Vereinigung von Mann und Frau neu zuentwickelt, hat Anna Kingsford im Jahre 1877 erlebt. Fast möchte man sagen: eine Weiterführung der Vision von Jesaja 6. Anna Kingsford nennt sie »die Vision von Gott und dem Universum«. Sie bricht in die ekstatischen Worte aus: »Oh blendende, blendende Helligkeit! Schütze mich, schütze mich vor ihr! Ich kann nicht, kann sie nicht ertragen! Es ist eine Todespein, sie anzuschauen. Oh Gott! Oh Gott! Du erschlägst mich mit Deinem Licht! Es ist der Thron selber, der große weiße Thron selber, der große weiße Thron Gottes, den ich erblicke! Oh was für ein Licht! Was für ein Licht! Ist es ein Smaragd? Wie ein Saphir? Nein, ein Diamant! In seiner Mitte steht aufrecht die Gottheit, und von ihr geht das Licht der Lichter aus. Von Gottes rechter, emporgehobener Hand strömt das Universum, herausprojiziert durch den allmächtigen Stoß seines Willens. Zu seiner linken Hand, welche nach unten und rückwärts gehalten ist, kehrt das Universum wieder zurück, angezogen von der Kraft seiner Liebe. Abstoßung und Anziehung, Wille und Liebe, rechts und links – das sind die Kräfte, zentrifugal und zentripetal, männlich und weiblich, durch welche Gott erschafft und erlöst. Adonai! Oh Adonai – Herr des Lebens. Gestalt aus Substanz des Lichtes, wie schön bist Du in Deiner immerwährenden Jugend! Mit Deinen strahlend goldenen Haaren wie anbetungswürdig! Und ich hatte mir Gott alt und verehrungswürdig vorgestellt! Als ob der Ewige je alt werden könnte! Und nun erblicke ich Dich nicht nur als

Mann. Denn jetzt erscheinst Du mir als Mann und Frau. Siehe, Du bist beides. Eines und auch Zwei. Und dadurch erschaffst Du den Kosmos. Oh Gott, oh Gott! Warum hast Du dieses erstaunliche Sein erschaffen?«[15]

Nach der jüdischen Kabbala ist Gott der androgyne Gottmensch, der Adam Kadmon oder Urmensch; aus dem göttlichen Ursprung gehen der Urvater und die Urmutter, Sophia und Logos hervor. Dabei ist eine Eigentümlichkeit der Endgestalt der Kabbala, daß hier offenbar das patriarchale Denken eine Umkehrung vorgenommen hat, wie Christa Mulack in ihrer Untersuchung »Die Weiblichkeit Gottes« zeigen konnte[16]. Eigenartigerweise heißt nun der Urvater Chochma (Sophia, Weisheit) und die Urmutter Bina (Logos, Verstand). Wir müssen also annehmen, daß es einmal eine Kabbala gab, die matriarchal ausgerichtet war. In Gott sind alle Urbilder wie in einem ausgewogenen, weiblich-männlich flutenden Kraftfeld vereinigt.

Wir haben die Kreuzsymbolik des Mandala beim Verhältnis von Bewußtsein und Unbewußtem unter der Dimensionalität von Oben und Unten und beim Verhältnis von Schatten und Bewußtsein unter der von Unten und Oben betrachtet. Nun treten unter dem androgynen Verhältnis des Männlichen und Weiblichen die Kreuzesrichtungen von Rechts und Links in den Blick. Das Kreuz ist in der Tradition vorwiegend unter dem Aspekt der Schattenintegration – Sünde und Vergebung – betrachtet worden. Das Kreuz hingegen als Ausdruck einer androgynen, männlich-weiblichen Ganzheit zu betrachten ist insbesondere der Gnosis, aber auch Empfindungen der Mystik vorbehalten geblieben. Es scheint für unsere Zeit notwendig, diesen Aspekt wiederzugewinnen, um die einseitige Fixierung auf die verschattete menschliche Existenz beim Anblick des Kreuzsymbols zu überwinden. Afrikanische Kruzifixe stellen häufig den Gekreuzigten mit weiblichen Brüsten, also als Androgyn, dar. Als solcher wird Christus in der Offenbarung des Johannes (1,13) vorgestellt, wenn es von ihm heißt, daß er um die Brüste (griech. Urtext) mit einem goldenen Gürtel umgürtet war. In den Petrusakten (Kap. 38) spricht der mit dem Kopf nach unten gekreuzigte Petrus, daß Gott durch dieses Kreuz die jetzt noch auf den Kopf gestellte Urordnung und ihr Geheimnis durch eine völlige Umwertung wiederhergestellt habe, wobei das Untere zuoberst und das Rechte zur Linken kommen wird, unter Berufung auf ein Wort Jesu: »Wenn ihr nicht das Rechte macht wie das Linke und das Linke wie das Rechte und das Obere wie das Untere und das Hintere wie das Vordere, so werdet ihr das Reich nicht erkennen.«[17] Die Gegensätze werden also durch dieses Kreuz als Mandala in Aktion vereint. Dabei gelten, wie schon erwähnt, das Rechte als das Männliche und das Linke als das Weibliche.

Wenn wir die Tiefe des Schattens durchdringen, stoßen wir auf das Seelenbild – Animus oder Anima –; wenn wir dem Seelenbild in noch größere Tiefe folgen, stoßen wir auf den Vater der Anima, den Archetyp des Alten Weisen, des Geistes oder Sinns, bzw. wir stoßen auf die Mutter des Animus, die Magna Mater, die bald als die Erdmutter, bald als die Himmelsgöttin vorgestellt wird. Jolande Jacobi bezeichnet letztere als die Repräsentantin der sachlichen Wahrheit der Natur oder als Personifikation des stofflichen Prinzips[18]. Ihrem Einführungswerk »Die Psychologie von C. G. Jung« hat sie »Bilder aus dem Unbewußten« beigegeben, die die Erscheinungsweisen dieser zwei Archetypen eindrucksvoll veranschaulichen. Sie beschreibt sie wie folgt: »Uraltes, grenzenloses Wissen und Verstehen sind in das Antlitz des ›Alten Weisen‹ eingezeichnet. Die Augen sind nach innen gekehrt, die Züge unbeweglich, der Mund geschlossen; sie drücken höchste Geistigkeit aus, eine Geistigkeit, die mit der Natur gleichsam verwachsen, selber Natur geworden ist. Brust und Schultern sind zur Erde geworden, gras- und moosbedeckt; sie geben den Tauben, den Vögeln der Aphrodite, der Güte und Liebe, Nahrung. Die Sonnenscheibe hinter dem Haupt weist auf das Logoshafte der Erscheinung und der Kristall in seinen Händen, ein Symbol der Ganzheit, auf das höchste Ziel seelischer Entwicklung, auf das ›Selbst‹ hin; denn der ›Alte Weise‹ gehört als Archetypus bereits zum Kreis der Figuren des Selbst, er ist dessen männliche Hälfte. – Die ›Große Mutter‹, die allumfassende, unerbittliche ›Welt‹ im sternengewobenen Himmelskleid, beschattet von goldenen Früchten und sanft erleuchtet von der Mondsichel, schaut voller Mitleid auf die arme Kreatur, die sie doch selber in der harten Umarmung ihrer groben Hände entzweischnürt, bis sie aus tiefer Wunde blutet. Das Leiden an dieser Zerrissenheit durch die zwei Gegensätze, den höheren und den unteren Bereich ihres Seins, und das Ertragen der daraus entstandenen Spannung zeigt das Leben zwar als ein Martyrium, aber dieses auch als die Voraussetzung zur Wiedergeburt im Kinde als dem Sinnbild des ›Selbst‹ und zum Aufstrahlen der Sonne in den Tiefen des unergründlichen Weltenschoßes.«[19]

Die beiden Schilderungen sind von großer Urtümlichkeit. Wir treffen den Alten Weisen meist in künstlerischen Darstellungen etwa Gottvaters oder großer, schon mythischer Weiser wie Laotse oder Konfuzius an. Aber in diesen Bearbeitungen ist viel von der ursprünglichen Mana-Kraft des unmittelbaren Erlebnisses verlorengegangen. Mana ist das »außerordentlich Wirkungsvolle«, und in dieser Eigenschaft treffen wir den Archetyp in der Vision des Niklaus von der Flüe an. Deren bearbeitete Form ist auf einem in der Pfarrkirche von Sachseln aufbewahrten, zeitgenössischen Gemälde dargestellt. Dieses zeigt ein sechsfach geteiltes Mandala mit dem gekrönten Antlitz Gottes in der Mitte. »Das Urerlebnis aber«, hebt Jung hervor, »war ganz anders« als diese »abgeklärte Darstellung«. In einer Beschreibung heißt es: »Alle, die zu ihm kamen, wurden beim ersten Anblick von großem Schrecken erfüllt. Über die Ursache dieses Schreckens pflegte er selber zu sagen, daß er ein durchdringendes Licht gesehen, das ein menschliches Antlitz darstellte. Bei diesem Anblick habe er gefürchtet, sein Herz möchte ihm in kleine Stücke zerspringen. Deshalb habe er, von Schrecken betäubt, sein Gesicht sofort abgewendet, sei auf die Erde gestürzt, und das sei der Grund, warum den anderen sein Anblick schreckenerregend sei.«[20] Der Archetyp des Alten Weisen, der sich hinter dem erschreckenden Gottesantlitz hält, geht nach Jung »in gerader Linie auf die Gestalt des Medizinmannes in der primitiven Gesellschaft zurück«[21], andererseits erscheint in ihm, in Vision oder Traum, »der Vater aller Propheten«[22].

Jolande Jacobi hat darauf aufmerksam gemacht, daß der Alte Weise »als Archetypus bereits zum Kreis der Figuren des Selbst« gehört. Für diesen Aspekt sei hier ein religionspsychologisch höchst bedeutsamer Text aus dem Bereich der jüdischen Mystik angeführt. In dem jüdischen kabbalistischen Sammelwerk Schuschan Sodoth des Moses ben Jakob aus Kiew tritt die Vorstellung von einem »Selbst« auf, das als inspirierendes Gottesbild dem Propheten erscheint. Prophetie wird also als Selbstbegegnung verstanden. In dem von Gershom Scholem übersetzten Text heißt es: »Der verstorbene tiefgelehrte Rabbi Nathan hat mir gesagt: Wisse, daß das vollkommene Geheimnis der Prophetie für den Propheten darin besteht, daß er plötzlich die Gestalt seines Selbst vor sich stehen sieht und sein Selbst vergißt und es von ihm entrückt wird und er die Gestalt seines Selbst vor sich sieht, wie sie mit ihm spricht und ihm das Zukünftige verkündet, und von diesem Geheimnis haben unsere Weisen gesagt: Groß ist die Kraft der Propheten, die die Gestalt (die ihnen erscheint) mit dem Gestalter vergleichen. So auch der gelehrte R. Abraham ben Esra: Der Hörende (bei der Prophetie) ist ein Mensch, und auch der Redende ist ein Mensch. Und ein anderer Gelehrter schreibt hierüber Folgendes: Mir nämlich ist kraft des Zusammenfügens (von Gottesnamen) und der einsamen Meditation begegnet, was ich von dem Licht, das mit mir gewandelt ist, in dem Buche Scha'are Zedek ausgeführt habe. Aber daß die Gestalt meines Selbst vor mir steht, dessen bin ich nicht gewürdigt worden, und das vermag ich nicht. Und abermals ein anderer Gelehrter schreibt Folgendes: Ich weiß und erkenne mit völliger Gewißheit, daß ich kein Prophet bin und keines Propheten Sohn, daß der Heilige Geist nicht in mir ist und ich keine Gewalt über die ›Himmlische Stimme‹ habe, denn all dieser Dinge bin ich nicht gewürdigt worden und habe mein Gewand nicht abgelegt und meine Füße nicht gewaschen – und doch rufe ich Himmel und Erde zu Zeugen an, im Himmel ist mein Zeuge und mein Bürge in den Höhen, daß ich eines Tages saß und ein kabbalistisches Geheimnis niederschrieb, und plötzlich sah ich die Gestalt meines Selbst mir gegenüberstehen und mein Selbst von mir entrückt und war genötigt und gezwungen, mit Schreiben aufzuhören; und auch als wir dieses Buch verfaßten und den unverstellten Gottesnamen nach seinen Vokalen vokalisierten, da erschienen vor meinen Augen störende Dinge, etwas wie rotes Feuer beim Sonnenuntergang, bis wir dadurch verwirrt wurden und abließen, und dies ist uns bei unserem Werk viele Male begegnet.«[23]

Auf Dürers Allerheiligenbild (Anbetung der Heiligen Dreifaltigkeit) von 1511 (Wien, Kunsthistorisches Museum, s. Tafel III) hält Gottvater als Kaiser gekrönt in seinem ausgebreiteten, zu einem Dreieck wallenden Mantel das Kreuz und den daran genagelten Christus. Die ihn umgebenden Heiligen und Standestypen bilden eine Art Kranz mit dem Heiligen Geist als Taube in der höchsten Höhe. Das Bild stellt auf seine Art ein Mandala dar: Gottvater bildet mit Christus, Kreuz, Mantel und dem darüber schwebenden Geist ein durchkreuztes Viereck, das der Kreis der ebenfalls erhöhten Menschen umgibt. Hinter dem in seine Ganzheit ausgespannten (gekreuzigten) Ich tritt der Weltenvater hervor, der gleichzeitig aus dem umgreifenden mütterlichen Rund erscheint. Zur Linken streben dem im Kreuz sich zeigenden Gottesbild die weiblichen, zur Rechten die männlichen Heiligen entgegen. Es ist, insbesondere auch durch das mitgegebene Erhöhungsmotiv, die christliche Symbolgestalt der Selbst-Verwirklichung, die in diesem Bilde vor den Betrachter tritt.

Die menschliche Existenz ist durchkreuzt durch die vier seelischen Funktionen und die dadurch bedingten Typologien, auf die wir nun als geprägten Ausdruck der Kreuzförmigkeit der menschlichen Seelenstruktur eingehen müßten. Dem Denktyp steht der Fühltyp, dem Intuitionstyp der Empfindungstyp gegenüber. Ein Mensch, der zum Denktyp gehört, hat gleichsam als Kreuzesbalken zur Linken und zur Rechten die Intuition und das Empfinden, während das Fühlen unter ihm in der Tiefe seines Unbewußten unentwickelt ruht. Dem Intuitionstyp stehen Denken und Fühlen zur Seite, während das Empfinden vernachlässigt bleibt. Wo das Empfinden die superiore Hauptfunktion darstellt, erscheinen Denken und Fühlen als Hilfsfunktionen, während das Intuieren die inferiore Funktion abgibt. Einem Menschen mit dem Fühlen als Hauptfunktion stehen Empfinden und Intuieren zur Seite, während sich das Denken in der Inferiorität befindet. Es liegt auf der Hand, daß da, wo das Denken dominiert, das Fühlen übergangen, ja unterdrückt wird. Denken und Fühlen als »rationale Funktionen« haben nämlich eine unterschiedliche »Logik«. Das Denken hat die Aufgabe, Zusammenhänge nach Kategorien von richtig und falsch, Ursache und Wirkung, Zweck und Mittel herzustellen, es entwirft Ansichten und möglichst geschlossene Theorien, es vermehrt nicht die Tatsachen, führt aber neue Fragestellungen an sie heran. Das Denken kann dabei auf die Urteile des Fühlens keine Rücksicht nehmen, das die Bewertungen von »schön« oder »gut« bzw. den Gewinn von Lust und das Vermeiden von Unlust zum Maßstab nimmt. Ebenso steht das Empfinden, das auf die Fülle der Wahrnehmungen geht, also den eigentlichen Tatsachensinn ausmacht, dem Intuieren entgegen, das unmittelbar Zusammenhänge in die Tatsachen hineinschaut, ohne sie aus diesen abgeleitet zu haben. Da Empfinden und Intuieren einen unmittelbaren Charakter haben, bilden sie die beiden »irrationalen Funktionen«.

Der »ungekreuzigte« Mensch lebt nur aus den Motiven seiner Hauptfunktion heraus. Das ist der bequeme Weg, zumal sich dabei am ehesten Erfolge auf der äußeren Lebensbahn erringen lassen. Er läßt sich auf seinem Wege nicht »durchkreuzen« von der bei ihm minderwertigen inferioren Funktion, der gegenüber er Schwächen eingestehen müßte. Die moderne Technik und Bürokratie begünstigt einseitig die Einstellungstypen Denken und Empfinden. Wir leben daher zunehmend in einer Welt der Rationalität, die mit ihren Verkehrswegen, Fluglinien, Zeit- und Freizeitplanungen die lebendige Wirklichkeit durchzieht und zunehmend stranguliert. Dazu kommt das krebsgeschwürartige Wuchern und Speichern von Fakten. Dies alles auf Kosten der Funktionen des Fühlens und der Intuition, denen eine Kompetenz in den relevanten Bereichen der Wissenschaft, der Politik und der Wirtschaft bestritten wird. Diese Hinweise mögen genügen, um zu zeigen, daß das bequeme Gehen auf der »breiten Straße« der dominierenden Hauptfunktion ein Weg letztlich ins Verderben ist. Der vollständige Mensch und die vollständige Wirklichkeit ergeben sich aus der angenäherten Gleichwertigkeit und entsprechenden Berücksichtigung aller vier seelischen Funktionen. Es genügt also nicht, wenn der Denktyp sich auf dem Wege des Denkens immer weiter perfektioniert, sondern es kommt darauf an, daß er sein Denken durch bewußte Entwicklung seines Fühlens ergänzt und so seine menschliche Gesamtexistenz vervollständigt. Auf dem Wege der Hauptfunktion vermag der Mensch sich zu einer gewissen Perfektion zu entwickeln, dies aber auf Kosten seiner Ganzheit, die er so verfehlt. Perfektion und Ganzheit widerstreiten einander. Wer seine inferiore Funktion und, im Zusammenhang damit, seine Hilfsfunktionen bewußt entwickelt, läßt sich auf seine Unvollkommenheit ein. Er trägt dann am Kreuz seiner vierdimensionalen Unvollkommenheit; er ist bewußt unvollkommen, aber vollständig. Er nimmt sich gewissermaßen des schwächeren Bruders in sich an und erlöst ihn zur Teilhabe am Bewußtsein und dem ganzen Menschen.

Die Vereinigung von Außen und Innen, die zum Kreuz als Mandala gehört, bezieht sich nun noch auf eine weitere gegenläufige Erstreckung: die von Extraversion und Introversion. Jeder Mensch gehört mehr oder minder dem extravertierten oder introvertierten Einstellungstyp an. Diese bilden ein gegensätzliches Anpassungsverhältnis zum Objekt. So besteht die Eigenart des Extravertierten darin, »sich beständig auszugeben und sich in alles hineinzuverbreiten«, während sich die Tendenz des Introvertierten darin zeigt, »sich gegen äußere Ansprüche zu verteidigen, sich möglichst aller Energieausgaben, die sich direkt auf das Objekt beziehen, zu enthalten, dafür aber sich selbst eine möglichst gesicherte und mächtige Position zu verschaffen«[24]. Vom extravertierten Typ kann man sagen: »Sein ganzes Bewußtsein blickt nach außen, weil ihm die wichtige und ausschlaggebende Determination immer von außen zukommt. Sie kommt ihm aber so zu, weil er sie von dort erwartet.«[25] Demgegenüber sieht »das introvertierte Bewußtsein zwar die äußeren Bedingungen, erwählt aber die subjektive Determinante als die ausschlaggebende. Dieser Typus richtet sich daher nach jenem Faktor des Wahrnehmens und Erkennens, welcher die den Sinnesreiz aufnehmende subjektive Disposition darstellt.«[26] Beide Einstellungsweisen sind berechtigt, denn alles Wahrnehmen ist sowohl objektiv wie subjektiv bestimmt.

Wo der Mensch sich nun seiner vorgegebenen Einstellung gleichsam unbewußt überläßt, stört, ja zerstört er im Extremfall seine Ganzheit, die auf Komplementarität dieser beiden Einstellungsweisen geht. Was für den Einzelnen gilt, gilt nicht minder für die Gesellschaft, die in ihrer modernen Gestalt der extravertierten Einstellung den Vorzug gibt. Was uns not tut, wäre eine bewußte Introversion als Ergänzung zur unbewußten und gesellschaftlich abgeforderten Extraversion. Nur so kann der Rastlosigkeit und Besinnungslosigkeit, die unsere Zeit beherrscht, gegengesteuert werden. Aber gerade das, was uns not tut, erscheint uns wie das Übernehmen eines schweren

Kreuzes. Die Menschen fliehen geradezu dieses Kreuz der Besinnung und sind, wie die Autostraßen der »Freizeit« zeigen, davor auf einer Flucht in gigantischen Ausmaßen.

Die Gefahren der einseitigen Einstellung dürfen nicht unterschätzt werden. Sie ist letztlich ein Weg in Verhängnisse, die sich aus der Rache der unentwickelt gebliebenen Anpassung und Funktion ergeben. Die Überentwicklung des extravertierten Denktypus führt schließlich zu einem sterilen Intellektualismus und intellektuellen Aberglauben, der seine Formen gegen jeden Zweifel verteidigt. »Diese Entwicklung führt schließlich zu einer überbetonten bewußten Position und zur Ausbildung einer absolut gegensätzlichen unbewußten Position, welche z. B. im Gegensatz zum bewußten Rationalismus äußerst irrational, im Gegensatz zur modernen Wissenschaftlichkeit des bewußten Standpunkts äußerst archaisch und abergläubisch ist.«[27] Sollte der herrschenden Bevorzugung der Extraversion und der Funktionen des Denkens und des Empfindens nicht die unbewußte Position eines primitiven, archaischen Fühlens und Intuierens entsprechen, deren kompensierende Einbrüche sich in einem zunehmenden Alkoholismus, im Drogenmißbrauch und dem klamm-heimlichen Wunsch äußern, das ganze rationale Wesen kurz und klein zu schlagen? Sehr treffend sagt in diesem Zusammenhang C. G. Jung: »Die unbewußten Funktionen befinden sich in einem archaisch-animalischen Zustand. Ihre in Träumen und Phantasien auftretenden symbolischen Ausdrücke stellen meistens den Kampf oder das Gegenübertreten zweier Tiere oder zweier Monstren dar.«[28] Das Kreuz der Vollständigkeit besiegt die Drachen eines archaischen Unbewußten und bildet so die Voraussetzung für die Auferstehung des heilen, des ganzen Menschen.

Das Lichtkreuz

Die altchristliche Literatur der ersten Hälfte des 2. Jahrhunderts gibt uns in den Johannesakten eine symbolische Deutung des Kreuzes und der Kreuzigung Jesu. In diesen wird zwischen dem eigentlichen Lichtkreuz und dem konkretistischen Holzkreuz der Ereignisse auf Golgatha schroff unterschieden. C. G. Jung hat diese Textpartie aus der recht umfangreichen apokryphen Schrift für so bedeutsam gehalten, daß er mit ihrer Interpretation seine tief in das Geheimnis des Opfers und damit des Selbst eindringende Arbeit »Das Wandlungssymbol in der Messe« beschloß. Wir folgen dieser hier mit Blick auf die Bedeutung des Kreuzes als Mandala[29].

Die Textpartie beginnt damit, daß sie einen mystischen Reigen schildert, den Jesus vor seiner Kreuzigung veranstaltet. Auf seinen Befehl fassen sich die Jünger gegenseitig an den Händen und bilden einen Kreis. Jesus steht in der Mitte. Während er den Hymnus singt, bewegen sich die Jünger um ihn herum und respondieren jeweils mit »Amen«:

> »Gerettet werden will ich, und retten will ich. Amen.
> Gelöst werden will ich, und lösen will ich. Amen.
> Verwundet werden will ich, und verwunden will ich. Amen.
> Gezeugt werden will ich, und zeugen will ich. Amen.
> Essen will ich, und verzehrt werden will ich. Amen.
> Gedacht werden will ich, der ich ganz Gedanke bin. Amen.
> Gewaschen werden will ich, und waschen will ich. Amen.
> Die einzige Achtzahl lobsingt mit uns. Amen.
> Die Zwölfzahl tanzt oben den Reigen. Amen.
> Wer nicht tanzt, erkennt nicht, was geschieht. Amen.
> Geeint werden will ich, und einen will ich. Amen.
> Eine Leuchte bin ich dir, der mich sieht. Amen.
> Ein Spiegel bin ich dir, der mich erkennt. Amen.
> Eine Tür bin ich dir, der an mich klopft. Amen.
> Ein Weg bin ich dir, dem Wanderer.
> Wenn du meinem Reigen Folge leistest, sieh dich in mir, dem Redenden ...
> Wenn du tanzest, bedenke, was ich tue, daß es dein (Leid) ist, dies Menschenleid, welches ich leiden will! Denn du könntest überhaupt nicht einsehen, was du leidest, wenn ich dir nicht vom Vater als das Wort (Logos) gesandt wäre. Wenn du das Leiden kennen würdest, würdest du das Nichtleiden haben. Erkenne du das Leiden, so wirst du das Nichtleiden haben. In mir erkenne das Wort der Weisheit!«[30]

Die Johannesakten gelten als gnostische Schrift. Das wird leicht für ein nicht weiter zu überprüfendes Verdikt genommen.

Es ist daher, um zu einer positiven Würdigung zu gelangen, nicht unwichtig, was C. G. Jung zum antithetischen und paradoxen Stil unseres Textes sagt: »Das Paradox ist ein Charakteristicum der gnostischen Schriften. Es wird dem *Unerkennbaren* mehr gerecht als die Eindeutigkeit, welch letztere das Geheimnis seiner Dunkelheit entreißt und es damit als ein *Erkanntes* hinstellt. Das ist eine Usurpation, welche den menschlichen Intellekt zur Hybris verleitet, indem sie ihm vorspiegelt, er sei nunmehr durch einen Erkenntnisakt in den Besitz des transzendenten Mysteriums gelangt und habe es ›begriffen‹. Das Paradox entspricht daher einer höheren Stufe des Intellektes und gibt, indem es das Unerkennbare nicht gewaltsam als erkennbar hinstellt, den wirklichen Sachverhalt getreuer wieder.«[31] Diese Beobachtung Jungs sollte man bei allen Urteilen über die Gnosis als »Erkenntnis« in Betracht ziehen. Es handelt sich um eine »höhere Stufe des Intellektes«, die der Tiefe des Unerkennbaren gerecht zu werden sucht.

Die antithetischen Prädikationen stellen »eine Formulierung der Gestalt des Herrn in gegensätzlichen Aussagen, nämlich als Gott und als Mensch, als Opferer und Opfergabe« dar[32]. Der Lobgesang wird vor der Gefangennahme gesprochen und könnte durch das hymnēsantes (»und da sie den Lobgesang gesungen hatten«, Markus 14,26 par.) veranlaßt worden sein. Er tritt an die Stelle der Einsetzung des Abendmahls bzw. der Rede vom Weinstock im Johannesevangelium. Die Johannesakten berühren sich darin mit dem Evangelium des Johannes, daß sie die Abendmahlseinsetzung nicht erwähnen. »Die Tafelrunde aber ist, wie der Reigen, eine *Zusammensetzung* und *Vereinigung*; im Abendmahl als Teilnahme am Körper und Blut Christi, d. h. als Einverleibung des Herrn, im Reigen als kreisförmige Zirkumambulation des Herrn als Mittelpunkt. Trotz der äußeren Verschiedenheit der Symbole ist ihr gemeinsamer Sinn: *Aufnahme des Herrn in die Mitte der Jünger*.«[33] Trotz dieser Entsprechung zur klassischen Eucharistiefeier weist Jung doch auf einen nicht unwesentlichen Unterschied hin. Die Johannesakten drücken in einer der »Mysterienfeier entlehnten Form eine unmittelbarere Beziehung der Gemeinde zu Christus aus im Sinne des johanneischen Gleichnisses vom Weinstock. Diese enge Beziehung ist durch Kreis und Mittelpunkt dargestellt: beide Teile sind unerläßlich und äquivalent. Seit alters ist ja Kreis und Mittelpunkt ein Gottessymbol, das die Ganzheit des inkarnierten Gottes veranschaulicht: der einzelne Punkt im Zentrum und die vielen der Peripherie.«[34] Jung gibt dazu dann die Interpretation: »Psychologisch bedeutet diese Anordnung ein Mandala und damit ein Symbol des Selbst, auf welches nicht nur das einzelne Ich, sondern zugleich mit ihm noch viele andere Gleichgesinnte oder Schicksalsverbundene ausgerichtet sind. Das Selbst ist ja kein Ich, sondern eine diesem übergeordnete Ganzheit, die Bewußtsein und Unbewußtes umfaßt. Da aber letzteres keine bestimmbaren Grenzen besitzt und zudem in seinen tieferen Schichten kollektiver Natur ist, so kann es auch nicht von dem eines anderen Individuums unterschieden werden. Infolgedessen bildet es die stets und überall vorhandene ›participation mystique‹, d. h. die Einheit der Vielheit, den *einen* Menschen in allen. Diese psychologische Tatsache begründet den Archetypus des Anthropos, des Menschensohnes, des homo maximus, des vir unus, des Purusha usw.«[35]

Daraus erklären sich die antithetischen Urteile. Der *eine* Mensch ist repräsentiert in Christus, und er ist in allen als das Selbst. Wo Christus »erkannt« wird, rettet er und wird gerettet, das heißt, er befreit sich und damit den einzelnen Menschen zur Wahrnehmung des Selbst aus der Verdeckung durch das Ich und das Bewußtsein. Er hebt es aus dem Versunkensein ins Unbewußte und hebt sich damit in allen zu sich selbst hin. Die verschiedenen antithetischen Urteile meinen im Grunde alle diesen Zusammenhang. Darin überschreiten sie allerdings die traditionellen Aussagen über Christus als Retter, der wohl rettet, aber nicht ausdrücklich gerettet wird. Doch wird Christus, indem er uns rettet, dadurch zum Retter des »Christus in uns«. Christus, der aus dem Heiligen Geist gezeugt wird, bringt in uns die Zeugung des Gottessohns hervor, heißt es doch im Johannesevangelium, daß die christusförmigen »Kinder Gottes« »nicht aus Blut oder dem Willen des Fleisches oder dem Willen des Mannes, sondern aus Gott gezeugt worden sind« (1,13). Die Gnosis der Johannesakten denkt also ganz im Sinne des Johannesevangeliums fort. Ohne auf die weiteren Einzelaussagen einzugehen, sei noch der Bemerkung gedacht, die Jung zum Reigen macht, dessen Archetypik ja durch die aus dem Sternenbereich stammende Achtheit und Zwölfzahl (Zodiakus) ausgedrückt wird: »Was hier als äußeres Ereignis beschrieben wird, ist ein Symbol für die Hinwendung zum Zentrum in jedem Jünger, nämlich zum Archetypus des Anthropos, zum Selbst, denn man kann diesen Tanz nicht wohl als ein historisches Ereignis verstehen. Er ist vielmehr als eine Art Paraphrase der Eucharistie und als eine Rezeptionserscheinung, d. h. als ein amplifizierendes Symbol, das als psychisches Phänomen gedeutet werden will, aufzufassen. Es ist ein Akt höherer Bewußtwerdung, nämlich die Herstellung einer Verbindung zwischen dem Bewußtsein des Einzelnen und dem übergeordneten Symbol der Ganzheit.«[36]

»Das Selbst«, sagt Jung, »wird durch die Konzentration der vielen auf die Mitte verwirklicht, und es will auch diese Konzentration. Es ist Subjekt und Objekt des Geschehens.«[37] Jung nennt diesen Zusammenhang auch »die paradoxe Subjekt- und Objektnatur des Unerkennbaren«[38]. Der Mensch sieht sich dann »nicht mehr als den *Vereinzelten*, sondern als den *Einen*. Vereinzelt ist nur das subjektive Bewußtsein«, nicht die transzendentale Ganzheit, die zugleich die Mitte bildet. Wenn aber das subjektive Bewußtsein »auf seine Mitte bezogen ist, dann ist es dem Ganzen integriert. Wer mittanzt im Reigen, sieht sich im spiegelnden Zentrum ... Man könnte die paradoxe Identität und Verschiedenheit von Ich und Selbst wohl nicht schöner und treffender ausdrücken.«[39] *Der Mensch findet in der Objektivation des Selbst etwas, was ihn aus der bloßen Subjektivität des Ich erlöst.* Er kann dann aufhören, sich nur um sich selbst zu drehen. Im Blick auf das Leiden heißt das: »Wer aber sein Leiden ohne subjektive Befangenheit einsieht und versteht, der kennt auch das ›Nichtleiden‹ vermöge seines geänderten Standpunktes, denn er hat einen Ort jenseits aller Verwicklungen. Das ist wohl der echte christliche Gedanke der Weltüberwindung in einer unerwartet psychologischen Formulierung.«[40]

Die Johannesakten veranschaulichen diesen Zusammenhang unter dem Schein einer doketischen Vorstellung, als habe Jesus nur scheinbar gelitten und sei in seiner Person nicht er selbst gewesen. In diesem Sinne bereitet Jesus auf das Folgende vor, wenn er spricht: »Wer ich bin, wirst du erkennen, wenn ich von hinnen gehe. Als was ich jetzt gesehen werde, das bin ich nicht.«[41] In einer Vision spricht er zu Johannes:

»Johannes, für die Volksmenge dort unten in Jerusalem werde ich gekreuzigt und mit Lanzen und Rohren gestoßen und mit Essig und Galle getränkt. Ich aber sage dir und, was ich sage, höre: Ich gab dir ein, auf diesen Berg zu steigen, damit du hörest, was der Schüler vom Lehrer lernen muß und der Mensch von Gott. Und indem er dies sagte, zeigte er mir ein aus Licht zusammengesetztes Kreuz und um das Kreuz herum eine große Volksmenge, welche *keine* Gestalt hatte, und in demselben (scl. Kreuz) war *eine* Gestalt und ein ähnliches Bild. Den Herrn selbst sah ich oben über dem Kreuz und er hatte keine Gestalt, sondern nur eine gewisse Stimme, aber nicht die uns vertraute Stimme, sondern eine süße und gütige und wahrlich (die eines) Gottes, die zu mir sprach: Johannes, einer muß von mir dieses hören; denn eines bedarf ich, der hören soll. Dieses Kreuz aus Licht wurde von mir um euretwillen bald Logos, bald Nous, bald Jesus, bald Christus, bald Türe, bald Weg, bald Brot, bald Same, bald Auferstehung, bald Sohn, bald Vater, bald Pneuma, bald Leben, bald Wahrheit, bald Glaube, bald Gnade genannt. Solches nun für die Menschen; aber für sich selbst betrachtet und in unserer Sprechweise ist es die Begrenzung des All und das aus Unstetem Zusammengesetzte ... und die Harmonie der Weisheit, und zwar die Weisheit in der Harmonie. Es gibt aber rechte und linke (Stätten), Kräfte, Gewalten, Herrschaften, Dämonen, Wirksamkeiten, Drohungen, Zornausbrüche, Teufel, den Satanas und die untere Wurzel, von welcher die Natur des Entstehenden hervorging. Das Kreuz also ist es, welches das All durch das Wort sich zusammenfügte und das Reich der Entstehung und das Untere begrenzte, dann auch als die Einheit alles quellen ließ. Nicht das Kreuz ist es, welches du sehen wirst aus Holz, wenn du von hier hinabgehst. Auch bin ich der, den du jetzt nicht siehst, sondern dessen Stimme du nur hörst, nicht der auf dem Kreuze. Was ich nicht bin, dafür galt ich, der ich nicht bin, was ich für viele andere war; sondern was man von mir sagen wird, ist niedrig und meiner unwürdig. Da man also die Stätte der Ruhe weder sieht noch nennt, wird man viel weniger mich, ihren Herrn, sehen (oder nennen). Die (nicht) einförmige Volksmenge um das Kreuz herum aber ist die untere Natur. Und wenn auch die, welche du im Kreuze siehst, (noch) nicht *eine* Gestalt haben, so bedeutet das, daß

95

noch nicht jedes Glied des herabgekommenen (Herrn) zusammengefaßt worden ist. Wenn aber der Menschen Natur und ein sich mir näherndes Geschlecht, das (meiner) Stimme folgt, aufgenommen ist, wird der mich jetzt Hörende mit diesem vereint werden und nicht mehr sein, was er jetzt ist, sondern über ihnen stehen, wie auch ich jetzt. Denn solange du dich noch nicht mein eigen nennst, bin ich nicht das, was ich war. Wenn du aber mich verstehst, wirst du als Verstehender sein wie ich; ich aber werde sein, was ich war, wenn ich dich bei mir habe. Denn von mir bist du (nämlich) das (was ich bin).

Denn was du bist, siehst du, das zeigte ich dir. Was ich aber bin, das weiß ich allein, sonst niemand. Das Meine also laß mich haben, das Deine aber sieh durch mich! Mich aber sieh wirklich, nicht (was) ich, wie ich sagte, bin, sondern was du als Verwandter erkennen kannst.«[42]

C. G. Jung äußert Zweifel an der traditionsmäßigen Auffassung des Doketismus, die sich bei dem vorgetragenen Text nahezulegen scheint. Danach hat Christus einen Scheinleib besessen und infolgedessen nur scheinbar gelitten. Demgegenüber sagt Jung: »Dies ist aber eine grobe doketische Ansicht. Die Acta Johannis sind subtiler, indem sie beinahe erkenntniskritisch argumentieren: die historischen Tatsachen sind zwar wirklich, aber sie lassen nur erkennen, was dem Sinnenmenschen eindrücklich und begreifbar ist. Der Akt der Kreuzigung ist aber außerdem noch für den Erkenner göttlicher Geheimnisse ein *Mysterium*, d. h. ein Symbol, welches ein paralleles psychisches Ereignis im Anschauen ausdrückt. In platonischer Sprache ist es ein Ereignis ›an himmlischem Orte‹, d. h. auf einem ›Berge‹ und in einer ›Höhle‹, wo ein *Lichtkreuz* aufgerichtet ist, welches viele Synonyme, d. h. viele Aspekte und Bedeutungen hat. Es drückt die unerkennbare Natur des ›Herrn‹, d. h. der übergeordneten Persönlichkeit und des téleios ánthrōpos aus, und ist eine Quaternität, also eine viergeteilte Ganzheit, das klassische Symbol des Selbst.«[43]

Jung versteht in diesem Sinne den Doketismus eher als »eine Vervollständigung der historischen Tatsachen als eine Entwertung derselben«[44]. Es handelt sich um die reiche Symbolbildung, die aus der Kontemplation des kosmischen Opfertodes Christi entsteht. Diese tritt in der Unterscheidung des Lichtkreuzes gegenüber dem Kreuz aus Holz höchst anschaulich hervor. Das konkrete Ereignis als solches ergibt ja noch keinen Sinn; es kommt vielmehr darauf an, wie es verstanden wird, auf seine »Deutung« also, aus der die »Bedeutung« erwächst.

»Das Kreuz bedeutet«, wie Jung darlegt, »Ordnung gegenüber dem Ungeordneten bzw. Chaotischen der gestaltlosen Volksmenge.« Das Kreuz übernimmt die »Funktion eines ordnungserzeugenden Mittelpunktes« in der Gestalt eines viergeteilten Mandalas[45]. Die Numinosität dieses Archetypus ist in urchristlichen Zeiten, nicht nur in gnostischen Kreisen, häufig wahrgenommen worden. Das Kreuz entspricht in dieser Wahrnehmung dem, »was der Osten schon immer als Atman, d. h. als Selbst verstanden hat«[46].

Als originell bezeichnet Jung »die Definition des Mittelpunktes, bzw. des Kreuzes als dihorismós (Begrenzung) des Alls, d. h. das Universum erreicht seine Grenze nicht an der Peripherie, die nicht vorhanden ist, sondern in seinem Mittelpunkt ... Die Mitte ist eine Idee der Ganzheit und Endgültigkeit. Es ist daher durchaus am Platze, wenn der Text sich hier ziemlich plötzlich an die Tatsache der Dichotomie des Alls erinnert, nämlich an das Rechte und Linke, das Helle und das Dunkle, an das Himmlische und an die ›untere Wurzel‹, die omnium genetrix. Damit deutet er unmißverständlich an, daß in der Mitte alles enthalten ist, und daß mithin der ›Herr‹, bzw. das Kreuz alles zusammensetzt und vereinigt, also ›nirdvandva‹, d. h. ›frei von Gegensätzen‹ ist, in klarer Übereinstimmung mit den entsprechenden östlichen Ideen und ebenso mit der Psychologie dieses archetypischen Symbols. Die gnostische Christusfigur, bzw. das Kreuz, entspricht daher dem Typus des psychologischen Mandalas, welches das Unbewußte bekanntlich spontan produziert. Es ist darum ein *natürliches Symbol* und unterscheidet sich prinzipiell von der dogmatischen Gestalt, in welcher das Dunkle expressis verbis fehlt.«[47]

Es entsteht nun für Jung die Frage, warum sich die Kirche die gnostische Deutung nicht zu eigen machte, sondern statt dessen bei dem Konkretismus der historischen Tatsachen blieb. Er sieht darin eine weise Haltung; denn das Bewußtsein der damaligen Menschheit wäre nicht in der Lage gewesen, das Ich vom Selbst zu unterscheiden. Vielmehr wäre in der gnostischen Erfahrung das Selbst in eine solche Nähe zum Ich gelangt, daß das Ich in die Gefahr geriet, sich mit dem Selbst zu identifizieren. Diese Gefahr nennt Jung eine seelische Inflation, die zur Überheblichkeit führt. Es ist dann, »als ob das Licht alle Dunkelheit verschlungen hätte. Wie die erleuchtende Vision über der konkreten Kreuzigung steht, so steht der Erleuchtete über der gestaltlosen Volksmenge. Der Text sagt: ›Darum kümmere dich nicht um die große Menge und verachte die, welche außerhalb des Geheimnisses stehen!‹ Diese überhebliche Haltung entspringt einer Inflation, die dadurch entstanden ist, daß der Erleuchtete sich mit seinem Lichte identifiziert, d. h. sein Ich mit dem Selbst verwechselt und sich daher über seine Dunkelheit erhaben wähnt. Er vergißt, daß Licht nur dort Sinn hat, wo es eine Dunkelheit erleuchtet, und daß seine Erleuchtung ihm nur dann ihre Dienste leistet, wenn sie ihm hilft, seine eigene Dunkelheit zu erkennen.«[48]

Demgegenüber nimmt C. G. Jung für unsere Zeit den Gnostizismus ausdrücklich in Anspruch. Gegenüber der Autonomie des Intellekts, die sich im Abendland nicht zuletzt durch die oben beschriebene Entscheidung des Christentums durchgesetzt hat, kommt dem Bewußtmachen des Selbst heute eine rettende Funktion zu. Angesichts der rationalistischen Ideologie, die heute den Menschen unterdrückt, beruht der Glaube an die Menschenrechte, insbesondere an die Freiheit des Individuums, auf der prinzipiellen Anerkennung des Irrationalen. »Mit der Berufung auf die ewigen Menschenrechte ist der Glaube an *höhere Ordnung* unauflösbar verbunden ..., weil das Selbst chaotische Zustände wirksam kompensiert, unabhängig davon, mit welchem Namen es immer bedacht wird: es ist der überweltliche Anthropos, in welchem die Freiheit und Würde des individuellen Menschen beschlossen ist. Unter diesem Gesichtswinkel ist Unterschätzung und Verachtung des Gnostizismus nicht mehr zeitgemäß. Seine offenkundig psychologische Symbolik könnte heute manchem als Brücke zu einem lebendigeren Verständnis der christlichen Tradition werden.«[49] Im gnostischen Christus, sagt Jung, ist die ursprüngliche Einheit des Menschen dargestellt und zum erlösenden Ziel der Entwicklung erhoben. »Durch ›Zusammensetzung des Unsteten‹, durch Ordnung im Chaos, Vereinigung der Disharmonien und Zentrierung im Mittelpunkt, also durch die ›Begrenzung‹ des Vielfältigen und durch die Hinwendung des Bewußtseins auf das Kreuz soll das Bewußtsein mit dem Unbewußten und der unbewußte Mensch mit seinem Zentrum, das zugleich die Mitte des Alls ist, wieder verbunden und solchermaßen das Ziel der Erlösung und Erhöhung des Menschen erreicht werden.«[50]

Diese Intuition, so betont Jung nachdrücklich, »setzt ein widerstandsfähiges Bewußtsein voraus, welches der Versuchung, sich mit dem Selbst zu identifizieren, nicht unterliegt«[51]. Von der Entstehung und Bildung eines solchen Ich-Bewußtseins, das sich der Tiefe des Unbewußten und darin dem Selbst öffnet und zugleich der Gefahr der Inflation widersteht, hängt heute die Weiterentwicklung der Menschheit ab. Es ist die Verwirklichung »eines vom Ich-Bewußtsein unabhängigen, kompensierenden Ordnungsfaktors«[52], der in unserer abendländischen Tradition als Christus erlebt wird, der für den höheren Menschen oder das Selbst einsteht. Die Ganzheit des Menschen ist von diesem Geheimnis abhängig wie dieses wiederum vom Menschen. »Es würde genügen zu wissen, daß ein derartiges Geheimnis existiert, und daß der Mensch irgendwo in dessen Nähe steht, sich aber hüten sollte, sein Ich damit zu verwechseln. Im Gegenteil sollte ihn die Konfrontation mit seiner Dunkelheit nicht nur vor der Identifikation warnen, sondern ihm auch einen heilsamen Schrecken vor dem, wessen ein Mensch fähig ist, einjagen. Er kann den unheimlichen Gegensatz seiner Natur nicht aus eigener Kraft bewältigen, sondern nur durch die Erfahrung eines von ihm unabhängigen, d. h. eines von ihm nicht bewirkten seelischen Vorganges.«[53] Es handelt sich um einen psychischen Vorgang, »dessen wirkliche Natur so bewußtseinstranszendent ist wie das Geheimnis des Lebens oder das der Materie«[54].

Logos und Stauros (Kreuz)

Passion und Mysterien

Die synoptischen Evangelien sind nach einem Wort von Martin Kähler Passionsgeschichten mit ausführlicher Einleitung. Insbesondere sind es die sogenannten Leidensweissagungen (Markus 8,31; 9,31; 10,32–34 und die entsprechenden Parallelen bei Matthäus und Lukas), die diesen Zusammenhang ausdrücken. In ihnen liegt der Klang, der den Passionsweg Jesu unter ein göttliches Muß stellt, das zugleich als ein inneres Muß erlebt werden soll. Der »Menschensohn«, wie sich Jesus hier nennt, muß viel leiden und verworfen werden; er muß ausgeliefert werden in die Hände der Menschen. In die dreifache Fassung dieser Weissagung sind Details der Passionsgeschichte hineingeschrieben worden. Das hat die kritische Forschung dazu geführt, sie für vaticinia ex eventu, für nachträgliche Eintragungen in den »Weg Jesu«, zu halten. Ihre Historizität ist zumindest fraglich. Aber die Fassung in Markus 9,31 enthält etwas sehr Prägnantes, dem man Echtheit zusprechen möchte. In ihr klingt nicht nachträgliche Reflexion, sondern inneres Schicksal auf, wenn es heißt: »Der Menschensohn wird an die Menschen ausgeliefert.« Der wahre, der eigentliche Mensch fällt in die Hände der Menschen. Auch das »Muß« in Markus 8,31 hat einen sehr ursprünglichen Klang: »Der Menschensohn *muß* viel leiden und verworfen werden.« Von Anfang an wird der Hinweis auf die Auferstehung »nach drei Tagen« dazugehören, der sich ja auch formal von dem »am dritten Tag« der Osterberichte abhebt.

Hier mögen Zweifel bleiben. Auf ein dem traditionellen Passionsverständnis fremdes Element werden wir im unmittelbaren Anschluß an die dritte Leidensweissagung hingewiesen. Als die Zebedäussöhne Jakobus und Johannes Jesus bitten, in der Herrlichkeit des künftigen Reiches zu seiner Rechten und Linken sitzen zu dürfen, entgegnet er ihnen mit der Frage: »Könnt ihr den Kelch trinken, den ich trinke, und euch taufen lassen mit der Taufe, mit der ich getauft werde?« (Markus 10,38). Hier wird die Passion Jesu als eine Taufe bezeichnet, der sich Jesus unterziehen muß. Es dürfte, was diesen Zusammenhang betrifft, vielleicht auch nicht ganz zufällig sein, daß nach der zweiten Leidensweissagung vom Aufnehmen eines Kindes die Rede ist, also die mit der Taufe verbundene Sym-

bolik des Kindes vor die Jünger tritt. An die erste Leidensweissagung schließt sich der Bericht von der Verklärung Jesu an,
der seine verborgene Geistleiblichkeit zeigt, die über den Tod
hinaus ist.

Wir verstellen uns das Verständnis für das Wesen der Taufe,
wenn wir in ihr einen bloßen Aufnahmeritus in eine Religions-
gemeinschaft oder einen Akt der Namensgebung sehen. Taufe
ist Einweihung in die Mysterien von Tod und Auferstehung.
Es ist das Verdienst von Hildegunde Wöller, daß sie in ihrem
Buch »Ein Traum von Christus« den Zusammenhang von Passion Jesu und Einweihungsweg wieder freilegt. Von dort aus
erschließt sich die Kreuzigung Jesu als Teil eines Mysterienweges, der durch Tod und Auferstehung hindurch den Menschen
zu seinem wahren Selbst verwirklicht. Die synoptischen Evangelien berichten von Jesu Passionsweg in solcher Weise, daß
sie dadurch das Geheimnis der Mysterien veröffentlichen. Die
Aussage dieser Veröffentlichung ist nicht das im engeren Sinn
Historische, sondern der Mythos und seine Archetypik. Hildegunde Wöller drückt es so aus: Die Passion Jesu wird »als
sowohl historisches wie auch als mythisches Ereignis gesehen,
an das sich aber die Auferstehung nahtlos anfügt«[1]. Im Blick
auf den Mysteriencharakter sagt sie dann: »Jesus hat sein Leiden im voraus immer eine Taufe genannt, einen Kelch, den er
trinken müsse. Was mit der Taufe im Jordan vorgezeichnet
wurde, geschieht nun noch einmal, jetzt anscheinend real, in
aller Öffentlichkeit.«[2]

H. Wöller weist darauf hin, daß zwischen dem Alten und
dem Neuen Testament nicht nur eine Kontinuität, sondern
ebenso deutlich auch eine Diskontinuität bestehe. Als das Ereignis, das sich zwischen den beiden Testamenten ereignet,
nennt sie die Taufe Jesu. Der Ursprung der Taufe lasse sich
aber nicht aus dem Alten Testament herleiten, sondern dieser
sei bei den »Heiden« zu suchen. »Indem Jesus sich taufen ließ,
inkarnierte er sich auch in die Vorstellungen, die mit der Taufe verbunden sind.«[3] Ihre Herkunft ist in den Initiationsriten
zu suchen, die bei allen Völkern bekannt sind. »Das Untertau-
chen ins Wasser war einer der Riten, welche die Rückkehr in
den Mutterleib und die Wiedergeburt darstellten.«[4] Das Wasser ist in dem Zusammenhang Symbol für den Tod und für das
Leben zugleich. Es repräsentiert den Mutterleib der großen

Göttin des Lebens, die das Lebendige verschlingt und wiedergebiert. Der junge Mensch wird durch Einweihung in diese Mysterien, in denen er sich einem Todes- und Wiedergeburtserlebnis unterzieht, zu einem erwachsenen Mitglied seines Volkes. Ihm werden dabei die religiösen Erkenntnisse seiner Gruppe vermittelt, begleitet von Visionen, die durch intensives Fasten, Ertragen von Schmerzen und Ausharren in tiefer Einsamkeit als unmittelbare Erfahrung hervorgerufen werden.

Über diese Pubertätsriten hinaus gab es noch die Einweihung von Erwachsenen in einen besonderen religiösen Bund. Diese in einem tieferen Sinne Mysterien genannten Einweihungen legten den Mitgliedern des Geheimbundes bei Todesstrafe ein absolutes Schweigen über die mitgeteilten Riten und das geheime Wissen auf. Dennoch ist uns einiges davon bekannt geworden. H. Wöller führt den antiken Schriftsteller Apuleius an, der in seinen »Metamorphosen« von seiner Einweihung in die Isismysterien berichtet. Er schreibt dort u. a.: »Ich ging bis zur Grenzscheide zwischen Leben und Tod. Ich betrat Proserpinens (Göttin der Unterwelt) Schwelle, und nachdem ich durch alle Elemente gefahren, kehrte ich wiederum zurück. Zur Zeit der tiefsten Mitternacht sah ich die Sonne in ihrem hellsten Licht leuchten, ich schaute die unteren und oberen Götter von Angesicht zu Angesicht und betete sie in der Nähe an.«[5]

Zu den von H. Wöller angeführten inneren Erfahrungen wird man ergänzend noch folgendes anmerken müssen: Das geheime Wissen der Mysterien stand durchaus in einem Zusammenhang mit der öffentlichen Religion und ihren Kulten. Das Verhältnis zwischen diesen und dem Mysterienwissen war das von exoterisch und esoterisch. Wurde beispielsweise der höchste Gott in der exoterischen, öffentlichen Religionsausübung als eine ehrfurchtgebietende Persönlichkeit vorgestellt, so wurde dem Mysten in der Mysterieneinweihung mitgeteilt, daß die Gottheit das Nichts sei, das sich zur Eins, dem Sein, konzentriere, aus dem alles andere Seiende in gewaltiger Entwicklung in vielen Stufen herausfließe. Die exoterische Religion war also ein anschauliches Symbol einer tieferen Seinswirklichkeit, die in diesem Symbol verehrt, aber nicht eigentlich verstanden wurde. Dem Volk durfte man diese Erkenntnisse nicht mitteilen, da die Mysterienerkenntnisse das Verständnis der breiten Volksschichten überstiegen. Auch würden die esoterischen Erkenntnisse mit Sicherheit mißverstanden, da sich das gewöhnliche Denken unter Nichts gar nichts vorstellt und nicht das Nichts, das der Möglichkeit nach das ganze künftige Universum mit all seinen göttlichen Hintergründen in sich enthält. Auch würden viele wiederum nicht verstehen, daß ihr fromm verehrtes Gottesbild »nur« ein Symbol sein soll und nicht unmittelbar so vorgestellte Wirklichkeit. Wobei wiederum zu bedenken ist, daß das exoterische Symbol tatsächlich Anteil gibt an der Wirklichkeit, die es repräsentiert. Es ist also nicht »nur« ein Symbol, sondern – mit Tillich zu reden – »nichts Geringeres als ein Symbol«[6]. Dem Symbol nähert sich der Mensch durch Hingabe und Vertrauen. Seine ihm dargebrachte Haltung ist der Glaube, indisch: die Bhakti, griechisch: die Pistis. In der Mysterieneinweihung erlebt aber der Mensch das in dem Symbol Gemeinte nicht etwa nur in einer philosophischen Abstraktion, wie die oben aufgestellten Aussagen klingen könnten, sondern als innere mystische Erfahrung, die ihn ekstatisch in eine höhere Erkenntnisart versetzt; er erfährt das Menschenwesen selbst als »Teilhaber an der göttlichen Natur« (2. Petrus 1,4). Er erlebt das »Eine« als helles, den Menschen durchstrahlendes und erleuchtendes Urlicht und zugleich als Sammlung aller Energie, die aus einem unendlichen Hintergrund, dem »Nichts«, zuströmt und den Mysten mit belebender Kraft erfüllt. Der in die Mysterien Eingeweihte »erkennt«; die dem göttlichen Seinsgeheimnis dargebrachte Haltung ist die höhere Erkenntnis oder Gnosis.

H. Wöller weist nun darauf hin, daß die Johannestaufe »einem Aufnahmeritus in einen Geheimbund« gleicht. »Unzweifelhaft hat Johannes den Taufritus aus jenen Traditionen der Aufnahme in einen besonderen Bund übernommen wie die Mysterienreligionen auch. Was eine Taufe war, was sie beinhaltete und für Konsequenzen hatte, das war dem antiken Menschen bewußt. Innerhalb des Judentums aber war Johannes zweifellos ein Häretiker, ein Sektierer, der den Essenern näher stand als der Priesterschaft am Tempel von Jerusalem.«[7] Im folgenden setzt sie die Johannestaufe in einen Zusammenhang mit der Rolle, die die Taufe im Inthronisationsritual des Königs spielte. »Anfang der Krönungszeremonien ist ... der

105

Sieg über die Chaosmächte. Chaosmächte aber waren vielfach die Ungeheuer der Meerestiefe. Ob der Held sie im Kampf besiegte oder wie Jona von ihnen verschlungen und wiedergeboren wurde, das sind zwei Betrachtungsweisen desselben Symbols. Sie bedeuten immer Todesüberwindung und Wiedergeburt. Da er aber den Tod überwunden hatte, wurde er nun zum Herrn der Welt nicht allein, sondern auch des Kosmos erklärt, Sohn Gottes genannt. Die Zeremonien aber vollendeten sich in der heiligen Hochzeit.«[8]

Diese Vorstellungen stehen offenbar in einem Zusammenhang mit der Selbstbezeichnung Jesu als »Menschensohn«. Dahin gehört auch das »Zeichen des Jona«, von dem Jesus spricht: »Die böse und ehebrecherische Art sucht ein Zeichen; und es wird ihr kein Zeichen gegeben werden denn das Zeichen des Propheten Jona. Denn gleichwie Jona war drei Tage und drei Nächte in des Walfisches Bauch, also wird der Menschensohn drei Tage und drei Nächte in der Mitte der Erde sein« (Matthäus 12,39 f. par.).

Die Bezeichnung »Menschensohn« selbst entstammt der Vision aus Daniel 7,9 ff.: »Ich schaute: da wurden Throne aufgestellt, und ein Hochbetagter setzte sich nieder. Sein Gewand war weiß wie Schnee und das Haar seines Hauptes rein wie Wolle; sein Thron war lodernde Flamme und die Räder daran brennendes Feuer. Ein Feuerstrom ergoß sich und ging von ihm aus. Tausendmal Tausende dienten ihm, zehntausendmal Zehntausende standen vor ihm ... Ich schaute: da wurde das Tier getötet, sein Leib vernichtet und dem Feuerbrand übergeben. Und den anderen Tieren ward ihre Macht genommen und ihre Lebensdauer auf Zeit und Stunde bestimmt. Ich schaute in den Nachtgesichten, und siehe, mit den Wolken des Himmels kam einer, der einem Menschensohn glich, und gelangte bis zu dem Hochbetagten, und er wurde vor ihn geführt. Ihm wurde Macht verliehen und Ehre und Reich, daß die Völker aller Nationen und Zungen ihm dienten. Seine Macht ist eine ewige Macht, die niemals vergeht, und nimmer wird sein Reich zerstört.«[9]

»Menschensohn« ist hier Bezeichnung für den irdischen König, der das Reich Gottes auf Erden aufrichten wird. Er ist der Repräsentant der Menschheit, der eigentliche Mensch, der wahres Menschentum und wahres Menschenreich von Gott her zu den Menschen bringt. Er gehört daher mit den Menschen zusammen und ist doch zugleich insofern von den Menschen unterschieden, als er zum wahren Menschentum durch Bestehen der Mysterienweihe hindurchgedrungen ist. Die Vision deutet das noch an, indem sie von der Tötung eines Tieres spricht, das als Symbol für die Chaosmächte gilt. Daß der Menschensohn aus dem Urmeer, dem Symbol der Chaos- und Todesgewalt und zugleich des Ursprungs allen Lebens, hervorsteigt, um dann mit den Wolken des Himmels zu kommen, berichtet eine andere jüdische Überlieferung, das 4. Esra-Buch (13,1 ff.): »Nach den sieben Tagen geschah es, da träumte ich des Nachts einen Traum: siehe, da stieg ein gewaltiger Sturm vom Meere auf und erregte alle seine Wogen. Ich schaute, siehe da führte jener Sturm aus dem Herzen des Meeres etwas wie *einen Menschen* hervor; ich schaute, siehe dieser Mensch flog mit den Wolken des Himmels ... Die Deutungen des Gesichtes sind diese: wenn du einen *Mann* aus dem Herzen des Meeres hast emporsteigen sehen: das ist derjenige, den der Höchste lange Zeiten hindurch aufspart, *durch den er die Schöpfung erlösen will*; der wird selber unter den Übriggebliebenen die neue Ordnung schaffen ... Da sprach ich: Herr Gott, zeige mir, weshalb ich den Mann aus dem *Herzen des Meeres* habe aufsteigen sehen. Er sprach zu mir: Wie niemand erforschen noch erfahren kann, was in des Meeres Tiefen ist, so kann niemand der Erdenbewohner meinen Sohn schauen noch seine Gefährten, es sei denn zur Stunde seines Tages.«[10]

Hier wird der aus den Mysterien aufgestiegene Mensch als »mein Sohn«, das heißt als der Sohn Gottes bezeichnet. Menschensohn und Sohn Gottes stehen in einem Beziehungsverhältnis zueinander. Sie drücken im einen Fall das Verhältnis zur Menschheit, im anderen Fall zur Gottheit aus, das im »Sohn« repräsentiert wird.

H. Wöller geht nun noch einen Schritt weiter. Mit Blick auf die Taufe Jesu, das dort geschilderte Zerreißen des Himmels und das Herabkommen des Geistes wie eine Taube fragt sie mit E. Lohmeyer, »wie solch ein ›heidnischer‹ Zug in die Taufgeschichte Jesu eingedrungen sein könnte«. »Was dem Exegeten Anlaß zum Befremden gibt, obwohl er genau sieht, was zu sehen ist, ist seine Meinung, das Neue Testament müsse im Vorstellungshorizont des Alten Testamentes verharren.

Die radikalere Frage, welche Gottheit es ist, die hier in Gestalt einer Taube sagt: ›Du bist mein geliebter Sohn, an dir habe ich Wohlgefallen gefunden‹, wird von Lohmeyer nicht gestellt.«[11]

H. Wöller gibt die Antwort, indem sie die mit den Thronbesteigungsriten zusammengehörende heilige Hochzeit mit der in Israel zum Gottesbild hinzugetretenen Vorstellung von der Weisheit, der Sophia, vereint. »Höhepunkt und Abschluß der Thronbesteigungsriten bildete die heilige Hochzeit mit der Göttin, der das Land gehörte, über das der König herrschen sollte. Die Priesterin, die den König als Vertreterin der Göttin empfing, begrüßte ihn mit eben der Anrede: ›Du bist mein geliebter Sohn, an dir habe ich Wohlgefallen gefunden.‹ Symbol der Göttin Ischtar aber war die Taube. Und die Taube wurde in der Weisheitsliteratur zum Symbol der Weisheit, der Sophia.« Und sie fügt hinzu: »Die Taufe Jesu meint nicht weniger als seine Inthronisation zum endzeitlichen König, der zugleich Herr des Kosmos ist und mit Sophia heilige Hochzeit gefeiert hat.«[12]

Im apokryphen Hebräerevangelium heißt es von der Taufe Jesu: »Es geschah aber, als der Herr aus dem Wasser heraufgestiegen war, stieg die ganze Quelle des heiligen Geistes auf ihn herab und ruhte auf ihm und sprach zu ihm: Mein Sohn, in allen Propheten erwartete ich dich, daß du kämest, und ich in dir ruhte. Denn du bist meine Ruhe; du bist mein erstgeborener Sohn, der du herrschest in Ewigkeit.«[13] Hier ist es also der (weiblich verstandene) heilige Geist, der die Taufworte spricht. Jesus ist demnach der erstgeborene Sohn der Ruach, die nun in ihrer ganzen Fülle in oder auf ihm ruht. P. Vielhauer schreibt dazu (wobei ich beim Zitieren sinngemäß »der heilige Geist« in »die heilige Ruach« ändere, ebenso die darauf bezüglichen Fürwörter): »Die heilige Ruach erwartet das Kommen ihres Sohnes, offenbar aus der Präexistenz; sie erwartete ihn in allen Propheten, aber bisher vergeblich; sie erwartete ihn, um auf ihm zu ›ruhen‹. Dieses ›Ruhen‹ der Ruach auf ihrem Sohn ist offenbar etwas anderes als das Ruhen der Ruach des Herrn auf dem Messias (Jes. 11,2), nicht Inspiration, sondern ganze und endgültige Vereinigung der Ruach mit ihrem Sohn (›die ganze Quelle der Ruach‹ steigt auf ihn herab; ›du bist meine Ruhe‹). Die heilige Ruach spricht hier wie die hypostasierte göttliche Weisheit in der jüdischen Weisheitsliteratur. Wie die Ruach vergeblich wartete, in allen Propheten ›ihre Ruhe‹ zu finden, bis der Sohn kam, so ›sucht‹ die Weisheit in allen Völkern vergeblich ihre ›Ruhe‹, bis sie sie in Israel findet:

Bei ihnen allen suchte ich Ruhe (anápausis)
und in wessen Erbteil ich wohnen könnte (Sirach 24,7).«[14]

Im Hebräerevangelium ist ganz offensichtlich die heilige Ruach mit der Weisheit, der Sophia, identisch.

In einem anderen Bruchstück dieses Evangeliums heißt es: »Sogleich ergriff mich (Christus) meine Mutter, der heilige Geist, an einem meiner Haare und trug mich weg auf den großen Berg Thabor.«[15] Nach Vielhauer gehört dieses Fragment zu einer Versuchungsgeschichte, in der Jesus in der Ich-Form erzählt[16].

H. Wöller dürfte also durchaus recht mit ihrer Annahme haben, daß die Taufe Jesu ursprünglich im Zusammenhang mit dem Thronbesteigungsritual und den Vorstellungen der heiligen Hochzeit gesehen werden muß. Dieser Auffassung entspricht auch das ursprüngliche Verständnis der frühchristlichen Taufe, wie wir es noch in Syrien und bei den Mandäern feststellen können. Die Taufe wurde dort nach folgendem Ritus gefeiert:

»1. Das Eintauchen in fließendes Wasser
2. Die Handauflegung mit Salbung und Gebet um Ausgießung des Geistes
3. Das Bekleiden mit dem weißen Taufkleid
4. Das Aufsetzen eines Kranzes
5. Das Austeilen des Abendmahlssakraments.

An diesem Ritus ist das Krönungsritual deutlich abzulesen. Das Aufsetzen des Kranzes ist ein Hochzeitsritus, der sich im Abendmahlssakrament fortsetzte. Der Täufling sollte Christus gleichgestaltet werden; ebenso wie er mit ihm in den Tod ging, wurde er mit ihm verherrlicht, ja geradezu zum Mitregenten erhoben.

Die weit verbreitete Vorstellung, die Taufe sei ein ›Abwaschen von Sünden‹, greift entschieden zu kurz. Die christliche Taufe bedeutet demnach sogar mehr als eine Initiation, sie schließt dies alles mit ein, zielt aber auf Gleichgestaltung mit

Christus. Aus dem Alten Testament läßt sich dieses Taufver-
ständnis auf keine Weise ableiten. Es ist etwas völlig Neues,
das in seiner Tragweite gerade erst vor dem mythischen Hintergrund heidnischer Riten begreiflich wird.«[17]

Mit den Mysterien der Taufe von Tod und Wiedergeburt
und der Großen Mutter gehört konstitutiv der Weg des Heros
hinzu, der diese Mysterien durchschreitet. C. G. Jung spricht
in diesem Zusammenhang vom Archetyp des Heros. »Was
von Jesus erzählt wird, korrespondiert in so auffallender Weise
mit dem Heros und seinem Weg, daß man dieses Zusammentreffen geradezu als das größte Wunder, als Offenbarung bezeichnen kann.«[18] Der Heros ist, wie H. Wöller betont, »alles
andere als ein Mann nach patriarchalem Muster«. Der Heros
besteht Abenteuer und Kämpfe, um dadurch »die Liebe einer
Frau zu gewinnen und durch sie König zu werden, ein Reich zu
gründen«[19]. Er folgt seiner inneren Stimme, die ihn aus dem
Unbewußten anruft. Und dieses Unbewußte, »das vom normalen Menschen Ungekannte«, ist es auch, »wo er das Heil
finden muß«[20]. Er muß sich daher aus dem Gesicherten seiner
Familie und Heimat lösen. »Erstes Ziel seiner Suchwanderung
ist ein Ort, der als Schwelle zwischen dem Diesseits und dem
Jenseits, zwischen Leben und Tod gilt. Fast in allen Mythen ist
Symbol dieser magischen Schwelle ein Walfisch, der Mutter-
schoß. Der Held muß zum zweiten Mal geboren werden. Er
besiegt die Hüter der Schwelle nicht, schlägt sie nicht nieder,
sondern wird vom Unbekannten verschlungen und scheint tot
zu sein. Jenseits der Schwelle beginnt sein eigentliches Abenteuer. Er befindet sich nun in einem Jenseitsland, in einem
magischen Bereich . . . Hier hat der Held seine großen Abenteuer und Prüfungen zu bestehen.«[21] Der Held gewinnt aus
diesen Prüfungen die Braut und das eigentliche Selbst, das er
als Schatz aus den Abenteuern erlangt hat.

H. Wöller kann nun in ihrem Buch darstellen, daß der Weg
Jesu in den synoptischen Evangelien in Analogie zu dem Weg
des Heros gestaltet worden ist. »Seine Worte und sein Tun,
mit denen er die Nähe des Reiches Gottes ankündigte, atmen
hochzeitlichen Geist. Wie anders wäre das zu erklären, als daß
er selbst von einer mystischen Hochzeit herkam, die er in der
Taufe erfahren hatte? Als Erleuchteter hat er die Einheit alles
Seienden erfahren, des Göttlichen und des Menschlichen, des

Geistigen und des Irdischen, die Vereinigung aller Gegensätze, deren Symbol die heilige Hochzeit ist. Jesus gab seiner Erkenntnis den Namen Reich Gottes.«[22] H. Wöller weist für diesen Zusammenhang auf die jüdische Mystik hin, die im ersten vor- und nachchristlichen Jahrhundert den Ausdruck »Schechina«, Gegenwart, Einwohnung Gottes, für diese Erfahrung prägte. Die jüdische Kabbala, die nach ihrem Selbstverständnis bis auf die Anfänge des Menschengeschlechts zurückgeht und die dritte, die esoterische Thora neben der geschriebenen (Pentateuch) und der mündlichen (Talmud) bildet, wurde mit der Sinaioffenbarung durch Mose in Verbindung gebracht. Sie hatte zur Zeit Jesu einen esoterischen Kreis um Simon ben Jochai, auf den die im Buch Sohar niedergelegten Einsichten zurückgehen. In der Kabbala wird die Schechina zu einer weiblichen göttlichen Gestalt, zur Braut des Messias, der ebenfalls seinen Ursprung in der mystischen Gestalt der Gottheit besitzt. Die Schechina oder das Reich ist nach dieser Tradition ein erdennäherer Ausdruck der Großen Mutter in Gott, die mit den außerjüdischen Traditionen der Muttergöttin übereinstimmt. Sie bildet das Symbol für die Einheit alles Seienden. H. Wöller zieht mit Blick auf die Taufe Jesu die Folgerung: »Das Reich Gottes, die Schechina, die Große Göttin, die Sophia – sie erscheinen in Gestalt einer Taube, die auf Jesus herabkam, als er aus dem Wasser stieg, und verdichteten sich in einem neuen Namen: Christus. In ihm ist Gott gegenwärtig, in ihm ist das Reich Gottes nahe gekommen.«[23]

H. Wöller läßt keinen Zweifel daran, daß sich Jesus durch das Erlebnis der Taufe und die Erfahrungen, die in der Versuchungsgeschichte ihren Niederschlag gefunden haben, »von dem Gottesbild, das im Alten Testament vorherrscht, endgültig getrennt« habe[24]. Aber was war dieses Gottesbild, zu dem das Gottesbild Jesu nun in eine Diskontinuität tritt? H. Wöller bringt den Gott Israels in einen Zusammenhang mit dem Schamanismus, für den nicht das Symbol des Wassers, sondern das des Feuers zentral sei. Der Schamane verfügt über eine ekstatische Technik, mit deren Hilfe er seinen Körper verlassen und in den übersinnlichen Bereich eindringen kann. Er erlebt seine eigene Einweihung, wobei er unter Umständen psychisch erkrankt und sich selber heilt. Aus seinen psychi-

schen und parapsychischen Erfahrungen erwächst seine Fähigkeit zu heilen. Er vermag die Verbindung mit dem Göttlichen
und den Geistern herzustellen und erlebt das Göttliche in sich
als ein zweites Ich. H. Wöller führt dafür ein eindrückliches
Beispiel an: »›Wir Sioux glauben‹, so berichtet ein Schamane,
›daß etwas in uns ist, das uns kontrolliert, beinah so etwas wie
ein zweites Ich. Wir nennen es Nagi, andere nennen es vielleicht Seele, Geist oder Wesen. Man kann es nicht sehen,
fühlen oder schmecken. Aber jenes eine Mal auf dem Hügel,
nur dieses eine Mal, da wußte ich, daß es in meinem Innern
war. Da fühlte ich die Kraft durch mich branden wie eine Flut.
Ich kann es nicht beschreiben, aber sie erfüllte mich ganz und
gar.‹«[25] Und ein Eskimo-Schamane erklärt: »Jeder wirkliche
Schamane muß eine Erleuchtung in seinem Körper spüren, im
Inneren seines Kopfes oder in seinem Gehirn, etwas, das wie
Feuer glüht, das ihm die Macht verleiht, mit geschlossenen
Augen in der Dunkelheit zu sehen, tief hineinzuschauen ins
Verborgene oder in die Zukunft oder in die Geheimnisse eines
anderen Menschen.«[26] Diese intensive Kraft beschreibt nach
der Auffassung von H. Wöller »etwas Jahwe sehr Verwandtes«[27]. »Man darf sich kein Bild von ihm machen, seinen Namen nicht aussprechen, aber er ist heilig-gefährlich. Schamanen nennen ihn Nagi, zweites Ich oder auch Schutzgeist.
Wenn dieser Geist sie einmal ergriffen hat, sind sie ihm für
immer verpflichtet, unterstehen seinem Willen, und das unterscheidet sie fortan von allen Menschen ihrer Umgebung.«[28]
Dieses »legt die Vermutung nahe, daß Jahwe der ›Schutzgeist‹
des Mose, des Elia und anderer gewesen ist«[29]. Gott erschien
Mose im Feuer, und Elia ließ Feuer vom Himmel fallen. »Liest
man von (den) Taten Jahwes und seiner Propheten, wie Mose
über Ägypten schreckliche Plagen bringt, Elia über Israel Trok-
kenheit, kommen einem diese Männer mitleidlos-unmensch-
lich vor. Zumindest sind sie heilig-gefährlich.«[30]

Wir können hier nicht den Einzelzügen der Geschichte Israels und seines Gottes, die H. Wöller gibt, nachgehen. Ent-
scheidend ist für uns das Ergebnis, das sie zieht: »Die dramatische Geschichte Israels mit seinem Gott ist eines der wichtig-
sten Dokumente für die Entwicklung des menschlichen Ich,
wie wir es heute vor Augen haben. Erforscher der Bewußt-
seinsentwicklung datieren die Herausbildung des Ich in die

Zeit des zweiten und ersten Jahrtausends vor Christus. In der Epoche davor, die man die matriarchale nennen könnte, gab es noch nicht so etwas wie ein individuelles Ich. Nur einige wenige, eben die Schamanen, können als Prototypen dafür gelten. Die meisten Menschen waren Teile einer Sippe, deren Repräsentanten eine Priesterin war und der König, den sie erwählte. Mit der Herausbildung eines individuellen Ich ereignete sich etwas noch nie Dagewesenes, eine Transformation, deren Ergebnis die Moderne ist. Ebenso wie diese Herausbildung des Ego als größte Errungenschaft der Menschheit verstanden werden kann, wurde sie auch mit einem hohen Preis bezahlt: Mit dem Ich kamen Aggression und Arroganz, eine geradezu rachsüchtige Vernichtung und Unterdrückung des Gewesenen.«[31]

Diese Ausführungen sind von großer Bedeutung für die Bewußtseinsgeschichte des Menschen. »Das Feuer Jahwes kann als Symbol verstanden werden für jene Energie, die aus dem Unbewußten das Ich herausschleuderte, das von da an alles andere sich zu unterwerfen anschickte. Die Gefährdung des kaum geborenen Ich, die Neigung, zurückzusinken in die Geborgenheit der Sippe und der alten Kulte, kann an den eifernden Reden der Propheten abgelesen werden. Religiös gesehen, war mit dem Ich, das Jahwe wollte, vielleicht etwas anderes gemeint, als schließlich entstand. Historisch gesehen, setzte sich mit der Ichentwicklung auch das Patriarchat durch, die Inbesitznahme und Unterdrückung des Leibes, des Weiblichen, der Natur und deren rücksichtslose Ausbeutung für die Zwecke des Ego. Selbst Jahwe wurde ›patriarchal‹: Er übernahm und beanspruchte Kräfte und Eigenschaften, die zuvor weiblichen Gottheiten zugeschrieben worden waren. Die unversöhnliche Feindschaft zwischen Juden und Heiden, die Forderung an Israel, sich rein zu halten von den Unreinen, alle diese Gebote können geistesgeschichtlich verstanden werden als Schutzwälle, die um das Ich gebaut wurden.«[32]

Johannes der Täufer gilt im Neuen Testament als der letzte Prophet alttestamentarischer Prägung. Jesus selbst bezeichnet ihn als den wiedergekommenen Elia (Markus 9,12 f.). Mit Blick auf die Bußpredigt des Täufers in Matthäus·3,7–11 schreibt H. Wöller: »Johannes des Täufers Rede atmet den Zorngeist alttestamentlicher Propheten. Sein Gott ist ein eifersüchtiger, rächender und strafender Gott wie Jahwe. Stärker noch als er, so erwartet Johannes, wird der sein, der nach ihm kommt, er wird mit Feuer statt mit Wasser taufen.«[33] H. Wöller stellt dem die Seligpreisungen Jesu gegenüber, die »weder nach Wasser- noch nach Feuertaufe, sondern eher nach einer Liebestaufe« klingen[34]. Sie zieht daraus die wohl einzig mögliche Folgerung, daß Jesus »ein anderes Gottesbild hatte als Johannes«[35]. Im Blick auf die »verborgenen Jahre« Jesu vermutet sie, »daß er sich viel länger in der Wüste am Jordan in der Nähe Johannes des Täufers aufgehalten hat, als die Evangelisten vermuten lassen. Dafür spricht seine hohe Wertschätzung für den Täufer: ›Unter denen, die von Frauen geboren sind, ist kein Größerer aufgetreten als Johannes der Täufer‹ (Matthäus 11,11). Dafür spricht auch, daß Jesus über alle schamanischen Fähigkeiten verfügte, die man Mose und Elia zugeschrieben hat und die von anderen Schamanen bekannt sind, Fähigkeiten, denen er später gleichwohl keinen besonderen Rang beimaß, so selbstverständlich sie für ihn waren. Da sind einmal seine Heilertätigkeiten, die vielen modernen Exegeten eher peinlich sind. Doch haben vor und nach Jesus viele Männer und Frauen über ähnliche Begabungen verfügt. Schamanen galten als immun gegen Gift und gefährliche Tiere. Jesus sagt zu den Jüngern, die er aussendet: ›siehe, ich habe euch die Macht gegeben, auf Schlangen und Skorpione zu treten, und Macht über alle Gewalt des Feindes‹ (Lukas 10,19). Bei der Himmelfahrt noch sagt er: ›An Zeichen aber werden folgende die Gläubiggewordenen begleiten: In meinem Namen werden sie Dämonen austreiben, in neuen Zungen werden sie reden; Schlangen werden sie aufheben, und wenn sie etwas Tödliches getrunken haben, wird es ihnen nicht schaden; Kranken werden sie die Hände auflegen, und sie werden genesen‹ (Markus 16,17 ff.). Die Apostelgeschichte erzählt von Petrus und Paulus, daß auch ihnen diese Fähigkeiten zu Gebote standen. Jesus hatte demnach seine schamanischen Fähigkeiten auf die Jünger übertragen, etwas, was sonst als undenkbar gilt. Dennoch relativierte Jesus diese Gaben: ›Doch nicht darüber freut euch, daß die Geister euch untertan sind, freuet euch vielmehr darüber, daß eure Namen in den Himmeln aufgeschrieben sind‹ (Lukas 10,20). Aus diesen Worten kann eigene Erfahrung bei Jesus sprechen: In seinen ›verborgenen Jahren‹ verließ er Nazareth, zog in die Wüste, erfuhr dort seine ›Feuertaufe‹, eine schamanische Initiation, die ihn zum Heiler machte, war äußerlich womöglich Johannes ähnlich, der als ein Asket geschildert wird. Und die Erwartung der Nähe des Reiches Gottes teilte er mit Johannes und dessen Schülern.«[36]

Das Gottesbild, das anders war als das Johannes des Täufers, ist in den Worten »euer Vater in den Himmeln« (Matthäus 6,1) ausgesagt. H. Wöller bringt dieses neue Gottesbild mit der Taufe zusammen. In ihr stirbt das kleine Ich und das Gottesbild des Alten Testaments, sofern dieser Gott »die Sicherheitsgarantie für das Ich des Menschen (ist), eine Projektion seiner Angst und seiner Schuldgefühle, die nach einem schützenden Vater suchen«[37]. Um das neue Gottesbild zu beschreiben, müssen die Umschreibungen »aus östlichen Traditionen, die Jesus als einen Erleuchteten verstehen, ... übernommen werden. Erleuchtung meint dann: Die Grenzen zwischen Ich und Welt, zwischen Ich und Gott schwinden. Es gibt keine Gegensätze und keine Widersprüche mehr. Der Mensch ist nicht mehr gefangen in seinem kleinen Ich, sondern eins mit dem Göttlichen, eins mit dem Kosmos, eins mit der Menschheit. Er bedarf keiner Sicherungen mehr, weil er keine Feinde hat. Wenn Jesus dann vom Vater in den Himmeln spricht, meint er nicht das Super-Ego, sondern den transzendenten Gott, der seine Sonne scheinen läßt über Gerechte und Ungerechte.«[38] Jesus »wollte kein Elia sein, der Feuer vom Himmel regnen ließ ... Dabei ist wichtig, zu bedenken, daß Jesus sehr wahrscheinlich über die Gaben eines Elia, eines Elisa, eines Mose verfügte. Er stillte den Sturm und ging über das Wasser, wenn er es für gut hielt, er speiste Tausende mit wenigen Broten. Nicht Unvermögen, sondern bewußter Verzicht stehen hinter seiner Weigerung, aus Steinen Brot zu machen, weil ihn hungerte. Nicht als ein Schamane, der Jahwes Feuer verbreitet, sondern als ein Schamane, der ein neues Gottesbild erkannt hat, ein neues Zeitalter und ein neues Menschenbild herstellt, ging Jesus aus Taufe und Versuchung hervor. Aber es scheint, als sei er der übrigen Menschheit um mehr als zwei Jahrtausende voraus gewesen.«[39]

Es schien mir notwendig, das Jesusbild, das uns H. Wöller in ihrem Christusbuch gibt, so ausführlich nachzuzeichnen und zu zitieren, weil in ihm Jesus nachdrücklich auf den Hintergrund der Mysterien gestellt worden ist. Ich will nun versuchen, von diesen Voraussetzungen aus, die da und dort sicher Ergänzungen vertragen, noch näher an Jesus und seinen Weg, der seinen Weg zum Kreuz als Vollzug der Taufe darstellt, heranzukommen. Dabei scheint es mir notwendig, noch einmal den Blick auf Johannes den Täufer zu lenken, der, wie H. Wöller wahrscheinlich macht, der Lehrer Jesu gewesen ist. Da Johannes eine Taufe vermittelte, hat er offenbar auch eine mit der Taufe zusammengehende Mysterienlehre und Mysterieneinweihung gelehrt. In diesem Zusammenhang ist die Beobachtung wichtig, daß die Evangelien den Täufer als ein Ende und einen Übergang betrachten und die Meinung vertreten, daß sich der Täufer ebenso verstanden hat. Belege für dieses Verständnis sind die Täuferworte: »Ich taufe euch mit Wasser zur Buße; der aber nach mir kommt, ist stärker als ich, und ich bin nicht würdig, ihm die Schuhe zu tragen. Er wird euch mit heiligem Geist und mit Feuer taufen« (Matthäus 3,11 par.) oder: »Dieser (Jesus) ist's, von dem ich gesagt habe: Nach mir kommt ein Mann, der vor mir gewesen ist; denn er war als Erster vor mir« (Johannes 1,30) und: »Jener (Christus) muß wachsen, ich aber (der Täufer) muß abnehmen« (Johannes 3,30). Dabei bezeichnet sich der Täufer als den, der von der Erde her stammt, im Unterschied zum Christus, der von oben her kommt (V. 31).

Man kann letztere Stellen natürlich mit Hinweis darauf zurückweisen, daß es sich hier um die Theologie des Johannesevangeliums handelt, die man dem Täufer nicht zuschreiben dürfe. Aber der Zusammenhang zwischen dem Täuferkreis und dem Johannesevangelium ist vielleicht enger, als es auf den ersten Blick erscheinen mag. Der Täufer hat sich offensichtlich selber als ein Ende und einen Übergang angesehen, was die Unsicherheit seiner Einordnung zur Folge hatte. Ein (wohl geringerer) Teil der Täuferjünger ist nach Gründung der Urgemeinde in dieselbe übergegangen. Wir wissen darüber freilich nur aus Apostelgeschichte 19,1–7, daß zwölf Männer der christlichen Gemeinde zu Ephesus aus der Täufergemeinde stammten. E. Haenchen spricht im Blick auf die Behauptung, Johannes habe sich als Vorläufer Jesu verstanden, von einer christlichen Übermalung. Nur wenn man die Zusammenhänge nicht so geradlinig sieht, wird es verständlich, daß Johannes zwar von den Christen in Anspruch genommen wurde, andererseits aber auch, »daß Johannes zugleich das Haupt einer eigenen Sekte geworden ist. Er selbst wollte keineswegs der ›Kommende‹ sein, sondern nur dessen Vorläufer – darin hatte die christliche Deutung recht. Aber für die Christen war Jesus selbstverständlich der ›Kommende‹. So mußten sie in Johannes dessen Vorboten und Wegbereiter erblicken. Und das traf – historisch geurteilt – nicht zu: Johannes hat in keinem Menschen, und mochte der auch Wunder tun, den ›Kommenden‹ gesehen«[40], sondern, so müssen wir im Sinne Haenchens ergänzen, ein überirdisches Wesen: »Also Gott selbst wird nicht der kommende Richter sein. Aber auch nicht ein Mensch: ›In seiner Hand liegt die Worfschaufel, und er wird seine Tenne reinigen und seinen Weizen in die Scheune sammeln, die Spreu aber verbrennen mit unauslöschlichem Feuer!‹ (Mt. 3,12; Lk. 3,17). Das ist nicht bloß ein Sinnbild. Dieses Gerichtsfeuer, das die Sünder verzehren wird, ist eine schreckliche Wirklichkeit: Jener, der nach Johannes kommen wird, er wird mit Feuer taufen! (Mt. 3,11; Lk. 3,16). Der kommende Richter ist ein überirdisches Wesen.«[41]

Nun steht der Täuferkreis aber in einem sehr engen, wenn nicht gar unmittelbaren Verhältnis zum Ursprung jener esoterischen Religion, die man die Gnosis nennt. Die Pseudo-Clementinen, ein frühchristlicher Roman aus dem judenchristlich-gnostischen Milieu Syriens, berichten, daß Simon Magus, den die Kirchenväter als Begründer der Gnosis betrachteten, zum Jüngerkreis Johannes des Täufers gehörte, ja als der vorzüglichste Schüler von diesem angesehen wurde. Es heißt in diesem Bericht: »Der Vater dieses Simon heißt Antonius, seine Mutter Rachel. Er ist seiner Nationalität nach Samaritaner und stammt aus dem Dorfe Gittha, das sechs Meilen von der Hauptstadt entfernt ist. Während eines Aufenthaltes in Ägypten eignete er sich griechische Bildung in weitem Maße an und brachte es zu ausgebreiteten Kenntnissen und Fähigkeiten in der Magie. Jetzt tritt er mit dem Anspruch auf, als eine mächtige Kraft ebendes Gottes zu gelten, der die Welt erschaffen hat. Gelegentlich spielt er sich auch als Messias auf und bezeichnet sich als den Stehenden. Diesen Titel verwendet er, da er ewig bestehen werde und es nicht möglich sei, daß sein Leib einem Verderbenskeim erliege. Auch leugnet er, daß der Gott, der die Welt erschaffen, der höchste sei, noch glaubt er an die Auferweckung der Toten. Von Jerusalem wendet er sich ab und setzt an seine Stelle den Berg Garizim. An unseres, des wahren Christus Statt gibt er sich für den Christus aus. Den Inhalt der Gesetze deutet er nach persönlicher Willkür. Zwar spricht er von einem zukünftigen Gericht; doch rechnet er im Ernst nicht damit; denn wäre er überzeugt, daß Gott ihn zur Verantwortung ziehen wird, dann hätte er es nicht gewagt, in seinem Frevelmut sich gegen Gott selbst zu wenden. So finden nicht wenige ihren Untergang, die nicht wissen, daß Simon die Frömmigkeit nur als einen Vorwand benutzt, um den Menschen heimlich die Früchte der Wahrheit zu entwenden, und die ihm, als wäre er selbst gläubig, seine mannigfachen Versprechungen und das von ihm verheißene Gericht glauben.

Simons Berührung mit religiösen Lehren kam folgendermaßen zustande. Es war ein gewisser Johannes der Täufer aufgetreten, der nach der Ordnung der Syzygien zugleich der Vorläufer unseres Herrn Jesus war. Und so, wie der Herr nach der Zahl der zwölf Sonnenmonate zwölf Apostel gehabt hat, so sammelten sich auch um Johannes gemäß der Berechnung des Mondmonats dreißig hervorragende Menschen. Unter diesen befand sich eine Frau namens Helena, damit auch hier eine sinnvolle Ordnung herrschte. Denn die Frau, die doch nur die Hälfte des Mannes ausmacht, ließ die Zahl 30 unvollständig, genauso wie beim Monde, dessen Umlauf die Dauer eines Monats nicht ganz ausfüllt. Von diesen Dreißig galt dem Johannes Simon als der erste und bedeutendste, der dann freilich, wie wir gleich hören werden, nach dem Tode des Johannes daran gehindert wurde, eine führende Stellung einzunehmen. Johannes wurde nämlich gerade zu der Zeit beseitigt, als Simon zum Studium der Magie nach Ägypten gereist war; deshalb konnte ein gewisser Dositheos, der danach strebte, Schulhaupt zu werden, die falsche Nachricht von Simons Tod verbreiten und die Leitung der Sekte übernehmen. Als nun Simon wenig später zurückkehrte, forderte er beim Zusammentreffen mit Dositheos diesem seine Stelle nicht ab, so heftig er sie auch für sich begehrte, weil er genau wußte, daß der, der ihm in diesem Amte zuvorgekommen, gegen seinen Willen nicht abgesetzt werden konnte. Aus diesem Grunde heuchelte er Freundschaft und gab sich für eine Zeitlang mit der zweiten Stelle nach Dositheos zufrieden. Als er jedoch nach einiger Zeit mit seinen dreißig Mitjüngern zusammentraf, fing er an, gegen Dositheos Verleumdungen auszustreuen. Dieser, behauptete er, überliefere die Lehren nicht richtig und tue das weniger aus einer bösen Absicht als vielmehr aus Unwissenheit. Als Dositheos merkte, daß Simons wohlberechnete Verleumdungen seine eigene Geltung bei der großen Menge wankend machten, so daß sie ihn nicht mehr für den Stehenden hielt, da schlug er einmal, während Simon zu der üblichen Zusammenkunft eintraf, im Zorn auf ihn ein. Doch der Stock schien durch Simons Leib hindurchzugehen, als wäre er Rauch. Darüber erschrocken, rief Dositheos ihm zu: ›Bist du der Stehende, so will auch ich dir huldigen.‹ Da Simon bejahte, wurde es Dositheos klar, daß er selbst nicht der Stehende war; darum fiel er nieder und huldigte Simon, und indem er sich den 29 andern beigesellte, stellte er jenen an seinen Platz. Und so ist Dositheos, nachdem Simon zum Stehen, er selber aber zum Fallen gekommen war, wenige Tage darauf verstorben. Simon nahm nun Helena zu sich und zieht seither mit ihr herum und bringt bis zum heutigen Tage, wie du selber siehst, die Leute in Aufregung. Von Helena selbst behauptete er, er habe sie von den obersten Himmeln zur Welt herabgebracht, deren Herrin sie sei als allmütterliche Wesenheit und Weisheit. Ihretwegen, sagte er, sei es zum Kampf zwischen Griechen und Barbaren gekommen, wobei diese sich freilich an ein Abbild der Wirklichkeit hielten; denn die wahre Helena weilte damals bei dem obersten Gotte. Indem er so auch andere Erfindungen der griechischen Sage in einleuchtender Weise umdeutet, betrügt er viele, zumal er dabei zahlreiche Wundertaten verrichtet, durch die selbst wir uns hätten täuschen lassen, wüßten wir nicht, daß er sie nur durch Zauberei bewirkt.«[42]

Wenn wir den Ausführungen der Pseudo-Clementinen Glauben schenken dürfen, dann war Simon Magus, auf den die Kirchenväter die Gnosis zurückführen, nicht nur einer der Schüler Johannes des Täufers, sondern »der erste und bedeutendste« in dessen Jüngerkreis. Der Gedanke ist nicht ohne Reiz, daß Jesus und Simon Magus Schüler des Täufers, vielleicht sogar gleichzeitig gewesen sind. Die Anfänge des Christentums und der Gnosis stammten dann aus der gleichen

Wurzel – aus der Schule des Täufers. Wir müssen daher annehmen, daß sich sowohl bei Jesus wie bei Simon Magus Elemente der Lehre und der persönlichen Erscheinungsform finden, die eine gewisse Parallelität besitzen und auf den gemeinsamen Ursprung zurückzuführen sind. Erkennbar ist nun noch aus den Pseudo-Clementinen, daß der Johanneskreis einen durchaus matriarchalen Zuschnitt trug. Dafür spricht die auf die Symbolzahl 30 zugeschnittene Jüngerzahl und die Einfügung einer Frau, der Helena, in den Kreis, um die Symbolbeziehung zum Mond, dem matriarchalen Gestirn, zu unterstreichen. Daß die Frau »nur die Hälfte des Mannes ausmacht«, scheint eine bewußt boshafte Bemerkung des ausgesprochen patriarchalen petrinischen Judenchristentums zu sein. Der Name der Frau heißt Helena und steht mit Selene, Mond, in Verbindung, warum auch in der lateinischen Fassung der Pseudo-Clementinen, den Rekognitionen, der Name der Frau mit Luna (= Mond) angegeben wird. Simon selbst bezeichnet sich als eine Inkarnation der höchsten Kraft, die über dem Schöpfergott ist, wie es in der lateinischen Fassung der Rekognitionen heißt (ita ut excelsam virtutem quae supra creatorem deum sit, credi se velit, II,7,1)[43], also nicht nur »als eine mächtige Kraft ebendes Gottes ..., der die Welt erschaffen hat«, wie der griechische Text sagt (H II,22,3)[44]. Der Gott, der die Welt erschaffen hat, gilt ihm nicht als der höchste Gott. Simon bezeichnet sich vielmehr, wenn man wörtlich übersetzt, als die höchste Kraft (anōtátē dýnamis). Ist Simon also die Inkarnation der höchsten Kraft, so ist Helena, die er mit sich führt, die Herrin der höchsten Himmel, die allmütterliche Wesenheit und Weisheit (pammētora usían kai sophían). Helena ist also die Inkarnation der höchsten himmlischen Allmutter und Sophia.

Diese Zusammenhänge weisen darauf hin, daß der Gedanke der Inkarnation überhimmlischer Kräfte und Wesenheiten in geschichtlichen Persönlichkeiten im Täuferkreis vorausgesetzt wurde. E. Haenchen hat daher einerseits recht, wenn er meint, daß der Täufer das Erscheinen eines überirdischen Wesens erwartet habe, andererseits übersieht er, daß diese überirdische Wesenheit sich, wie man im Täuferkreis wohl vermutete, in einer geschichtlichen Persönlichkeit inkarnieren wird. Da der Täufer eine Erwartung des Endes und der Nähe dieser

Inkarnation besaß, mußte in seinem Kreis die Frage brennend werden, wer die Persönlichkeit sei, in der diese Inkarnation stattfinden könnte. Aus diesem Grunde ist die Parallelität der Inkarnationsvorstellungen bei Jesus und Simon Magus nicht zufällig. Auch Simon konnte sich als der Christus bezeichnen oder auch als Inkarnation des Heiligen Geistes. Als Inkarnation der höchsten Kraft verstand er sich als Menschwerdung des Vaters, der über dem Weltschöpfer ist. In diesem Sinne berichtet Irenäus in seinem Buch gegen die Gnosis: »Dieser Mann nun, der von vielen wie ein Gott verherrlicht wurde, lehrte von sich selbst, er sei unter den Juden als Sohn erschienen, in Samaria als Vater herabgestiegen und bei den übrigen Völkern als der Heilige Geist angekommen. Er sei die allerhöchste Kraft, d. h. der über alles erhabene Vater, und lasse es sich gefallen, unter jedem beliebigen Namen von den Menschen angerufen zu werden.«[45]

Ob in dieser Weise Simon nach Art des Paulus den Juden ein Jude und den Griechen ein Grieche wurde, wie Leisegang meint[46], lasse ich offen; jedenfalls tritt der Inkarnationsgedanke stark heraus. Dem entsprechen bei Irenäus die Vorstellungen über die Helena:

»Sie ist der erste Gedanke des Gottesgeistes, die Allmutter; durch sie beschloß der Gottesgeist zuerst Engel und Erzengel zu schaffen. Sie ist nämlich die Ennoia (= Gedanke), die aus ihm hervorsprang. Als sie den Willen des Vaters erkannte, ist sie in die unteren Regionen hinabgestiegen und hat die Engel und Gewalten erschaffen, von denen, wie er sagt, diese Welt geschaffen ist. Nachdem sie aber diese hervorgebracht hatte, ist sie von ihnen selbst aus Neid festgehalten worden. Gott selbst nämlich ist ihnen gänzlich unbekannt geblieben, nur seine Ennoia ist von denen zurückgehalten worden, die als Gewalten und Engel von ihr ausgeschickt wurden, und jede Schmach hat sie von ihnen erduldet, damit sie nicht wieder zu ihrem Vater zurückkehrte, und so weit ist sie gesunken, daß sie sogar in einen menschlichen Körper eingeschlossen wurde und Jahrhunderte hindurch wie von einem Gefäß in ein anderes in immer wieder andere weibliche Körper wanderte. So war sie auch in dem Leib der Helena, deretwegen der trojanische Krieg unternommen wurde. Bei ihrer Wanderung von Körper zu Körper erlitt sie in jedem immer neue Schmach und landete zuletzt in einem öffentlichen Hause (zu Tyrus, aus dem sie Simon befreite) – sie ist das verlorene Schaf.«[47]

Zum Gedanken der Inkarnation tritt der der Reinkarnation hinzu. Die tiefste Weisheit liegt gleichsam in der tiefsten Schmach der Welt. Das ist der Moment, wo sich der Allvater, der nur Güte ist, zum Abstieg in die Inkarnation entschließt, um das verlorene Schaf zu erlösen. »Er stieg durch alle Himmel herab, indem er nacheinander die Gestalten der Herrschaften, Gewalten und Engel annahm, ohne von ihnen bemerkt zu werden, und wurde scheinbar ein Mensch im Körper des Simon, um die Erlösung zu vollziehen, die Macht der Engel und Gewalten zu brechen, die Welt aufzulösen und die Menschenseelen zu befreien.«[48]

Simon versteht sich also als Inkarnation der Vatergottheit oder des höchsten Gottes, der vom Demiurgen, dem Schöpfergott oder Gott des Alten Testaments, unterschieden werden muß. Da diese simonianische Kritik des alttestamentarischen Gottesbildes nichts an Aktualität veroren hat, soll ihre Argumentation, wie wir sie in den Pseudo-Clementinen finden, hier in aller Ausführlichkeit dargestellt werden. Simon liegt daran, aufzuzeigen, daß es unterhalb des höchsten Gottes, den er die höchste und allmächtige Kraft nennt, eine Reihe von diesem Gott untergeordneten, niederen Göttern gebe. Diese Vorstellung braucht er, um den alttestamentarischen Gott diesen zuzuordnen. Gewissermaßen mit Berufung auf die Bibel disputiert Simon gegen Petrus, der die Existenz von Göttern bestreitet. An dieser Stelle setzt die Diskussion ein: »Was willst du (Petrus) durch dein Lügen die dich umringenden einfältigen Menschen betrügen, indem du ihnen einredest, man dürfe weder glauben noch behaupten, daß es Götter gibt, obgleich doch die Literatur der Juden viele Götter nennt? Jetzt nämlich möchte ich mit dir in Gegenwart aller aus ebendiesen Büchern darüber disputieren, daß man notwendig die Existenz von Göttern annehmen muß. Zuerst handelt es sich um den Gott, von dem du sprachst und von dem ich bewies, daß er nicht die höchste und allmächtige Kraft sein kann, weil er nicht die Zukunft vorauszusehen vermag, daß er unvollkommen, nicht bedürfnislos und nicht gut und zahllosen bedenklichen Leidenschaften unterworfen ist. *Ist das aber erst einmal aus der Heiligen Schrift bewiesen, so bleibt, behaupte ich, noch ein*

anderer, in der Schrift nicht erwähnter Gott übrig, der die Zu-
kunft vorhersieht, vollkommen, bedürfnislos, gut und frei von
allen bedenklichen Leidenschaften ist ... So wird denn sogleich Adam, der nach jenes Bilde entstanden ist, blind erschaffen und weiß, wie es heißt, weder um das Gute noch um
das Böse, er erweist sich als ungehorsam, wird aus dem Para-
diese vertrieben und mit dem Tode bestraft. Ähnlich spricht
auch sein Schöpfer, da er ja nicht überallhin sehen kann, beim
Untergange Sodoms: ›Wohlan, laßt uns hinuntergehen und
sehen, ob sie nach dem Geschrei über sie, das vor mich
kommt, handeln oder nicht, damit ich es wisse‹, und macht so
sein Nichtwissen offenkundig. Wenn es von Adam heißt: ›wir
wollen ihn hinaustreiben, damit er nicht etwa seine Hand aus-
strecke, den Baum des Lebens berühre, davon esse und ewig
am Leben bleibe‹, so beweist das ›etwa‹ seine Unwissenheit
und der Satz ›davon esse und ewig am Leben bleibe‹ seinen
Neid noch dazu. Und wenn geschrieben steht: ›Gott reute es,
daß er den Menschen geschaffen hatte‹, so weist das auf Sin-
nesänderung und Unwissen. Denn ›er bereute‹ bezeichnet das
Nachdenken, durch das einer, der nicht weiß, was er will,
seine Absichten festzulegen sucht, oder auch das, was für den
Reumütigen kennzeichnend ist, dem etwas nicht nach Wunsch
ging. Und wenn geschrieben steht: ›Und es roch der Herr
wohlriechenden Duft‹, so deutet das nicht auf Bedürfnislosig-
keit, und daß er sich über den Rauch des Opferfleisches freut,
ist nicht gerade ein Beweis seiner Güte. Sein Versuchen – es
heißt ja: ›Und der Herr versuchte Abraham‹ – läßt auf ein
Wesen schließen, das böse ist und das Ende seiner Geduld
nicht absieht.«[49]

Hinter diesen Ausführungen steht eine radikale Kritik innerhalb des Judentums selbst am Gottesbild des Alten Testaments. Und wenn Petrus in den Pseudo-Clementinen gegen
Simon polemisiert, dann läuft seine Kritik ebenfalls auf nichts
Geringeres als eine Kritik an diesem Gottesbild hinaus. Petrus
verteidigt diese Bibelstellen nicht, sondern erklärt sie einfach
für Fälschungen, die in das Alte Testament hineingekommen
seien. Die später von Koran und Islam aufgenommene Behauptung, die Schriftbesitzer hätten ihre heiligen Bücher ver-
fälscht, geht also unmittelbar auf innerjüdische Bibelkritik zurück. Statt dessen lehrt der judenchristliche Petrus einen Gott,

wie ihn der wahre Prophet, der schon in Adam gegenwärtig und zuletzt in Jesus erschienen ist, verkündet hat. Dieser wahre Prophet stellt die Maßstäbe auf, die eine zutreffende Gotteserkenntnis ermöglichen. »Er ermahnt, allein zu einem Gott zu beten. Weder spricht er selbst von Göttern, noch glaubt er einem andern, der von ihnen redet. Er bewahrt und mehrt das Gute, das er hat. Er haßt Opfer, Blutvergießen und Besprengungen; er liebt fromme, reine und heilige Menschen, löscht das Opferfeuer, beendet Kriege, predigt Frieden, befiehlt Mäßigung, beseitigt die Sünden, gebietet Heirat, gestattet Enthaltsamkeit und führt alle Menschen zur Frömmigkeit. Er macht barmherzig, gebietet Gerechtigkeit, versiegelt die Vollkommenen, offenbart das Wort der Ruhe. Er prophezeit Verständliches und spricht Zuverlässiges. Häufig ruft er das ewige Straffeuer in Erinnerung, ständig verkündigt er das Reich Gottes. Er weist hin auf himmlischen Reichtum, verspricht unvergängliche Herrlichkeit und zeigt die Vergebung der Sünde durch die Tat an.«[50]

Bei allen sonstigen Unterschieden stimmen Simon und Petrus im bibelkritisch gewonnenen, von Anthropomorphismen weitgehend gereinigten Gottesbild überein. Ein solches »gereinigtes« Gottesbild finden wir aber auch in der Verkündigung Jesu: »Zu jener Zeit begann Jesus und sprach: Ich preise dich, Vater, Herr des Himmels und der Erde, daß du dies vor Weisen und Verständigen verborgen und es Unmündigen geoffenbart hast. Ja, Vater, denn so ist es wohlgefällig gewesen vor dir. Alles ist mir von meinem Vater übergeben worden, und niemand erkennt den Sohn als nur der Vater, und den Vater erkennt niemand als nur der Sohn und wem es der Sohn offenbaren will. Kommet her zu mir alle, die ihr mühselig und beladen seid, so will ich euch Ruhe geben. Nehmet mein Joch auf euch und lernet von mir, denn ich bin sanftmütig und von Herzen demütig; so werdet ihr Ruhe finden für eure Seelen. Denn mein Joch ist sanft und meine Last ist leicht« (Matthäus 11,25–30). Die Parallelstelle dazu lautet im Lukasevangelium: »In ebendieser Stunde sprach er frohlockend, erfüllt vom heiligen Geist: Ich preise dich, Vater, Herr des Himmels und der Erde, daß du dies vor Weisen und Verständigen verborgen und es Unmündigen geoffenbart hast. Ja, Vater, denn so ist es wohlgefällig gewesen vor dir. Alles ist mir von meinem Vater übergeben worden, und niemand weiß, wer der Sohn ist, als nur der Vater, und wer der Vater ist, weiß niemand als nur der Sohn und wem es der Sohn offenbaren will. Und er wandte sich zu den Jüngern im besonderen (kat' idían) und sprach: Selig sind die Augen, die sehen, was ihr seht; denn ich sage euch: Viele Propheten und Könige haben gewünscht, zu sehen, was ihr seht, und haben es nicht gesehen, und zu hören, was ihr hört, und haben es nicht gehört« (Lukas 10,21–24).

Ohne in eine alle Einzelheiten erörternde Exegese dieses Textes einzutreten, kann man doch sagen, daß hier von einer neuen Gottesoffenbarung die Rede ist, die sich von allen anderen Gottesbildern radikal absetzt. Wenn niemand den Vater kennt als nur der Sohn, dann wird hier der sonst unbekannte Gott offenbart. Der Gott Jesu kann dann nicht der Gott des Alten Testamentes sein; sein Gott ist nicht der Gott, den Mose und die Propheten gekannt haben. Diese Radikalität des Bruchs mit dem überlieferten Gottesbild kann nur mit der Radikalität des Bruchs in Beziehung gesetzt werden, die wir von der Gnosis kennen. Der Text nimmt bei Matthäus wie bei Lukas das Stichwort »tradieren« bewußt auf: »Alles ist mir von meinem Vater übergeben worden« (paredótē, tradita sunt). Dem liegt das hebräische Verb qibbel zugrunde, von dem Qabbala (Kabbala, Tradition) stammt. »Der Ausdruck entstammt der Theologie der Rabbinen, die die Kette der Überlieferungen der Väter bezeugen. Jesus steht nicht in der Überlieferung der Väter, sondern des Vaters, sein Lehrer ist der Vater.«[51] Das Wort Jesu hat nicht nur einen gnostischen Klang – und hat daher der kirchlichen Interpretation und Texttradition immer Schwierigkeiten bereitet –, *es ist gnostisch*. Jesus hat eine Gnosis, die ihn gegenüber der väterlichen Tradition zum ausschließlichen Offenbarer macht. »*Niemand* erkennt den Sohn als nur der Vater, und *niemand* erkennt den Vater als nur der Sohn und wem es der Sohn offenbaren will.« Das heißt ja doch, daß der unbekannte Gott nur durch den Sohn offenbar wird, von dem man weiter nichts wissen kann, als daß er der Offenbarer des Vaters ist. Das hat johanneischen Klang und ist mit der johanneischen Botschaft nicht nur verwandt, sondern mit ihr identisch. Im Anschluß an Sjöberg sagt W. Grundmann von diesem Jesus-Wort: »Das Logion ist Teil der esoterischen Jüngerlehre Jesu; sie bildet die Grundlage der theologischen Entfaltung im Johannes-Evangelium. Die Jünger sind die Empfänger der Offenbarung des Vaters durch den Sohn.«[52] Sjöberg selbst äußert sich zu der Stelle: »Wenn man dieses Wort als Fremdkörper in den Synoptikern empfunden hat, erklärt sich dies daraus, daß man die Bedeutung des Mysteriums in der synoptischen Überlieferung nicht genügend beachtet hat.«[53]

Im überlieferten Text heißt es Lukas 10,21 wörtlich: »Ja, Vater; denn so war es die Erwählung (eudokía) vor dir.« Das bezieht sich dann darauf, daß die Offenbarung vor den Weisen und Verständigen von Gott verborgen, den Einfältigen aber geoffenbart worden ist. In der von dem Gnostiker Markus begründeten Sekte der Markosier aber wurde der Satz wie folgt überliefert: »O Vater, denn vor dir wurde mir die Erwählung (eudokía).« Dieser Text besagt, »daß die Gnadenwahl Gottes auf Jesus gefallen ist; er ist unter den Einfältigen (nē-pioi) der Erwählte Gottes« (Grundmann)[54]. Grundmann sagt zu diesem Text: »Würde er, womit ernsthaft zu rechnen ist, den ursprünglichen Text wiedergeben, dann wäre der kanonische Text aus dogmatischen Gründen korrigiert; die menschlich-prophetische Form erregte Anstoß; mit der Korrektur wurde abgewehrt, daß Jesus Träger einer neuen Gottesoffenbarung wurde. Für den markosischen Text spricht, daß er zu den persönlichen Aussagen des folgenden Offenbarungswortes überleitet.«[55]

Das »Ich aber sage euch« Jesu, das wir in der Bergpredigt finden, steht daher antithetisch zum traditionellen Gottesbild; der »Vater im Himmel« Jesu ist nicht identisch mit dem Gott vom Sinai her. Der Versuch des Petrus der Pseudo-Clementinen, den alttestamentlichen Gott für den wahren Propheten durch die Ausschaltung der falschen Perikopen zu retten, bleibt daher auf halbem Wege stehen. Parallel zur Radikalität Jesu steht nur die Radikalität Simons, dessen neues und bisher verborgenes Gottesbild dem Jesu mehr entspricht, als es der antignostische Affekt der kirchlichen Exegese zuzugestehen imstande ist. Auch Simon spricht von einem in der Schrift nicht erwähnten Gott, dem er die Eigenschaften zuschreibt, daß er »die Zukunft vorhersieht, vollkommen, bedürfnislos, gut und frei von allen bedenklichen Leidenschaften ist«[56]. Es dürfte nicht schwerfallen, diesen Gott in dem Gott der Bergpredigt Jesu wiederzufinden. Zu beachten ist allerdings in diesem Zusammenhang, daß die matthäische Fassung der Bergpredigt auch Elemente enthält, die dahin gehen, Jesus im Sinne des zweiten Mose und wahren Propheten zu interpretieren. Das hat viel dazu beigetragen, daß der gnostische Kern der Lehre Jesu verdeckt wurde.

Der Johannesprolog

Die zitierte Offenbarungsrede Jesu in Matthäus 11 und Lukas 10 lenkt den Blick auf das Johannesevangelium, ganz besonders auf den sogenannten Johannesprolog (Johannes 1,1–18). Darüber hinaus wird uns in dem Zusammenhang von Passion, Mysterien und Gnosis, den wir aufgezeigt haben, das Kreuz Jesu als Symbol in einem neuen Licht erscheinen. Das Kreuz tritt ja in den gnostischen Vorstellungen, wie wir bereits bei den Aussagen über das Lichtkreuz erfuhren, aus der Tiefe der Gottheit selbst hervor und besitzt eine für die göttliche Fülle und den Zusammenhalt des Universums konstituierende Bedeutung. Es besteht eine ursprüngliche Verbindung zwischen dem Kreuz und dem Logos, der Selbstaussprache der Gottheit, und dessen Quellgrund, der göttlichen Weisheit oder Sophia. Das wird sich uns insbesondere erschließen, wenn wir dem Entwicklungsgang des Johannesprologs in seinen einzelnen Stufen nachgehen. Ich gebe ihn zunächst in der Übersetzung von E. Haenchen: »(1) Im Anfang war der Logos, und der Logos war bei (dem) Gott, und Gott (von Art) war der Logos. (2) Dieser war im Anfang bei (dem) Gott. (3) Alles ist durch ihn geworden, und ohne ihn ward nicht eins, was geworden ist. (4) In ihm war Leben, und das Leben war das Licht der Menschen. (5) Und das Licht scheint in die Finsternis, und die Finsternis hat es nicht erfaßt. (6) Es ward ein Mensch, gesandt von Gott, sein Name Johannes. (7) Dieser kam zum Zeugnis, damit er Zeugnis gebe für das Licht, auf daß alle gläubig würden durch ihn. (8) Nicht er war das Licht, sondern er sollte Zeugnis geben für das Licht. (9) Er (der Logos) war das wahre Licht, das jeden Menschen erleuchtet, der in die Welt kommt. (10) Er war in der Welt, und die Welt war durch ihn geworden, und die Welt erkannte ihn nicht. (11) Zu den

Seinen kam er, und die Seinen nahmen ihn nicht auf. (12) Die aber, welche ihn aufnahmen, ihnen gab er Macht, Kinder Gottes zu werden, den an seinen Namen Glaubenden, (13) die nicht aus Blut und nicht aus Fleischeswillen und nicht aus Manneswillen, sondern aus Gott gezeugt waren. (14) Und der Logos ward Mensch und zeltete unter uns, und wir schauten seine Herrlichkeit wie die des einzigen Sohnes vom Vater, voll Gnade und Wahrheit. (15) Johannes gibt Zeugnis für ihn und ruft: ›Dieser war es, von dem ich sagte: Der nach mir Kommende ist vor mir geworden.‹ (16) Denn aus seiner Fülle haben wir alle genommen, und (zwar) Gnade um Gnade. (17) Denn das Gesetz wurde durch Moses gegeben, die Gnade und die Wahrheit sind durch Jesus Christus geworden. (18) Gott hat niemand jemals gesehen; der einzige Sohn, der am Busen des Vaters ist, er hat Kunde gebracht.«[57]

Die Berührung mit der Offenbarungsrede in Mathäus 11 und Lukas 10 ist in Vers 18 ganz offensichtlich. So wie dort niemand den Vater kennt als nur der Sohn und wem es der Sohn offenbaren will, so hat hier niemand jemals Gott gesehen, der einzige Sohn aber, der am Busen des Vaters ist, der hat die Kunde gebracht. Zugleich wird in den Versen 16 und 17 eine scharfe Abgrenzung gegen die alttestamentliche Religion durchgeführt: Gnade um Gnade wird durch den menschgewordenen Logos zuteil, im Unterschied zum Gesetz, das durch Mose gegeben worden ist. Dabei handelt es sich nicht nur um den Unterschied von Gesetz und Gnade, sondern um den Gegensatz von Gesetz und Wahrheit: »Die Gnade und die Wahrheit sind durch Jesus Christus geworden.« Das Gesetz, und damit die mosaische Religionsstufe, wird ganz offensichtlich mit der Finsternis und der Welt in eins gesetzt.

E. Haenchen hat deutlich gemacht, daß der Logoshymnus, bestehend aus den Versen 1–5, 9–11, 14, 16–17, der dem Prolog, wie wir ihn jetzt im Johannesevangelium finden, vorausging, seinen Ausgang vom Weisheitsmythos, also vom für die Heilsgeschichte konstitutiven Mythos von der Sophia, nahm[58]. Dieser Sophienmythos hat eine Geschichte duchgemacht. Sie handelt von der weiblichen Genossin des Urgottes. Auf sie wird die Schöpfung direkt oder indirekt zurückgeführt. Von ihr heißt es in Sprüche 8,22–31:

(22) Der Herr hat mich hervorgebracht als Anfang seines Weges,
als erstes seiner Werke vorlängst.
(23) Von Ewigkeit her wurde ich ergossen,
vom Haupte (= Anbeginn), vor dem Ursprung der Erde.
(24) Noch ehe die Urfluten waren, ward ich geboren,
noch vor den Quellen, schwer mit Wasser.
(25) Bevor die Berge eingesenkt wurden,
vor den Hügeln ward ich geboren,
(26) als er noch nicht gemacht hatte die Erde und die Fluren
und die Masse der Schollen des Erdkreises,
(27) als er die Himmel hinstellte, war ich da,
als er das Himmelsgewölbe gründete über den Urfluten,
(28) als er die Wolken droben befestigte,
als stark wurden die Quellen der Urflut,
(29) als er dem Meer seine Grenze setzte,
daß die Wasser seinen Befehl nicht überschreiten,
als er die Grundlagen der Erde legte,
(30) da war ich (ehje) als Werkmeisterin bei ihm (äzlo),
da war ich (ehje) Wonne Tag für Tag,
tanzend vor ihm die ganze Zeit,
(31) tanzend auf dem Kreis seiner Erde,
und meine Wonne hatte ich bei den Menschenkindern.

Die Beziehungen zum johanneischen Logoshymnos treten deutlich hervor. Die Weisheit, Sophia, trat als Anfang (hebräisch: reschit, griechisch: archē) der Wege Gottes hervor (Vers 22). Dabei ist das im Hebräischen gebrauchte Verb »brachte hervor« (kānāni) beachtenswert, das mehr ein Aus-Gott-heraus-Erzeugen als ein Schaffen im engeren Sinne darstellt. In Vers 23 lautet das Verbum »nissakhti«, das man wohl mit »ich wurde ergossen (wie ein Libationstrank)« übersetzen muß. In den Versen 24 und 25 wird die Weisheit als Urgeburt aus Gott bezeichnet (cholālti). Man spürt dem Text ein Ringen um die Vorstellungen »schaffen« und »aus Gott hervorgehen« ab, wobei sich die letztere als die tiefer liegende erweist. Die Weisheit, Sophia, ist die Ur-Emanation, die aus Gott hervorgegangen ist, sie *ist* der Uranfang, das Urprinzipium, das in der Gottheit enthalten ist und aus Gott als Erstes hervortrat. Das, was der Sophia vorausging und im hebräischen Text zwar mit Jahwe bezeichnet ist, meint offenbar das in seine männlich-weiblichen Polaritäten noch ungeschiedene *Eine*, aus dem das weibliche Urprinzipium als Erstes wie »aus dem Haupt« (V. 23) hervorgetreten ist. In dieser Eigenschaft trägt es die Gottesprädikation des Da-Seienden (ehje »ich bin« im emphatischen Sinne, zweimal in Vers 30; »ich« mit herausgehobenem Klang in Vers 27: »dort war ich das Ich!«) und der überschießenden Seinswonne (die Sophia als »Wonne« in Vers 30 und 31). In dieser Eigenschaft als Urprinzipium (reschit, archē) überragt die Sophia auch den Logos in Johannes 1,1, von dem es heißt, daß er »*im* Urprinzipium, *im* Anfang« (en archē) war. Offenbar ist der Logos die männliche Emanation, die noch im weiblichen Urprinzipium liegt und als zweite Emanation, gewissermaßen als ihr Sohn, noch aus ihr hervortreten wird. Von der Sophia (Vers 30) wie vom Logos (Johannes 1,2) heißt es, daß sie bei Gott waren. So entsteht der Eindruck einer obersten göttlichen Triade, die an die Struktur der sich manifestierenden Gottheit in der Kabbala erinnert: das Ursein, die Sophia und der Logos. Eine Parallelität der Aussagen über die Sophia und den Logos tritt insofern auf, als jene als Werkmeisterin (āmōn) bezeichnet wird, während es vom Logos heißt, daß alles durch ihn geworden ist.

Von der Weisheit heißt es nun in Vers 31, daß sie ihre Wonne bei den Menschenkindern hatte. Dieses stellt einen gleichsam paradiesischen Urzustand vor, da die Menschen noch bei der Weisheit als ihrer Mutter waren und an ihren Wonnen teilhatten. Zweifellos ein Hinweis auf die noch paradiesische Existenz im Matriarchat.

Daß die Menschen nicht in diesem Zustand blieben, darauf deutet das Henochbuch hin. Für die Weisheit ist kein Platz mehr unter den Menschenkindern: »Da die Weisheit keinen Platz fand, wo sie wohnen sollte, wurde ihr in den Himmeln eine Wohnung zuteil. Als die Weisheit kam, um unter den Menschenkindern Wohnung zu machen, und keine Wohnung fand, kehrte die Weisheit an ihren Ort zurück und nahm unter den Engeln ihren Sitz« (Henoch 42,1 f.). Christa Mulack sagt von diesem veränderten Zustand: »Die Tatsache des Verdrängens der Göttin, des Ignorierens weiblicher Kräfte und Fähigkeiten, wird aber in einem vorchristlichen Mythos thematisiert (in dem zitierten Henochbuch), der die Heimatlosigkeit des Göttlich-Weiblichen im Patriarchat beschreibt. In dieser Menschheitsepoche, in der ›der Mensch mit der gut geschaffenen Welt nichts anzufangen weiß‹, irrt die Weisheitsgöttin auf der Erde umher und sucht eine Bleibe bei den Menschenkindern. Niemand nimmt sie auf, und so kehrt sie unverrichteter Dinge wieder zurück in ihre himmlischen Wohnungen. In dieser alten Form, schreibt Ernst Haenchen, ›hat der Weisheitsmythos einen traurig resignierenden Sinn, göttliche Weisheit hat die Welt geschaffen, aber die Menschen wollten von solcher Weisheit nichts wissen. Darum ist das Leben so unglücklich geworden, wie wir es kennen.‹«[59]

Im Judentum hat man sich, wie Ernst Haenchen ausführt, »mit dieser Lehre von der Weisheit nicht zufriedengegeben«[60]. In Israel habe die Weisheit in Gestalt der Thora, des Gesetzes, Platz genommen. Diese Auffassung wird in Sirach 24 entwickelt und stellt eine Brücke zum Johannesprolog dar, zugleich auch die Antithese, da der fleischgewordene Logos in Gegensatz zum Gesetz tritt. In Sirach 24 heißt es:

(1) Die Weisheit möge sich selber loben
und in der Mitte ihres Volkes möge sie sich rühmen.
(2) In der Gemeinde des Höchsten möge sie ihren Mund öffnen
und vor seiner Heerschar möge sie sich rühmen:
(3) »Ich ging hervor aus dem Munde des Höchsten
als Erstgeborene vor aller Schöpfung;
ich habe gemacht, daß in den Himmeln ein unerschöpfliches Licht aufging,
und wie Nebeldampf bedeckte ich die Erde.
(4) Ich schlug mein Zelt auf in der Höhe,
und mein Thron war auf einer Wolkensäule.
(5) Die Himmelswölbung durchkreiste ich allein,
und in der Tiefe der Fluten des Chaos wandelte ich.
(6) Die Wogen des Meeres und die ganze Erde
und jedes Volk und jede Nation zog ich in meinen Machtbereich.
(7) Bei ihnen allen suchte ich Ruhe: –
›Und in wessen Stammgebiete soll ich weilen?‹

(8) Da gebot mir der Schöpfer aller Dinge,
und der, der mich geschaffen hatte, ließ mein Zelt einen Ruheplatz finden
und sprach: ›In Jakob schlage dein Zelt auf,
und in Israel sei dein Erbteil!‹

(9) Von Ewigkeit her, vom Anfang an schuf er mich,
und bis in Ewigkeit werde ich nicht aufhören.

(10) Im heiligen Zelt vor seinem Angesichte tat ich Dienst,
und ebenso erhielt ich einen festen Sitz in Zion.

(11) In der geliebten Stadt gab er mir gleicherweise eine bleibende Stätte,
und in Jerusalem ist meine Herrschaft.

(12) Und ich wurzelte ein in dem gepriesenen Volk,
im Anteile des Herrn, seinem Eigentum.

(13) Wie eine Ceder auf dem Libanon wuchs ich empor
und wie eine Cypresse auf dem Gebirge Hermon.

(14) Wie eine Palme zu Engeddi wuchs ich empor
und wie Rosenstöcke zu Jericho.
Wie ein prangender Ölbaum in der Ebene
und wie eine Platane wuchs ich empor.

(15) Wie Zimt und aromatischer Salbenstrauch hauchte ich Duft aus,
und wie auserlesene Myrrhe verbreitete ich Wohlgeruch,
wie Galbanum und Onyx und Stakte
und wie Weihrauchdampf im Zelt (der Stiftshütte).

(16) Ich breitete wie eine Terebinthe meine Zweige aus,
und meine Zweige waren prächtige und liebliche Zweige.

(17) Ich ließ wie ein Weinstock Liebliches hervorsprossen,
und meine Blumen entwickelten sich zu prächtiger und reicher Frucht.

(18) Ich bin die Mutter der lieblichen Liebe
und der Furcht und der Erkenntnis und der heiligen Hoffnung;
ich werde aber gegeben allen meinen Kindern
als ewige denen, die von ihm bezeichnet werden.

(19) Tretet heran zu mir, ihr, die ihr nach mir Verlangen habt,
und von meinen Früchten sättigt euch!

(20) Denn der Gedanke an mich geht über süßen Honig,
und mein Besitz über Honigseim.
(21) Die mich essen, werden immer wieder (nach mir) hungern,
und die mich trinken, werden immer wieder (nach mir) dürsten.
(22) Wer auf mich hört, wird sich nicht schämen müssen,
und die sich meiner bedienen, werden nicht sündigen.«
Darauf folgt dann das Interpretament:
(23) Dies alles gilt vom Buche des Bundes des höchsten Gottes,
vom Gesetze, das Moses uns anbefohlen hat
als Eigentum für die Versammlungen Jakobs[61].

Daß dieses Interpretament nicht das Ursprüngliche darstellt, liegt auf der Hand. Die aus dem Munde des Höchsten hervorging, ist eine Göttin, die die grundlegenden Werke der Schöpfung vollbringt. Sie ist die Erstgeborene vor aller Schöpfung, aus deren Schoß in den Himmeln das unerschöpfliche Licht aufstrahlte. So erläutert die Vulgata die Aussage, daß die Sophia aus dem Munde des Höchsten hervorging. Deutlicher, als es in der deutschen Übersetzung geschehen kann, wird immer wieder zum Ausdruck gebracht, daß die Sophia danach strebt, ihr Zelt aufzuschlagen; so wie sie es zuerst in der Höhe getan hat, so sucht sie es nun auf der Erde zu wiederholen. (Der Ausdruck »zelten« wird später im Johannesprolog wieder aufgenommen.) Die Sophia durchzieht die ganze Erde, wandert von Volk zu Volk, um dort ihre »Ruhe« – ein weiteres für die Sophiologie, die Lehre von der Sophia, charakteristisches Stichwort – zu finden. Verzweifelt fragt sie nach dem Ort ihrer »Ruhe«. »Da gebot mir der Schöpfer aller Dinge, und der, der mich geschaffen hatte, ließ mein Zelt einen Ruheplatz finden und sprach: In Jakob schlage dein Zelt auf und in Israel sei dein Erbteil!« (Vers 8). »Sie ist«, schreibt C. G. Jung, »das weibliche Numen der ›Metropolis‹ par excellence, der Mutterstadt Jerusalem. Sie ist die Mutter-Geliebte, ein Abbild der Ishtar, der heidnischen Stadtgöttin. Dies wird bestätigt durch die ausführliche Vergleichung der Weisheit mit Bäumen, wie Zeder, Palme, Terebinthe, Ölbaum, Zypresse etc. Alle diese Bäume sind seit alters Symbole der semitischen Liebes- und

Muttergöttin. Neben ihrem Altar an hochgelegenen Orten stand ein heiliger Baum. Im Alten Testament sind Eichen und Terebinthen Orakelbäume. Gott oder Engel erscheinen in oder bei Bäumen. Auch repräsentiert der Baum (babylonisch) Tammuz, den Sohngeliebten, wie Osiris, Adonis, Attis und Dionysos, die früh sterbenden Götter Vorderasiens. Alle diese symbolischen Attribute erscheinen auch im Hohen Liede, wo sie beide, den Sponsus sowohl wie die Sponsa, charakterisieren. Der Weinstock, die Traube, die Weinblüte und der Weinberg spielen eine beträchtliche Rolle. Der Geliebte ist wie ein Apfelbaum. Von den Bergen (den Kultstätten der Muttergöttin) soll die Geliebte heruntersteigen, von den Wohnstätten der Löwen und Panther; ihr ›Schoß ist ein Park von Granatbäumen mit allerlei köstlichen Früchten, Cypertrauben ... Narde und Safran, Gewürzrohr und Zimt ... Myrrhen und Aloe mit den allerbesten Balsamen.‹ Ihre Hände triefen von Myrrhe ... Wie der Heilige Geist wird die Weisheit allen Erwählten Gottes geschenkt, worauf die Lehre vom Parakleten später zurückgreifen wird.«[62]

Ganz als Liebesgöttin stellt sich die Sophia in Vers 18 vor, der sicher nicht ganz zufällig in einigen Ausgaben fehlt:

»Ich bin die Mutter der lieblichen Liebe
und der Furcht und der Erkenntnis
und der heiligen Hoffnung.«

Als Liebesgöttin ist sie zugleich die Mutter der Erkenntnis, der Gnosis. Sie fordert auf, zu ihr herzutreten, und erinnert dadurch an Matthäus 11,28: »Kommet her zu mir alle, die ihr mühselig und beladen seid, so will ich euch Ruhe geben.« Sie will gegessen und getrunken werden und ist so analog den Jesusworten in Johannes 6,35 und 4,14 das Brot und der Trank des Lebens. Demgegenüber wirkt es von dem Urgedanken ablenkend, wenn alle diese Aussagen in Vers 23 auf die Thora eingeschränkt werden. Die Sophia-Vorstellung hat sicher zwei Wurzeln. Einmal die ältere Anschauung von einer weiblichen Paargenossin Jahwes, die als Himmelskönigin verehrt wurde. Zum andern die ägyptische Weisheitsliteratur, die sich um die Göttin Isis ordnete.

Kehren wir nun zum Johannesprolog zurück. Dieser spricht nicht von der Sophia, sondern vom Logos. Ernst Haenchen

sieht darin eine christliche Hymnendichtung, die an die Stelle
der Sophia den Logos setzt, um so den Logos in Jesus Christus
Fleisch werden zu lassen (Vers 14). Der christliche Hymniker
habe doch schwerlich von einer Menschwerdung der Sophia in
Jesus reden können. Dabei sei zugleich auffällig, daß die Verse
1–5 und 9–11 (also die erste Hälfte des ursprünglichen »Prologs«) das genaue Gegenstück zum Sophia-Mythos bilden.
Auch das vergebliche Wirken der Weisheit – jetzt des Logos –
auf Erden habe der christliche Hymniker in seinen Hymnus
aufgenommen. Damit war er nach Haenchen völlig im Recht;
»denn er hat – soviel wir wissen, als erster – sich gefragt,
warum die rettende Menschwerdung erst so spät erfolgt ist.
Solange die Christen die apokalyptische Naherwartung heg-
ten, mochte es verständlich erscheinen, daß Geburt, Tod und
Auferstehung Jesu erst in der letzten Generation vor der Äo-
nenwende erfolgt war: sie wurde ja durch diese Ereignisse
herbeigeführt. Sobald aber die apokalyptische Naherwartung
erlosch, gab es keine Antwort mehr auf die Frage, warum die
Menschwerdung nicht früher erfolgt war. Hier aber konnte nur
der Mythos von der vergebens die Erde durchstreifenden
Weisheit helfen: Gottes Werben um die Menschen war nicht
im letzten Augenblick erfolgt, sondern in allen vorhergehen-
den Generationen fortgegangen. Aber die Menschen hatten
nichts davon wissen wollen! Genau das ließ sich nun auch von
dem christlich verstandenen Logos sagen: er hatte als Logos
asarkos (als noch nicht Mensch gewordener Logos) sich immer um die Seinen bemüht, aber ohne Erfolg. An dieser Stelle
aber konnte der christliche Hymnendichter den alten Weisheitsmythos überbieten: mochte nach der jüdischen Tradition
die Weisheit am Erfolg verzweifelnd wieder in den Himmel
zurückgekehrt sein und unter den Engeln ihren Sitz genommen haben – das Preislied der christlichen Gemeinde konnte
eine andere und glückhafte Wendung der Dinge verkünden: ·
Der Logos war Fleisch geworden und hatte als Mensch seine
Gemeinde gefunden, die ihn nun dankbar als den Boten der
Offenbarung Gottes feierte. Damit war die zweite Hälfte des
christlichen Logoshymnus gegeben: V. 14 und 16 f. Es versteht sich von selbst, daß dieser zweite Teil des Hymnus nicht
wie der erste seinen Stoff allein aus dem Weisheitsmythos
mehr entnehmen konnte.«[63] Nach Haenchen beschreibt der

Prolog »die Heilsgeschichte von ihrem Anfang in der Ewigkeit an bis zu dem irdischen Wirken Jesu. Auf diese Weise kann sich die Erzählung von Jesu Worten und Taten in 1,19 ff., wenn auch nicht ganz glatt, anschließen.«[64]

Christa Mulack versucht nun, fußend auf der Analyse von E. Haenchen, den Nachweis, daß dem ursprünglichen Logos-Prolog ein noch älterer vorausgegangen sei. Wenn sie meint, daß Haenchen selbst dieser Auffassung sei, so ist das nicht ganz richtig. Haenchen läßt dem Logos-Hymnus in seiner ursprünglichen Gestalt nur eine Sophia-Tradition vorausgehen, an die sich der christliche Hymniker angelehnt und die er zugleich überboten hat. Christa Mulack setzt einen ursprünglichen Sophia-Hymnus voraus, den sie anhand der Analyse von Haenchen wie folgt rekonstruiert:

»Im Anfang war die Weisheit;
sie war die uranfängliche Gottheit.
Alle Dinge sind durch sie geschaffen,
nichts entstand ohne sie.
In ihr war das Leben,
und das Leben war das Licht der Menschen.
Und das Licht scheint in der Finsternis,
und die Finsternis hat's nicht begriffen.
Sie war das wahrhaftige Licht, das alle Menschen erleuchtet,
die in diese Welt kommen.
Sie war in der Welt, und die Welt ist durch sie gemacht,
doch die Welt kannte sie nicht.
Sie kam in ihr Eigentum, und die Ihren nahmen sie nicht auf.
Wie viele sie aber aufnahmen, denen gab sie Macht,
Kinder der Weisheit zu werden,
die an ihren Namen glauben.
Und die Weisheit wurde Fleisch und wohnte unter uns,
und wir sahen ihre Herrlichkeit,
eine Herrlichkeit des eingeborenen Sohnes
voller Gnade und Wahrheit.
Und von ihrer Fülle haben wir alle genommen
Gnade um Gnade.«[65]

Falls man die Rekonstruktion wirklich für einen frühchristlichen Hymnus halten will, muß der Anfang anders gelautet haben. So wie der Anfang jetzt lautet, stellt er eine Rückübersetzung dar, wie sie für ein reines Matriarchat zutreffen mag; das Urchristentum wird sich aber schwerlich so weit von der Tradition haben lösen können. Denkbar ist wohl nur, wie das auch für die Gnosis zutrifft, daß aus einer uranfänglichen Gottheit ein weibliches Gottwesen, die Sophia, und aus dieser dann ein männliches Gottwesen als Sohn der Sophia hervortritt. Dieser Gedanke legt sich ja auch ohne Schwierigkeit nahe, wenn man im Johannesprolog einfach Logos durch Sophia ersetzt. Dabei neige ich noch dazu, statt »Im Anfang« zu rekonstruieren: »(Als) Anfang von allem«, da die Sophia, wie wir an anderer Stelle gesehen haben, selber der Anfang ist:

> »Anfang von allem war die Sophia,
> und die Sophia war bei (dem) Gott,
> und Gott (von Art) war die Sophia.
> Diese war als Anfang bei (dem) Gott. etc.«

Rudolf Bultmann hält den Johannesprolog für ein ursprüngliches Lied der Täufergemeinde, die, wie er meint, im Täufer den fleischgewordenen präexistenten Logos gesehen habe. »Der Evangelist wäre dann, indem er es auf Jesus bezieht, ähnlich verfahren wie die Kirchenväter, die in der 4. Ekloge Vergils eine Weissagung auf Jesus Christus erblicken. Die Vermutung hat keine Schwierigkeit, wenn man annehmen darf, daß der Evangelist selbst einst zur Täufergemeinde gehörte, bis ihm die Augen dafür aufgingen, daß nicht Johannes, sondern Jesus der gottgesandte Offenbarer sei. Zweifellos bezeugt ja der Bericht 1,35–51, daß ein Teil der Täuferjünger zur christlichen Gemeinde übertrat; und ist dann nicht auch täuferische Tradition von der christlichen Gemeinde übernommen worden?«[66]

E. Haenchen hat diese Vermutung zurückgewiesen, da er im Prolog ein Werk aus der Spätphase des Urchristentums sieht, das aus dem Erlöschen der Naherwartung notwendig wurde. Wenn wir aber in der sogenannten Naherwartung eine exoterische Aussageform für eine vor den Uneingeweihten verborgene esoterische Mysterienweisheit sehen dürfen, dann verbirgt sich hinter dem exoterisch vorgetragenen Kommen des Endes und eschatologischen Weltenrichters die esoterische Erkenntnis (Gnosis) eines neuen Gottesbildes, das nur der Gnostiker kennt und in der Geheimlehre weitergibt. Nun hörten wir aus den Pseudo-Clementinen, daß im Täuferkreis matriarchale Gottesvorstellungen herrschten. Das legt nahe, daß der Prolog schon in einer Vorform im Täuferkreis bekannt war. Da der Täufer seine Gemeinde auf die Inkarnation eines himmlischen Wesens vorbereitete, wird der Prolog ihn nicht selber als den Erwarteten dargestellt haben. Dazu wird es erst sehr viel später gekommen sein, sonst hätten nicht zwei seiner Schüler – Jesus und Simon – dafür angesehen werden können. Dazu paßt es dann auch, daß Johannes der Täufer selber im Prolog vorkommt: Verse 6–8 und 15, Stellen, die Haenchen einem kirchlichen Redaktor zuschreibt. Da der Prolog sicher ursprünglich in Hebräisch verfaßt war (es gab damals eine Hebräisch-Renaissance, wie sich das ja auch in den Qumran-Texten zeigt), können die Vergangenheitsformen in den Versen 14 und 16 durchaus Perfecta prophetica im ursprünglichen Text gewesen sein, die futurisch übersetzt werden müssen. Unter Annahme dieser Voraussetzungen wage ich folgende Rekonstruktion des Hymnus, wie er zuletzt seinen Platz im Täuferkreis gehabt haben mag. In dieser Form war er vermutlich Jesus selbst bekannt und bildete die Grundlage seiner eigenen esoterischen Lehre:

Anfang von allem war die Sophia,
und die Sophia war bei (dem) Gott,
und Gott (von Art) war die Sophia.
Diese war als Anfang bei (dem) Gott.
Alles ist durch sie geworden,
und ohne sie ward nicht eins, was geworden ist.
In ihr war das Leben,
und das Leben war das Licht der Menschen.
Und das Licht scheint in die Finsternis,
und die Finsternis hat es nicht erfaßt.
Es ward ein Mensch, gesandt von Gott,
sein Name Johannes.
Dieser kam zum Zeugnis,
damit er Zeugnis gebe für das Licht,
auf daß alle gläubig würden durch ihn.

Nicht er war das Licht,
sondern er sollte Zeugnis geben für das Licht.
Sie war das wahre Licht,
das jeden Menschen erleuchtet,
der in die Welt kommt.
Sie war in der Welt,
und die Welt war durch sie gemacht,
und die Welt erkannte sie nicht.
Zu den Ihren kam sie,
und die Ihren nahmen sie nicht auf.
Die aber, welche sie aufnahmen, ihnen gab sie Macht,
Kinder der Weisheit zu werden,
die an ihren Namen glauben.
Und die Sophia wird Fleisch werden und unter uns zelten,
und wir werden ihre Herrlichkeit sehen,
eine Herrlichkeit des einzigen Sohnes,
voll Gnade und Wahrheit.
Johannes gibt Zeugnis für ihn und ruft:
Dieser wird es sein, von dem ich sagte:
Der nach mir Kommende ist vor mir geworden.
Denn aus seiner Fülle werden wir alle nehmen
Gnade um Gnade.
Denn das Gesetz ist durch Mose gegeben,
die Gnade und die Wahrheit werden uns durch ihn werden.

Christa Mulack sieht in der Geschlechtsumwandlung im
Johannesprolog von der Sophia zum Logos sowie in der Nicht-
Übernahme der Ruach (1. Mose 1,2) eine Verdrängung des
Weiblichen, die einen unverkennbaren Prozeß der frühchristlichen Entwicklung bildet, von dem insbesondere auch das neutestamentliche Schrifttum gekennzeichnet ist[67]. Dieser Beobachtung kann nicht widersprochen werden. Andererseits geht
der Logos aus der Sophia als ihr Sohn hervor. In versteckter
Weise sitzt die Sophia noch in dem »im Anfang«, »im Urprin-
zip«; denn die Sophia ist der Anfang, in dem der Logos seinen
Ausgang hat. »In der Sophia als Anfang war der Logos.«
Diese dem Johannesprolog zugrundeliegende Voraussetzung ist durchaus denkbar. Das Johannesevangelium wird
nicht zu Unrecht mit dem Jünger Johannes von Ephesus in
einen Zusammenhang gebracht. Ephesus ist aber die Stadt des

Logos-Philosophen Heraklit und des Tempels der großen
Muttergöttin Artemis. Zwischen beiden besteht eine tiefe Beziehung. Wilhelm Kelber schreibt über das ephesinische Heiligtum und den dort schon von der vorgriechischen Bevölke-
rung geübten Kult der Fruchtbarkeit: »Wir haben dabei an die
Verehrung der Kräfte alles *Werdens* zu denken. Das Götterbild
der ›Diana polymastos‹, der Allernährenden, ist uns in vielen
späteren Wiederholungen erhalten ... Der Name ›alma mater‹, nährende Mutter, und dazu das Bild der vielbrüstigen Göttin von Ephesus steht heute noch für unsere Hochschulen. Es
wäre ein Irrtum, von einem ›Bedeutungswandel‹ des ephesinischen Symbols zu sprechen, wenn es seine Bedeutung zu dem
Werden in der Natur auch auf das Wachsen des Geistes im
Menschen erweitert hat. Die Einsicht, daß im Werden der
Natur und in der Entfaltung des Menschengeistes die gleiche
Kraft tätig ist, gehört vielmehr zur eigentlichen ephesinischen
Mission. Wenn Goethe das faustische Streben in die Worte
prägt:

Wo faß ich dich, unendliche Natur?
Euch Brüste, wo? Ihr Quellen alles Lebens,
An denen Himmel und Erde hängt,
Dahin die welke Brust sich drängt –
Ihr quellt, ihr tränkt, und schmacht ich so vergebens?

so drängt sich ihm die ephesinische Imagination einer Urkraft
auf, die in gleicher Weise ›Himmel und Erde‹ wie das menschliche Erkenntnisstreben tränkt.«[68] Nach einer Aussage von
Clemens Alexandrinus »wurde der Logos sinnbildlich als
Milch bezeichnet, als lebenspendende Milch, die aus zärtlichen
Brüsten quillt«[69]. Kelber schreibt dazu: »Wurde also der Logos
durch die lebenspendende Milch versinnbildlicht, so ist auch
umgekehrt klar, daß die Nahrung, die der Eingeweihte von
der vielbrüstigen Artemis empfing, als der Logos betrachtet
wurde.«[70] Dieser Zusammenhang von Muttergöttin und Logos
wird noch deutlicher, wenn wir daran denken, daß Heraklit
»im Tempelbezirk von Ephesus lebend seine Logoslehre
schuf, die er wiederum im Tempel der Artemis niederlegte«[70].
Ist es auf diesem Hintergrund so ganz zufällig, daß Johannes
von Ephesus die Mutter Jesu zu sich nahm und mit ihr in
Ephesus lebte, wo heute noch das Haus der Maria und des

Johannes gezeigt wird? Es liegt auf dem Berge Ala Dagh, 443 Meter über dem Meere. Dort soll er mit Maria in stiller Zurückgezogenheit gelebt haben[71].

Die Muttergöttin und der Logos als ihr Sohn gehörten also aufs innigste zusammen. Es gibt ein Wort von Heraklit, das diesen Zusammenhang noch in bezug auf die Tiefe der Seele zum Ausdruck bringt. »Der Seele Grenzen wirst du nicht ausfindig machen, und wenn du alle Straßen durchwandertest. Einen so tiefen Logos hat sie.«[72] Die Mutter-Göttin ist sicher auch ein Ausdruck für die Tiefe und Unerschöpflichkeit des Unbewußten, dessen Grenzen nicht ausfindig zu machen sind. Aus ihm quellen die befruchtenden Ideen hervor und blitzen die Intuitionen auf, die einen Logos hervorbringen, der noch mit seinem Grunde verbunden ist und dessen Unerschöpflichkeit bezeugt. Der Logos ist als Keim allen künftigen Werdens in der Tiefe des Unbewußten enthalten. Es handelt sich um einen Logos, bei dem die Ganzheitsbezogenheit noch nicht von der Bewußtseinsbezogenheit abgelöst ist. Dieser ist noch im Anfang, im Ursprung enthalten und tritt, seine Tiefe aussprechend, aus der Stille, dem Schweigen des Anfangs, der archē, hervor.

Gibt es nun von den dargestellten Zusammenhängen aus eine Beziehung zum Symbol des Kreuzes? Gibt es eine Beziehung zwischen Logos und Staurós (Kreuz)? In der valentinianischen Gnosis, wie sie uns bei Irenäus vorgestellt wird, scheint bei der Aufstellung der 30 Äonen des göttlichen Pleromas der Johannesprolog Pate gestanden zu haben. »Die Namen der Äonen gehen vom Grund zur Auswirkung und sind den im Prolog des Johannesevangeliums auftauchenden Namen und Begriffen entsprechend, wobei für Nus, der dort nicht vorkommt, der ›Eingeborene‹ gesetzt ist.«[73] Ein Äon geht aus dem anderen hervor, und zwar nach dem Gesetz der Syzygien oder männlich-weiblichen Paarungen. Die erste Vierheit besteht aus den Äonen:

männlich	weiblich
1. Bythos (= -Tiefe, vollkommener Äon, Uranfang oder Urvater)	2. Sigē (= Schweigen, Ennoia oder Gnade)
3. Nus (= Eingeborener, Vater, Anfang der Dinge)	4. Alētheia (= Wahrheit)

Man denkt dabei unwillkürlich an die Worte aus dem Johannesprolog: »Wir sahen seine Herrlichkeit, eine Herrlichkeit des eingeborenen Sohnes (= Nus), voller Gnade (= Charis, Sigē) und Wahrheit (= Alētheia).« Die zweite Vierheit lautet:

männlich	weiblich
5. Logos (= Vater aller Dinge, die nach ihm kommen sollten)	6. Zoē (= Leben, Mutter und Gestaltungskraft des gesamten Weltalls)
7. Anthropos (= Mensch)	8. Ekklesía (= Kirche, Gemeinde)

Auch hier denkt man unwillkürlich an den Prolog. »In ihm (dem Logos) war das Leben (die Zoē).« Und: »Es war ein Mensch (Anthropos) . . .« (Vers 6), durch den die Glaubenden das Zeugnis erhalten, also eine Gemeinde (Ekklēsía) bilden können. Das ist in der Beziehung auf den Täufer im Prolog natürlich schon eine Historisierung ursprünglicher Äonen, also Wesenheiten des göttlichen Bereichs.

Die durchgängige Struktur männlich-weiblicher Paare legt es aber nahe, daß Valentinus bzw. der valentinianische Denker Ptolemäus, dem man das bei Irenäus vorgestellte System zuschreibt, eher auf eine täuferische Form des Prologs zurückgriff, etwa im Sinne der von uns versuchten Rekonstruktion. In diesem Falle griffen die Valentinianer und der Verfasser des Johannesprologs unmittelbar auf Traditionen zurück, die aus dem Täuferkreis stammen und die so vermutlich schon Jesus bekannt gewesen sind.

In diesem valentinianischen Konzept aber spielt das Kreuz unter dem Namen des Horos (Grenze) eine bedeutsame Rolle. Dieser Horos ist die »Kraft, die das Weltall befestigt und außerhalb der unaussprechlichen Größe bewacht«[74]. Dieser Horos ist aus dem Urvater hervorgebracht worden, gewissermaßen eine Ausstrahlung von ihm, und trägt die Bezeichnungen: Kreuz, Erlöser, Sammler, Grenzbestimmer, Hinüberleiter. Er hält das göttliche Pleroma zusammen und befestigt die auseinanderstrebenden Kräfte zur Ganzheit. Als Stauros (Kreuz) wird er insbesondere als befestigend, als Horos als teilend, abgrenzend vorgestellt. Wir gehen nicht fehl, wenn wir unter dem Horos-Stauros das Radkreuz verstehen, das sowohl umgebende Grenze als auch befestigende Kraft nach vier Dimensionen darstellt.

In eben diesem Sinne haben wir im voraufgehenden Kapitel das *Lichtkreuz* der Johannesakten vorgestellt. Dort hieß es ja ausdrücklich: »Dieses Kreuz aus Licht wurde von mir bald Logos, bald Nus, bald Jesus, bald Christus, bald Tür, bald Weg, bald Brot, bald Same, bald Auferstehung, bald Sohn, bald Vater, bald Pneuma, bald Leben, bald Wahrheit, bald Glaube genannt.« *Das Lichtkreuz wird also ausdrücklich mit dem Logos identifiziert.* Gleichzeitig aber heißt es in der Folge, und das trifft sich nun wieder mit der valentinianischen Auffassung: »Aber für sich selbst betrachtet ... ist es die Begrenzung des All und das aus Unstetem Zusammengesetze ... und die Harmonie der Weisheit (Sophia), und zwar die Weisheit in der Harmonie.«[75] Es wird dann auf rechte und linke, also männliche und weibliche Stätten, Kräfte, Gewalten, Herrschaften usw. hingewiesen, also auf männlich-weibliche Paarungen. Die Johannesakten, so wird man sagen dürfen, stellen eine Weiterführung der johanneischen Tradition dar, die bei Johannes dem Täufer beginnt. In diesem Sinne darf man schließlich annehmen, daß die Lehre vom Lichtkreuz, vom Kreuz des göttlichen Plērōma, bereits im Kreise des Täufers mitgeteilt worden ist und von dort in die Vorstellungen nicht nur der Gnosis, sondern Jesu von Nazareth übergegangen ist und ein zentrales Element seiner Geheimlehre bildete.

Die Geheimlehre Jesu

Das Selbst des Gnostikers

Bei Markus ist von einer doppelten Lehrweise Jesu die Rede. Es heißt dort: »Und als er allein (kata mónas) war, fragten ihn die, die um ihn waren, samt den Zwölfen nach dem Sinn der Gleichnisse. Und er sprach zu ihnen: Euch ist das Mysterium des Reiches Gottes gegeben; denen aber, die draußen sind (ekeínois de tois éxō), wird es in Gleichnisform, damit sie sehend sehen und doch nicht wahrnehmen, hörend hören und doch nicht verstehen, damit sie nicht umkehren und ihnen vergeben werde« (Markus 4,10–12). Im Abschluß der Gleichnisrede wiederholt Markus noch einmal diesen Zusammenhang: »Und in vielen derartigen Gleichnissen redete er zu ihnen das Wort (ton lógon), wie sie es zu hören vermochten. Ohne ein Gleichnis aber redete er nicht zu ihnen, für sich (kat' idían) aber löste er seinen eigenen (tois idíois) Jüngern alles auf« (4,33 f.).

Der Unterschied, auf den dieser Textzusammenhang aufmerksam macht, ist der von exoterischem und esoterischem Verständnis der Gleichnisse. Dieser wird von den älteren und neueren Exegeten nicht erkannt. Die älteren Exegeten sahen im Mysterium des Reiches Gottes die Kirche und ihre Ausbreitung über die Erde, die neueren verstehen darunter die apokalyptischen Geheimnisse der hereinbrechenden Endzeit. So ist sich W. Grundmann sicher, daß »der Begriff mystērion nicht aus der hellenistischen Welt der Mysterien, sondern ... aus der apokalyptischen Welt des Judentums verstanden werden« muß[1]. »Auch die Verbindung von mystērion und Gerichtsverkündigung im Ganzen des Logions spricht für den Zusammenhang mit der Apokalyptik. Das Geheimnis des Gottesreiches ist aber aus dem Evangelium zu erschließen; es ist das Geheimnis der anbrechenden eschatologischen Stunde und des eschatologischen Boten, der Jesus ist.«[2] Aber die Bilder- und Gleichnissprache der Apokalyptik ist selbst wieder exoterisch und bedarf daher ihrerseits einer esoterischen Auflösung.

Nun macht freilich die Gleichnissammlung den Eindruck, als besäße sie in dem Gleichniswort vom vierfachen Acker eine solche Auflösung (Markus 4,13–20). Doch ist diese im Vergleich zur ursprünglichen Parabel (4,3–9) nicht nur ebenfalls exoterisch, sondern überdies oberflächlich. Sie ist, wie die Analyse zeigen kann, nicht jesuanisch und stellt eine Aussage der Gemeinde dar, in der sich Erfolg und Mißerfolg ihrer Missionsbemühung spiegelt. Das Markusevangelium hat dieses Gleichniswort anstelle einer esoterischen Auflösung eingefügt.

Es gab allerdings christliche Gruppen, die über ein solches esoterisches Verständnis der synoptischen Spruch- und Gleichnisüberlieferung verfügten und die sich bewußt waren, daß es Jesus selbst war, der seinen dafür auserwählten Jüngern diese Auflösung mitgeteilt hat. Diese Gruppen sprachen sich in den gnostischen Evangelien, beispielsweise im Thomasevangelium, aus.

Ernst Haenchen hat den Versuch gemacht, den verborgenen gnostischen Sinn hinter dem synoptischen Schleier der Jesus-Worte des Thomasevangeliums zu finden. Haenchen steht zwar ganz im Bann der traditionellen Anschauung von der völligen Unvereinbarkeit von synoptischer Jesusüberlieferung (Spruch- und Gleichnisworte) zur Gnosis, zeigt aber, daß es den Gnostikern durchaus möglich war, diesen überlieferten Worten einen verborgenen, gnostischen Sinn zu unterlegen. Haenchens Ergebnisse lassen sich leicht gegen ihn selbst kehren; denn die gnostisch-esoterische Deutung wird dem Bild- und Mysteriengehalt der Worte und Gleichnisse Jesu eher gerecht als die oft gewundenen und gewaltsamen Versuche, diese ausschließlich einer apokalyptisch-eschatologischen Interpretation zu unterwerfen.

Gehen wir zunächst auf das Schlüsselwort »das Reich« ein, das ja in den Gleichnissen das zentrale Mysterium bildet. Das Reich ist nach dem Thomasevangelium »die jenseits der Welt liegende Lichtsphäre des Göttlichen« und meint »zugleich jenen Teil davon, den der einzelne Gnostiker verborgen in sich trägt«[3]. So heißt es Spruch 50: »Wir sind aus dem Licht gekommen, dem Ort, wo das Licht durch sich selbst entstanden ist.«[4] Dieses Urlicht ist zugleich das Reich, Anfang und Ziel der menschlichen Bestimmung: »Selig sind die Auserwählten, denn ihr werdet das Reich finden; weil ihr daraus seid, sollt ihr wieder dorthin gehen« (Spruch 49)[5]. Diese Auffassung widerspricht der großkirchlichen, aber das muß nicht besagen, daß die gnostische darum sekundär wäre. Auf die Frage nach dem

147

Kommen des Reichs antwortet Jesus: »Es wird nicht mit Erwartung kommen. Man wird auch nicht sagen: ›Siehe hier!‹ oder ›Siehe dort!‹, sondern das Reich des Vaters ist über die Erde ausgebreitet, und die Menschen sehen es nicht« (Spruch 113). Dazu Haenchen: »Thomas denkt dabei nicht an die christliche Kirche (von einer ekklēsía spricht er nirgends), sondern an die einzelnen Gnostiker, die das göttliche Licht selbst verborgen in sich tragen.«[6] Haenchen führt dann den umstrittenen Spruch 3 an: »Wenn sie, welche euch verführen, zu euch sagen: ›Siehe, das Reich ist im Himmel!‹, so werden die Vögel des Himmels euch zuvorkommen. Wenn sie zu euch sagen: ›Es ist im Meer!‹, so werden die Fische euch zuvorkommen. Sondern das Reich ist in euch und außer euch.« Dazu wieder Haenchen: »Diese letzte Aussage über das Reich hat man nicht verstanden, weil sie der zuvor proklamierten Innerlichkeit des Reiches widerspreche. In Wirklichkeit hatte sie aber für die Gnostiker einen guten Sinn. Sie drückte nämlich jenes Doppelte im Reichsbegriff des Thomasevangeliums aus, das wir oben schon angedeutet haben: ›in uns‹ ist das Reich, sofern es sich um das ewige Selbst im Gnostiker handelt; ›außer uns‹ ist es jedoch, wenn wir von jener göttlichen Lichtsphäre sprechen, aus der das gnostische Selbst kam und in die es wieder eingehen wird.«[7]

Es ist an dieser Stelle wohl eine Präzisierung des Selbst-Begriffes notwendig. Haenchen schreibt dazu: »Der Gnostiker leidet unter der Welt. Aber was so leidet, kann nicht selbst ein Stück Welt sein, sondern ist außer- und überweltlich – sonst litte es nicht an der Welt. Dieses überweltlichen ›Selbst‹ muß sich der Gnostiker bewußt werden, und er wird es im Zuspruch der gnostischen Botschaft. Erst damit kommt er aus der Welt heraus und findet sich selbst.«[8] In diesem Sinne heißt es Spruch 67: »Wer das All erkennt und sich selbst verfehlt, verfehlt das Ganze.« Und in Spruch 111 heißt es: »Wer sich selbst findet, die Welt ist seiner nicht wert.«[9]

Versuchen wir diese Beschreibungen mit der Begrifflichkeit der Tiefenpsychologie von C. G. Jung in Übereinstimmung zu bringen. Dann entspricht der Begriff »Welt« zuallererst dem Wirklichkeitsausschnitt, den Jung die Persona des Menschen nennt. Es ist dies der Inbegriff des kollektiven Bewußten, die Summe von Meinungen und Verhaltensweisen, die das durchschnittliche, nicht weiter reflektierte Verhalten der »Leute« bestimmen. Die »Welt« ist in diesem Sinne das »man« (Heidegger), die »Leute« oder, wie die Franzosen treffend sagen, tout le monde. »Welt« ist in diesem Verständnis ein Existential und nicht identisch mit dem physikalischen oder biologischen Kosmos. »Welt« kann aber immer auch das Universum meinen, sofern dieses unter der existentiellen Entfremdung in den Blick kommt, etwa als Gegenbegriff zu Schöpfung. Schöpfung schließt den sinnbestimmten Ort des Menschen, seine Offenheit zum Seinsgrund, zum Mitseienden und zu sich selbst ein. »Welt« ist der Gegenbegriff zum »Selbst«, das zur Seinstiefe und zum Anderen hin offen ist. Das »Selbst« ist dem Menschen unter der Verfallenheit an »Welt« verdeckt. Es bedarf eines Aktes der Bewußtmachung, um das Selbst zu erfahren. Die Tiefenpsychologie bedient sich dazu vornehmlich der Deutung von Träumen, in deren mythischer Struktur das Selbst unter archetypischen Bildern erscheint und dem Ich eine für seine sinn-gemäße Entfaltung zu entschlüsselnde Botschaft übermittelt. Das Selbst ist daher nicht nur das »Selbst des Gnostikers«, wie sich Haenchen ausdrückt, sondern ein höheres Wesensglied, das im Menschen allerdings zunächst nur als virtueller Punkt angelegt ist und im Gange des Individuationsprozesses entfaltet werden muß. Es gehört in diesem Sinne nicht zur »Welt«, bricht aber die Persona des Menschen auf und entwickelt das »Ich«, das sich zunächst als Persona erfährt, durch Selbstverwirklichung zur Individualität. Jeder Mensch hat in sich das Selbst angelegt, wenn es ihm auch meist nicht bewußt ist; er trägt es in sich wie ein in ihn eingesätes Samenkorn, das allerdings zum Wachstum erweckt und entfaltet werden muß. Vieles weist darauf hin, daß der Mensch in seinem Selbst einer höheren Wirklichkeitsordnung zuzurechnen und der normalen Raum- und Zeitordnung überlegen ist. In diesem Sinne ist das Selbst auch der »Welt« überlegen, insofern wir darunter die empirische Raum-Zeit-Welt verstehen, wie sie sich in unserem durch die Sinne und die Ordnungsformen des Verstandes geformten Bewußtsein spiegelt. Auch dies ist eine Form der Entfremdung von der tieferen Wirklichkeit und ein Ausdruck des »man«. Vom Menschen aber, der auf sein Selbst gestoßen ist, läßt sich sagen: »Selig ist, wer war, bevor er wurde« (Spruch 19). Haenchen schreibt dazu: »Seiner irdi-

schen Existenz ist eine nichtirdische, außerweltliche vorangegangen: er ist aus der Ewigkeit hierhergekommen und wird
darum auch wieder dorthin zurückkehren.«[10] Man muß allerdings hinzufügen: Der, der sein Selbst gefunden hat, lebt hier
schon zugleich dort; er ist umgriffen von der höheren Welt des
Selbst, dem Reich, und findet diese zugleich in sich; er ist in
dieser Welt, aber nicht von dieser Welt.

Das Thomasevangelium versteht in diesem Sinne unter dem
»guten Land« in Markus 4,3–9 par. »das Reich = das himmlische Selbst, auf das der Same des Offenbarungswortes fällt
und Frucht bringt«[11]. Es klingt ganz synoptisch, wenn es
Spruch 96 heißt: »Das Reich des Vaters gleicht einer Frau. Sie
nahm ein wenig Sauerteig, sie verbarg ihn in Mehl. Sie machte
ihn zu großen Broten. Wer Ohren hat, möge hören.«[12] Die
gnostische Formulierung »Reich des Vaters« erscheint mir je-
suanischer als das synoptische »Reich Gottes«. Haenchen interpretiert: »Der *wenige* Sauerteig, der im Brotteig verborgen
ist, ist jenes ewige Selbst im Gnostiker ... Die Gnostiker
betonten absichtlich, daß es nur wenig Sauerteig ist und daß er
verborgen ist. Denn weil das göttliche Selbst im Gnostiker
nicht welthaft ist, läßt es sich nicht sehen und vorweisen. Es ist
aber wirklich verborgen. Hier ist tatsächlich der Punkt, wo
vom Gnostiker Glauben gefordert wurde; er muß sich auf eine
Wirklichkeit verlassen, die man nicht greifen und nachweisen
kann.«[13] Das ist mit der Einschränkung zu verstehen, daß der
Mensch, der auf sein Selbst stößt, selbstverständlich spirituelle
Erfahrungen macht. Diese gehen auf nichts Geringeres als auf
die Erfahrung eines neuen, höheren Menschentums, das selbst
ein Bestandteil der göttlichen Ursprungswelt, der urbildlichen
Welt, ist. In diesem Sinne ist der Anthropos, der ursprüngliche
Mensch, ein Teil der göttlichen Lichtwelt, des Pleromas.

Mit Recht deutet Haenchen das Senfkorngleichnis in
Spruch 20 des Thomasevangeliums auf das »innere Reich«,
das göttliche Selbst. »»Die Jünger sprachen zu Jesus: Sage uns,
wem das Reich der Himmel gleicht! Er sprach zu ihnen: Es
gleicht einem Senfkorn, das kleiner ist als alle Samen. Wenn
es aber fällt auf das Land, das man bebaut, sendet es heraus
einen großen Sproß (und) wird zum Schutz für die Vögel des
Himmels.‹ Die Kleinheit des Senfkorns und der große Sproß,
den es treibt«, erklärt Haenchen, »entsprechen dem ›wenigen‹

Sauerteig und den ›großen‹ Broten. In diesem Gegensatz findet der gnostische Ausleger einerseits die unscheinbare, verborgene Existenz des Göttlichen im irdischen Leibe des Erwählten angedeutet, andererseits die unermeßliche Herrlichkeit, zu der es sich dereinst entfalten wird, wenn es in die göttliche Urwirklichkeit zurückkehrt.«[14] Mir scheint diese gnostische Auslegung dem jesuanisch Gemeinten näher zu liegen, als wenn man annimmt, daß im Glauben oder im Erdenwirken Jesu anfangshaft klein das schon da sei, was im hereinbrechenden künftigen Äon des Reiches Gottes dann groß auf Erden erscheinen wird, da diese Deutung dem Wachstumhaften der Parabeln Jesu so wenig gerecht wird.

In Spruch 109 geht es darum, den Schatz in seinem Acker zu finden, das heißt, das göttliche Selbst in sich zu entdecken[15]. Mit dem verlorenen Schaf in Spruch 107 und der köstlichen Perle in Spruch 76 (vgl. Matthäus 13,45 f.) geht es um den göttlichen Wesenskern des Erwählten. »Klug ist der Händler«, der seinen ganzen Warenpacken für die Perle hingibt, »in den Augen der Gnostiker, weil er sich ohne Zögern für das Selbst entscheidet und alles andere fortgibt. Weil alles andere vergänglich ist, ist diese Wahl für die Gnostiker die einzig sinnvolle.«[16] Im Fischfanggleichnis in Spruch 8 vertritt der große Fisch »wieder jenes Göttliche im Menschen«. Dieses sein Selbst findet man, wie Haenchen mit Blick auf den einzelnen Fischer im Unterschied zu der Mehrzahl von Fischern in der synoptischen Geschichte sagt, »nur als einzelner«[17].

Das Selbst oder das Reich war für die Gnostiker das eine, das not ist; es zieht eine Entweltlichung mitten in der Welt nach sich, die jeden Tag neu errungen werden muß. Die Welt ist gleichsam der Dieb oder Räuber, der in das Haus des Menschen eindringen will[18]. »Wenn der Hausherr weiß, daß er kommt, der Dieb, wird er wachen, bevor er kommt, (und) ihn nicht eindringen lassen in das Haus seines Reiches, damit er seine Sachen wegträgt. Ihr aber wachet vor der Welt!« (Spruch 21). In der Sterbestunde »wird die Frage brennend: Hat sich im Menschen das weltlose Selbst gebildet oder hat die Bindung an die Welt die Entstehung dieses Selbst verhindert? In diesem zweiten Fall ist nichts Ewiges da, das den Tod überdauert.«[19] Die gnostische Abkehr von der Welt, ja selbst von den Angehörigen, die den Menschen zu einem Einzelnen macht, ist das gnostische Kreuztragen. (Vgl. Spruch 55: »Wer seinen Vater nicht haßt und seine Mutter, wird mir nicht Jünger sein können. Und wer seine Brüder und seine Schwester nicht haßt und nicht sein Kreuz auf sich nimmt wie ich, wird nicht meiner würdig sein.«[20]

Sehr zutreffend bemerkt Haenchen: »Das göttliche Selbst existiert nicht ›objektiv‹. Man erkennt es nicht wie einen Gegenstand, sondern nur in actu. Das wird deutlich an Spruch 70: ›Wenn ihr das in euch hervorbringt, wird das, was ihr habt, euch retten. Wenn ihr das in euch nicht habt, wird das, was ihr nicht habt, euch töten.‹ Dasselbe meint Spruch 41: ›Wer etwas in seiner Hand hat, dem wird gegeben werden, und wer nicht hat, dem wird auch das Wenige, das er hat, weggenommen werden.‹«[21] Ein Warngleichnis in diesem Sinne bildet der Spruch 97: »Das Reich des Vaters gleicht einer Frau, die einen Krug trägt, der voll Mehl ist, und die einen weiten Weg geht. Der Henkel des Kruges zerbrach: das Mehl strömte hinter ihr auf den Weg. Sie merkte es nicht; sie wußte nichts vom Unheil. Als sie in ihr Haus kam, stellte sie den Krug auf den Boden, sie fand ihn leer.« Man kann wieder weltlich werden, ohne daß man es merkt. Dabei verliert der Mensch das Reich, das Selbst[22].

Die Gleichnisse enthüllen den Sinn, den man ihnen als wahrscheinlich unterstellen kann; ohne eine solche Unterstellung enthalten sie bloße Bilder und Worte, die in sich meist eine Selbstverständlichkeit aussagen. Aber diese Selbstverständlichkeit, zum Beispiel daß ein in die Erde geworfenes Samenkorn dreißig-, sechzig- und hundertfältigen Samen bringt, ist zugleich wundersam und überraschend. Will man an die Bedeutung des Gleichnisses in seinem esoterischen Sinn denken, dann mag man die Lehre des Shāndilya aus der Chāndogya-Upanishad heranziehen. Dort heißt es: »Wie ein Reis- oder Gersten- oder Hirsekorn oder eines Hirsekorns Korn, ist im Innern das Selbst, golden wie ein rauchloses Licht, größer als der Himmel, größer als der Luftraum, größer als die Erde, größer als alle Wesen. Es ist das Selbst des Hauches, es ist mein Selbst. Zu diesem Selbst werde ich beim Scheiden von hier gelangen.«[23] Ob die Vorstellung von dem Selbst als Samenkorn aus Indien stammt? Indische Gedanken können mit eingewirkt haben; aber das Ganze ist zutiefst mit den Mysterien des Getreidebaus verbunden. Man denke an Eleusis und an das Wort Jesu aus dem Johannesevangelium: »Wahrlich, wahrlich ich sage euch, wenn das Weizenkorn, das in die Erde fällt, nicht erstirbt, so bleibt es, was es ist. Erstirbt es aber, so trägt es viele Frucht« (Johannes 12,24)[24]. Die Vorstellung vom samenhaft in die Welt ausgestreuten Logos, dem Inbegriff des geistigen Weltgrundes, war Gegenstand der stoischen Philosophie. Das Bildwort, das Jesus benutzte, ließ weitverbreitete Vorstellungen anklingen, die auf das letzte geistige Geheimnis der Welt verwiesen.

Spirituelle Phänomene

Zur esoterischen Geheimlehre gehört die Einweihung in die Mysterien. Einen Hinweis darauf finden wir in Markus 9,1–13 (und den Parallelen in Matthäus 16,28 und 17,1–13 sowie Lukas 9,27–36), in dem Bericht von der Verklärung Jesu. Von dieser Erzählung trennt man meist den überleitenden Vers Markus 9,1 par. ab. Zu Unrecht. Es heißt dort: »Und er sagte zu Ihnen: Wahrlich, es sind einige von den hier Stehenden, die werden den Tod nicht schmecken, bis sie das Reich Gottes in Kraft gekommen sehen.« Matthäus 16,28 sagt: ». . . bis sie den Menschensohn sehen, kommend in seinem Reich.« Lukas 9,7 sagt einfach: ». . . bis sie das Reich Gottes sehen.« Moderne Forscher haben daraus auf eine Naherwartung Jesu geschlossen. Noch in dieser Generation werde das Reich Gottes als wunderbare Verwandlung der Erde in eine paradiesische Welt mit Palästina als Mittelpunkt hereinbrechen. Wenn die auf die Naherwartung gehende Deutung zutreffen sollte, dann bestünde keine inhaltliche Beziehung zu der folgenden Schilderung der Verklärung Jesu. Aber wir treffen hier auf ein anderes Bild vom Reich Gottes: das spirituelle, esoterische, das wir oben beschrieben haben, und dieses setzt ein okkultes Handeln im Leben Jesu voraus, und die Meinung des Evangelisten dürfte darin bestehen, daß sich in ihm die Verheißung an die Umstehenden erfüllte, daß einige unter ihnen noch in ihrem Leben das Reich Gottes kommen sehen werden. Ich gebe die Erzählung Markus 9,2–8 in der Übersetzung von Ernst Haenchen: »Und nach sechs Tagen nahm Jesus den Petrus und den Jakobus und den Johannes und führte sie auf einen hohen Berg abseits ganz allein (kat' idían mónūs). *Und er verwandelte sich vor ihnen*, und seine Gewänder wurden ganz weißglänzend, wie sie kein Walker auf Erden so weiß machen kann. Und es erschien ihnen Elias mit Mose, und sie redeten mit Jesus. Und Petrus antwortete und sprach zu Jesus: ›Rabbi, es ist gut, daß wir hier sind; und wir wollen drei Hütten bauen, für dich eine und für Mose eine und für Elias eine.‹ Denn er wußte nicht, was er antwortete: sie waren nämlich außer sich vor Schrecken. Und es kam eine Wolke und überschattete sie. Und es kam eine Stimme aus der Wolke: ›Dies ist mein geliebter Sohn; hört ihn!‹ Und plötzlich sahen sie, als sie umherblickten, niemanden als Jesus allein bei ihnen.«[25]

Soweit ich sehe, übertragen alle Übersetzer mit Ausnahme von Haenchen und schon Luther das metemorphōthē von Vers 2 mit »er wurde verwandelt« (Passiv). Die zutreffende Übersetzung aber bildet: »Er verwandelte sich vor ihnen« (Medium). Denn es ist wohl nicht so, als würde Jesus von der Verklärung in eine Himmelsgestalt überrascht, sondern er wählt die drei Hauptjünger aus, um sie bewußt an einem okkulten Erlebnis, in das er sie einweihen will, teilnehmen zu lassen. Das Besondersnehmen der drei (bzw. vier) Hauptjünger bedeutet immer einen Hinweis auf esoterisches Lehren oder Handeln Jesu. Wir haben es hier auch nicht mit einer in die Lebensgeschichte Jesu zurückprojizierten Auferstehungserscheinung zu tun, sondern vielmehr mit deren wirklicher Vorwegnahme. Denn Jesus enthüllt in der okkulten Handlung vor seinen dafür fähig gemachten Jüngern seinen pneumatischen oder Geistleib. Dieser Geistleib erscheint dann später den Jüngern als Auferstehungsleib. (Es handelt sich also nicht um bloß subjektive Visionen, sondern um die Wahrnehmung okkulter Phänomene, zu deren Vermittlung Jesus über seinen Tod hinaus befähigt war.) Die Erscheinung des Geistleibes Jesu, also des jenseits der normalen Sinnenwahrnehmung liegenden Jenseitsleibes, bringt die Erscheinung der Toten, die der Sphäre jenseits der Sinne angehören, wie selbstverständlich mit sich. Das Reich Gottes erscheint mit ihnen gleichsam in Kraft, das heißt in Manifestation als die Kraft-Welt Gottes, wie sie sich zugleich im Nimbus der Wolke und in der Gottesstimme erschließt. Die symbolische Beziehung auf das Laubhüttenfest (»Lasset uns Hütten bauen!«) bringt die Gegenwart des sich manifestierenden Göttlichen ebenfalls zum Ausdruck. Wenn Matthäus in Beziehung auf die Geistgestalt Jesu vom Kommen des Menschensohns redet, dann schließt das die Beziehung auf das Reich Gottes bei Markus und Lukas nicht aus, sondern konzentriert das Reich Gotes auf die Manifestation des lebendigen Urbildes der Menschheit. Letzteres ist mit Menschensohn gemeint.

Die neutestamentliche Forschung steht solchen Phänomenen im allgemeinen hilflos gegenüber. Da sie sich Jesus als einen Schamanen, Magier, Guru oder Okkultisten, der über eine Geheimlehre und Geheimpraxis verfügt, nicht vorstellen kann, bringt sie Phänomene dieser Art entweder mit den angeblich subjektiven Visionen der Osterereignisse oder/und mit der legendenbildenden Kraft der volkstümlichen Überlieferung der Urgemeinde in einen Zusammenhang. Überlieferungen, die in diesen Umkreis gehören, werden als Novellen, Naturwunder oder späte Legenden aus dem Leben des historischen Jesus ausgeschlossen. Hier sind insbesondere die Speisungsberichte und die Erzählung vom Seewandel Jesu zu nennen. Im letzteren Falle handelt es sich um das Phänomen der Levitation, unter Umständen auch der Bilokation, wie sie in der Religionsgeschichte unter den verschiedensten Kulturbedingungen berichtet werden. Das sollte die neutestamentliche Forschung, die sich unter den theologischen Disziplinen besonders wissenschaftsgläubig gibt, in ihren rationalistischen Erklärungen vorsichtiger machen. Unter Levitation verstehen wir ein freies Schweben des menschlichen Körpers, also eine Art Aufhebung der Schwerkraft. Darüber wird in Lebensbeschreibungen von Yogis, Medien, aber auch christlicher Heiliger berichtet. Bilokation bedeutet die Fähigkeit, an zwei Orten gleichzeitig zu sein. Diese wird unter anderem von Pythagoras, Apollonius von Tyana und mehreren christlichen Heiligen überliefert. Es handelt sich um ein Überschreiten der Grenzen des physischen Körpers, von dem nicht nur sagenhafte Weiterbildungen der Überlieferung in den Religionen etwas wissen, sondern die zur esoterischen Tradition gehören, um Fähigkeiten, die von einem dazu geeigneten Lehrer übertragen und entwickelt werden können.

So belehrt Buddha den Bürger Kevaddha über das Wesen

des Wunders: »Kevaddha, worin besteht das mit der magischen Kraft der Heiligkeit vollführte Wunder? In diesem Falle, Kevaddha, ist ein Bhikkhu im Besitz der mannigfachen magischen Kräfte der Heiligkeit: aus der einen Person, die er ist, wandelt er sich zu einer Vielheit, und aus der Vielheit wieder zu einer einzigen Person, bald zeigt er sich den Blicken, bald verschwindet er, ungehemmt geht er durch Wände, Wälle, Berge, als wären sie leere Luft, er taucht in die Erde und wieder heraus, als wäre sie Wasser, ohne einzusinken wandelt er auf dem Wasser wie auf dem Erdboden, er schwebt auf gekreuzten Beinen sitzend durch die Luft wie der beschwingte Vogel, jene beiden so mächtigen und gewaltigen (Himmelskörper) Mond und Sonne faßt er mit der Hand und streichelt sie, und in körperlicher Gestalt vermag er bis in die Welt Brahmās zu gelangen.«[26]

Zu diesen mit der magischen Kraft der Heiligkeit vollführten Wundern kommen noch das Wunder der Offenbarung (des Inneren anderer) – dieses wird ja auch von Jesus berichtet (Johannes 2,25; auch wohl 1,47 f.) – und das Wunder der Lehre. Alle drei Wunderbefähigungen werden von Jesus erzählt. Ob Jesus mit der buddhistischen Einweihung vertraut gewesen ist? Ausgeschlossen ist das keineswegs. Aber man muß sich nicht zu solchen Vermutungen begeben, um das Geheimnis zu verstehen. Unter der vordergründigen exoterischen Gestalt einer jeden Religion liegt eine esoterische Tiefe, in der alle Eingeweihten letztlich mit derselben Wirklichkeit in Kontakt treten, mag diese auch durch den betreffenden Kulturkreis unterschiedlich eingefärbt sein. Dabei ist solches Einweihungswissen zugleich kraftgeladen. So heißt es, daß von Jesus eine Kraft ausging. So Markus 5,30: »Da nahm plötzlich Jesus innerlich wahr, daß eine Kraft von ihm ausgegangen war, und er wandte sich in der Volksmenge um und sprach: Wer hat mein Gewand berührt?«[27] In der gnostischen Geheimlehre des Johannes (Apokryphon des Johannes) erscheint Jesus dem Jünger proteushaft in vielfältiger Gestalt: »Da fürchtete ich mich und warf mich nieder. Denn ich sah im Lichte ein Kind, das zu mir trat. Während ich es anblickte, verwandelte es sich in einen Greis, dann wieder war es wie ein Knecht. Es war eine Einheit mit mehreren Formen im Licht, die da vor mir stand, und die Formen offenbarten sich durch einander.«[28]

Ungläubige verdächtigen diese Fähigkeiten des Eingeweihten als Dämonenwerke. So antwortet der ungläubige Nichtanhänger dem zu Wundern befähigten Bhikkhu: »Es gibt ein Zauberwissen, das Gandhārawissen heißt, vermöge dessen vollführt er es alles.«[29] Und Jesus wird angeklagt: »Er hat den Beelzebul, und durch den obersten Teufel treibt er die Teufel aus« (Markus 3,22). Was nun das Wunder der Lehre betrifft, so sind Buddha und Jesus davon überzeugt, daß nur wenige zur Erkenntnis befähigt sind. So heißt es ähnlich Markus 4,9 bei Buddha:

»Der Ewigkeit Tor, es sei jedem aufgetan,
Der Ohren hat. Mag sich denn Glaube regen!
Vergebliche Mühe zu meiden, hab ich
Das edle Wort noch nicht der Welt verkündet.«[30]

Auf diese Zusammenhänge aufmerksam geworden ist nur einer: Rudolf Otto. Er macht am Beispiel des sogenannten See-Wandels Jesu darauf aufmerksam, daß, wie gewöhnlich verfahren, »hier nicht die erste Frage ist, in welche litterarische Gattung der *Bericht* als solcher gehört, sondern welchem Typus vermeinter *Erlebnisse* das Objekt des Berichtes zuzurechnen ist, um dann generell zu fragen: Sind Erlebnisse dieser Art nur vermeintliche, oder ›giebt es so etwas?‹. Litterarkritik hat sich hier mit Sachkritik zu verbinden.«[31] Otto fragt sich zunächst, ob es sich um ein eigentliches Wandeln über das Wasser im Sinne eines Yoga-fänomens gehandelt habe. Er will es aber, »völlig unabhängig von allen Yoga-praktiken«, dem rein *charismatischen* Milieu zuordnen[32]. »Es handelt sich um den Typus des in Stunden der Not und der Todesgefahr aus der Ferne im Fantom erscheinenden und helfenden Charismatikers. Der Charismatiker ›erscheint‹, obwohl er selber an fernem Orte ist.«[33] Otto beruft sich dabei auf das Johannesevangelium. »Das Johannesevangelium weiß noch nichts davon, daß Christus körperlich zu den Jüngern ins Schiff gestiegen ist. Die Worte: ›sie *wollten* ihn ins Schiff nehmen‹ schließen dies vielmehr geradezu aus. Unbeabsichtigt zeugt dies noch deutlich von einer ›Erscheinung‹, tröstend und helfend in großer Not. Auch die seltsamen Worte bei Mc: ›er wollte an ihnen vorbeigehen‹ lassen durchscheinen, daß man zunächst nicht gemeint hat, daß Christus ins Schiff genommen wurde. Wenn er zwar tröstend erschienen, aber nicht körperlich ins Schiff getreten war, so war er nach der tröstenden Begegnung ›an ihnen vorbeigegangen‹ und wieder entschwunden.«[34]

Otto will aber nun eine Unterscheidung zwischen den Yoginkünsten und Wundern aus der Kraft der Heiligkeit herstellen. Er schreibt: »Also eine fantomartige apparitio ist vermutlich ursprünglich vermeint gewesen, die zu einem körperlichen Wandeln auf dem Wasser vergröbert wird. Auch von letzterem Fänomen ist in wunderhaften Berichten oft genug die Rede gewesen. Es ist die Kunst, die speziell der Yogin besitzt und die er sich durch Entwicklung der magischen Kräfte im training des Yoga erwirbt oder zu erwerben meint. Man muß aber typologisch die magischen siddhi's des Yogin unterscheiden von den Fänomenen der Charismatik. Die Künste des Yogin sind, sich leicht oder schwer zu machen, sich durch Levitation körperlich in der Luft schwebend zu halten, durch die Luft zu fliegen, durchs Feuer zu gehn, über Ströme und Seen körperlich hinwegzuschreiten, durch feste Wände und Körper hindurchzugehen, sich unverwundbar zu machen, den Leib hart wie Stein zu machen, willkürlich in kataleptischen Zustand zu verfallen und so eventuell Tage und Wochen zu verharren, als Schein-leiche sich begraben und sich wiedererwecken zu lassen, den Mond, die Sonne mit dem Finger zu berühren, mehrere Leiber anzunehmen, mit dem einen Leibe hier, mit dem andern dort zu sein, die māyā-künste der Hervorbringung von Halluzinationen und Massenhalluzinationen zu üben usw. Siddhi's und Charismata können sich hinsichtlich gewisser Leistungen ähneln, gleichwohl ist ihre typische Zusammengehörigkeit und ihre Wesens-struktur verschieden. Und besonders ihr Sinn. In den Siddhi's handelt es sich um Zauber-künste, erworben durch ein magisches training mit magischen Rezepten und Manipulationen in raffinierter Methode. Die Charismata und die karāmāt aber sind, wo sie echt sind, Gnadengaben, freie Geschenke des Geistes, der weht wo er will, nicht bestimmt zur Schaustellung, sondern eher gewillt verborgen zu bleiben, verliehen zu Heils- und Liebes-zwecken und verbunden mit gottgeweihtem und geheiligtem Leben.«[35]

Es erscheint mir problematisch, ob man so prinzipiell unterscheiden kann, ja scheiden muß. Es geht dann wieder das Geheimnis der Einweihung, der Esoterik, verloren, das in den exoterischen Evangelien nur angedeutet ist. Jesus hat seinen Jüngern Macht, exusía, übertragen; diese geht sicher aus geheimen Einweihungen hervor, es handelt sich dabei sicher um waltende Kräfte des Geistes, doch müssen diese durch die entsprechende Einweihung erst freigelegt werden. Beten und Fasten waren nach Markus 9,29 eine solche »Übung«, um in den Besitz der charismatischen Kräfte zu kommen, die man nicht wie Otto in einen solchen Gegensatz zu den erworbenen Fähigkeiten der magischen Wundertaten stellen muß. Auf den inneren Zusammenhang von 1. Einweihung, Initiation und 2. Ermächtigung, exusía-Geben weist das Sanskritwort ABHIṢEKA hin, das beides zugleich bedeutet. Es gibt auch von daher gute Gründe zu der Annahme, daß die exusía, die Jesus seinen Jüngern gab, auf einer voraufgehenden Initiation als Anteilgabe an seiner Meister-(Guru-)Macht beruht. ABHIṢEKA bedeutet außerdem Besprengung, Weihe (besonders zum König), Weihwasser und Abwaschung. Zeigt dies unter Umständen einen festen Zusammenhang zwischen Initiation, Taufe und exusía in Jesu Meister-Schüler-Kreis an?

Die Speisungsgeschichten in den Evangelien sind auch wohl im Umkreis okkulter Praktiken zu verstehen. Das zeigt der folgende buddhistische Speisungsbericht. »Sariputra dachte bei sich selbst: Es ist Essenszeit, was sollen wir diesen vielen Bodhisattvas zu essen geben? Vimalakirti las seine Gedanken und sprach: ... warte einen Augenblick und ich will ein fürstliches Mahl servieren. – Und Vimalakirti versetzte sie in einen tiefen Trancezustand, ließ seine Wundermacht wirken ... Und Vimalakirti wandte sich zu Sariputra und den anderen Sravakas und sprach: Brüder, greift zu, esset von der süßen, delikaten Speise des Herrn ... Und ein Sravaka, der da war, dachte bei sich selbst: Wie soll diese kleine milde Gabe geteilt werden unter die vielen, so hier zugegen sind? ... Und siehe, die ganze Versammlung aß davon und wurden alle satt; und es blieb dennoch, als ob niemand es berührt hätte.«[36]

Rudolf Otto greift zur Erklärung der Speisungsgeschichten auf die Johannesakten zurück, jene gnostische Schrift johanneischer Tradition, der wir die Auskunft über das Lichtkreuz verdanken. In Kapitel 8 dieses apokryphen Buches heißt es: »Wenn Christus zu Tische geladen wurde und hinging, so gingen wir mit ihm. Vor jeden von uns ward dann ein Brot gelegt, und auch Christus selber erhielt ein Brot. Er segnete dann sein Brot und *teilte* es unter uns. Und von dem *Wenigen* (was jeder erhielt als Teil von dem gesegneten Brote Christi) ward dann ein jeder von uns *gesättigt*. Unsere eigenen Brote aber blieben ganz (und ungegessen).«[37]

Nach R. Otto erzählt die Geschichte »sozusagen ein Kunststück des Wunderwirkers«. Die Geschichte könne zeigen, »was auch in den evangelischen Berichten ursprünglich gemeint gewesen sein wird: die Kraft des Charismatikers, durch geringe Spende, die er gesegnet hat, den Hunger der Empfangenden zu stillen«[38].

An dem buddhistischen Bericht ist nun bedeutsam, daß der Wundertäter seine Wundermacht dadurch bewirkte, daß er die Teilnehmer zuvor in einen tiefen Tranceschlaf fallen ließ. Das zeigt offenbar auf, daß das Ereignis durch eine Einwirkung auf den geistigen Leib zustande kam. Dieser verläßt die Bindung an den physischen Körper in den Vorgängen der Bilokation bzw. der charismatischen apparitio, wie er dies auch im Vorgang des Sterbens tut. Moderne nachtodliche Erfahrungen, wie sie von wiederbelebten klinisch Toten berichtet werden, zeigen, daß der Mensch mit seinem geistigen Leib einer jenseitigen Wirklichkeitssphäre angehört, die sich ihm bei Verlassen des physischen Leibes erschließt. Das Speisungswunder setzt im Zusammenhang mit dem Trancezustand dergleichen voraus, so daß die Speisenden gleichsam himmlisches Brot aßen. Eine Anspielung auf das Brot vom Himmel fehlt auch in Johannes 6 (Vers 31 f.) nicht. Die indische Erzählung spricht von »Speise des Herrn«. Das Verklärungsgeschehen nahmen die Jünger wahr, während sie sich im Schlaf befanden (Lukas 9,32), worunter wohl ebenfalls ein tiefer Trancezustand (hebräisch: tardema) zu verstehen ist. Solche Out-of-body-Erlebnisse treten auch bei plötzlichem, »tödlichem« Erschrecken wie bei Gefahr des Ertrinkens (Markus 6,48 par.), Stürzen vom Pferd (Paulus vor Damaskus) oder ähnlichen Ereignissen ein. Einweihungen (Initiationen) gehen mit Vorkehrungen einher, die den Initianden in einen todähnlichen Zustand bringen; wodurch er Kenntnis von der geistigen Welt, dem Himmelreich, gewinnt.

ANI-WE-HU

Nach jüdischer Überlieferung ist Jesus in Ägypten gewesen und hat dort Magie gelernt. (Ein Ägyptenaufenthalt wird ähnlich von Simon Magus berichtet.) Wenn das zutrifft, dann dürfte Jesus mit den ägyptischen Mysterien nicht unvertraut gewesen sein. Es ist nun eigenartig, daß gewisse Aussagen des ägyptischen Totenbuches einen ausgesprochen johanneischen Klang haben. Der Tote ist im Geiste auferstanden und spricht mit Eintritt in die Bereiche des Jenseits Worte der Identifikation mit der Gottheit:

»Ein Gott bin ich fürwahr, die Sonnenbarke begleitend . . .
Den andren, von Nut geborenen Göttern
Gleich ich, die deine Feinde zerschmettern . . .
Denn ich gehöre zu deinem Gefolge, o Horus . . .[39]
Thoth bin ich wahrhaftig! Durch mich
Bezwingt seine Feinde Osiris . . .[40]
Ich, Osiris, der Verstorbene . . .[41]
Ich bin der Götter lebende Seele,
Eingeweiht in die Weisheit der
Dem großen Thoth dienenden Geister . . .[42]
Den heiligen Ritus hab ich vollzogen
Für Osiris, meinen göttlichen Vater,
Ich eröffne die Bahnen, im Himmel gleichwie auf Erden.
Denn dein liebender Sohn, Osiris, bin ich! . . .[43]
Ich bin aufrecht wie Horus.
Ich bin sitzend wie Ptah.
Ich bin mächtig wie Thoth.
Ich bin unbesiegbar wie Tum . . .[44]
Ich bin der große Gott, der sich selber erzeugt . . .[45]
Ich bin Ra, der kräftig macht die Seelen seiner Erkornen.
Ich bin der Knoten des Weltenschicksals
Im schönen und heiligen Baume verborgen . . .
Wisse: wenn ich gedeihe, gedeihet auch Ra!
Wohlan! Schaue!
Das Haar meines Hauptes, es ist Nu's Haar.
Mein Antlitz ist die Scheibe der Sonne . . .[46]
Wahrlich! In jedem Glied meines Körpers
Lebt eine Gottheit; und Thoth
Beschützet und pfleget das Ganze . . .[47]

Und mein Name – Geheimnis . . .[48]
Ich bin und ich lebe . . .
Horus bin ich, der Jahrmillionen durchläuft . . .[49]
Ich bin das Gestern.
Ich bin das Heute der unzählgen Geschlechter . . .[50]
Niemand kennt mich,
Aber ich kenne euch;
Niemand kann mich ergreifen.
Aber ich kann euch ergreifen . . .[51]
Sieh, ich nah mich dir, du, Götterfürst!
Dein Sohn bin ich; nahm an den Mysterien teil . . .[52]
Ich bin das Heute.
Ich bin das Gestern.
Ich bin das Morgen.
Meine wiederholten Geburten durchschreitend
Bleibe ich kraftvoll und jung;
Ich bin dem Geheimnis verwobene göttliche Seele,
Die einstmals, in frühester Zeit,
Die Göttergeschlechter erschuf
Und deren verborgenes Wesen ernähret . . .
Meine Strahlen erleuchten jedes auferstandene Wesen,
Das im finsteren Reiche der Toten
Durch verschiedene Wandlungen schreitet . . .
Und ihr, o Götter, vor Ra herschreitend,
Und all ihr anderen seines Gefolgs,
Die ihr mit ihm aufsteigt zur Höhe des Himmels,
Während Ra selbst, der Gebieter des Tempels,
Aufrecht stehend im göttlichen Boot,
Durch seiner Strahlen Licht das Leben erweckt,
Das Keimen bewirkt und das Reifen der Früchte,
Ihr alle, erfahret:
Ra bin ich, wahrlich!
Er dagegen, der Gott, bin ich!«[53]

Bei allen Unterschieden ist doch auffällig, daß der Tote sich hier ähnlich wie in der Christologie des Johannesevangeliums mit der Gottheit identifiziert, er nennt sie seinen Vater, sich selbst seinen Sohn; er vollendet gewissermaßen die Werke des Vaters; aber auch für die Lebenden wirkt er, fast klingt ein »ich lebe, und ihr sollt auch leben« hindurch; denn er ist »das

Heute der unzähligen Geschlechter«. Immer wieder kommt es zu den auch für das Johannesevangelium charakteristischen »Ich bin«-Prädikationen; diese kann er darum aussprechen, weil er zum Vater in den jenseitigen Bereich erhöht worden ist. »Ich und der Vater sind eins«, heißt es im Johannesevangelium (10, 30).

Beachtenswert ist in diesem Zusammenhang die Vermutung von Gottfried Klein, einem Rabbiner des Reformjudentums, der sich Gedanken über den Grund der Verurteilung Jesu gemacht hat. »Nach den Quellen soll diese wegen Blasphemie erfolgt sein. Nirgends aber ist zu lesen, worin diese Schmähung bestanden hat. Denn die Antwort, die Jesus dem Hohenpriester erteilt, konnte unmöglich von einem Juden zu Jesu Zeit als eine Schmähung des göttlichen Namens angesehen werden ... Wenn irgend etwas geeignet ist, die Geschichtlichkeit ... der Tatsache der Verurteilung in der Kreuzigung zu erhärten, so ist es die Unterredung Jesu mit dem Hohenpriester. Vorausgesetzt, daß diese richtig verstanden wird.« Klein weist nun auf Mischna Sukka IV,5 hin, wo »über die Prozession um den Altar am Hüttenfeste berichtet« wird: »Jeden Tag des Festes ging man in Prozession um den Altar, das Gebet sprechend: Ach, Gott, hilf doch! (Ps. 118,25). R. Jehuda sagt: Man betete ANI-WE-HU, hilf doch!«[54]

In diesem ANI-WE-HU findet Gottfried Klein »den ›verborgenen Gottesnamen‹, den Gott, nach der jüdischen Tradition, in der messianischen Zeit allen offenbaren wird. Ein Mischnahlehrer erklärt die Sache so: ANI-WE-HU = Ich und Er = Ich will sein wie Er. Wie Er barmherzig und liebevoll ist, so will auch ich barmherzig und liebevoll sein. Das ist der Inhalt des geheimgehaltenen Gottesnamens. Er birgt in sich das tiefste Geheimnis der Religion, die unio mystica, die Forderung, eins zu werden mit Gott. Dieses Geheimnis der Welt zu offenbaren, tritt Jesus auf. Wenn er aber das gewaltige, von den meisten mißverstandene Wort ausspricht: ›Ich und der Vater sind eins‹ (Joh. 10,30), so spricht er damit den Inhalt des verborgenen Gottesnamens Ani-We-Hu aus. Diese Lehre zieht sich besonders durch das ganze vierte Evangelium.«[55] Klein behauptet nun, »daß die Gegner Jesu eine in ihren Augen begründete Ursache hatten, Jesus der Sünde der Gotteslästerung zu bezichtigen. Denn wegen des Aussprechens des

›verborgenen Gottesnamens‹, wozu er nach ihrer Meinung kein Recht hatte, ist er als Lästerer behandelt worden. Und die Satzung über den Lästerer lautet in der Mischnah Sanhedrin VII,5: ›Der Gotteslästerer wird nur dann schuldig, wenn er den verborgenen Gottesnamen ausspricht ... Wird das Urteil gefällt ... erheben sich die Richter und zerreißen ihre Kleider und nähen die Risse nicht mehr zu.‹«[56]

G. Klein bezieht sich für die Unterredung mit dem Hohenpriester auf Markus 14,61. Dort heißt es: »Wiederum befragte ihn der Hohepriester und sagte zu ihm: Bist du der Christus, der Sohn des Hochgelobten? Jesus aber sagte: Ich bin es ...« Daraus zieht Klein mit Beziehung auf das zuvor Gesagte den Schluß: »Aller Wahrscheinlichkeit nach hat die Antwort im hebräischen Text gelautet: Ani-We-Hu. Zeuge dessen ist die Fortsetzung des Berichtes: ›Der Hohepriester aber zerriß seine Kleider und sagte: Was brauchen wir noch Zeugen! Ihr habt die Lästerung gehört.‹ Das Zerreißen der Kleider erfolgte aber nur beim Anhören des Gottesnamens, folglich hat Jesus diesen Namen ausgesprochen. So erhielt der Hohepriester einen scheinbaren Rechtsgrund für seine Verurteilung. Sein Zweck war erreicht: vor dem Volke war er gerechtfertigt und nun konnte Pilatus das weitere besorgen.«[57]

Es ist nun beachtenswert, daß die Antwort Jesu in Markus 14,61: »Ich bin es« im griechischen Urtext EGŌ EIMI = »Ich bin« lautet. Dem entspricht im Hebräischen ein Ani-Hu = Ich bin, aber auch: Ich – Er. Ani Hu ist nach Exodus 3,13–14 der am Sinai dem Mose geoffenbarte Gottesname: »Da sprach Mose zu Gott: Siehe, wenn ich nun zu den Israeliten komme und ihnen sage: ›Der Gott eurer Väter hat mich zu euch gesandt‹, und wenn sie mich fragen: ›welcher ist sein Name?‹ – was soll ich ihnen dann antworten? Gott sprach zu Mose: ›Ich bin, der ich bin.‹ Und er fuhr fort: So sollst du zu den Israeliten sagen: Der ›Ich bin‹ hat mich zu euch gesandt.« Der Gottesname »Ich bin« wird in Exodus 3 allerdings verbal (EHJE) ausgedrückt; das griechische EGŌ EIMI bewegt sich durch die Hinzufügung des Personalpronomens »Ich« (egō) schon in Richtung auf das Ani-Hu zu. In Ani-Hu = »Ich bin« = »Ich bin Er« = ist bereits die Aussage Ani-We-Hu implizit enthalten. Daß dem Johannesevangelium diese Implikation von Gottesnamen und Identifikation bewußt gewesen ist, zeigt Johannes 18,4.6: »Da ging Jesus, der alles wußte, was über ihn kommen würde, hinaus und sagte zu ihnen: Wen suchet ihr? Sie antworteten zu ihm: Jesus den Nazoräer. Er sagte zu ihnen: Ich bin (EGŌ EIMI) ... Als er nun zu ihnen sagte: Ich bin, wichen sie zurück und fielen zu Boden.« ANI-HU im Sinne von »Ich bin Er« klingt aber ganz wie eine Mysterienformel, in der sich der Myste mit der Kultgottheit identifiziert. Jesus hätte dann ein Geheimnis der Mysterieneinweihung im Prozeß vor dem Hohen Rat in die Öffentlichkeit getragen. Bedenkenswert ist auch, daß sich eine Umschreibung des ANI-HU bzw. ANI-WE-HU in der Bergpredigt findet: »Ihr aber seid nun vollkommen, wie euer himmlischer Vater vollkommen ist« (Matthäus 5,48). Und: »Werdet barmherzig, wie auch euer Vater barmherzig ist« (Lukas 6,36). Den Mysteriencharakter von ANI-HU bzw. ANI-WE-HU im Sinne der mystischen Identifikation bezeugt auch die oben angeführte Bezeichnung als »verborgener Gottesname«. (Die Formulierung im mystischen Sinne erinnert an die Identifikation des islamischen Mystikers Hallādsch: ANĀ'L-ḤAQQ: ich bin die Wahrheit, ich bin die Wirklichkeit. Diese Aussage, die ihm den Tod gebracht hat, erinnert nicht nur an Jesu Wort, sondern auch an Jesu Schicksal.) – Jüdische Überlieferung wirft übrigens Jesus vor, er habe mit dem geheimen Gottesnamen Magie getrieben. So heißt es in den Toledot-Jeschu: »Da verließ der Gottlose (= Jesus) Alexandria und verhüllte sein Gesicht mit seinem Mantel zu dem Zweck, daß man ihn nicht erkennen sollte. Er kam bis nach Jerusalem, ohne daß ihn jemand erkannte. Da ging er inmitten der Ankömmlinge in das Innere des Turms (= Tempel?). Dort war der Stein Schetijjah. Das ist der Stein, auf dessen Spitze unser Vater Jakob ›Friede sei mit ihm‹, Öl gegossen hat. In diesen Stein war der Gottesname eingemeißelt. Wer den lernte und sein Geheimnis (kannte), ihn danach in rechter Reihenfolge auf ein taugliches Pergament zu schreiben verstand und seinen Namen in seinem Busen hatte, der hatte es in seiner Hand, die Ordnungen zu zerstören, Tote aufzuerwecken und alles zu tun, was sein Herz begehrte. (Das alles) kam in seine Macht zu Ehren des heiligen und furchtbaren Namens, den er in seinem Busen trug.«[58] Hinter den polemischen Entstellungen halten sich wohl gute Erinnerungen an die Identifikation Jesu mit dem geheimen Gottesnamen! Nach

der Überlieferung befand sich der Stein Schetijjah im Aller-
heiligsten des Tempels. Er galt als der Grundstein, aus dem
die Welt erschaffen wurde[59]. Gottfried Klein vermutet als
Gottesnamen auf dem Stein: ANI-WE-HU[60]. Sollte das zutreffen, dann war ANI-WE-HU das zentrale Mysterium des Tempels, das durch das Allerheiligste vor jeder Öffentlichkeit geschützt war. Nur der Hohepriester, der einmal im Jahr ins
Allerheiligste gehen durfte, kannte es. Dann ist die Reaktion
des Hohenpriesters im Prozeß durchaus verständlich.

Der ägyptische Charakter des Johannesevangeliums, um
darauf zurückzukommen, ist, wie mir scheint, noch gar nicht
genügend erkannt und herausgearbeitet worden. Seine auffällige Nähe zur Gnosis, die unbestritten ist, wenn nicht gar sein
gnostischer Charakter überhaupt, weisen nach Ägypten; denn
die Gnosis zeigt deutlich eine ägyptische Denkweise, die man
ebenfalls noch nicht ausreichend beachtet hat. Die Lehre vom
Pleroma, von den aufeinander folgenden Äonen hat deutliche
Parallelen zu den ägyptischen Weltschöpfungsideen. Die Tatsache, daß der Geist Jesu erst nach seinem Tode, seiner »Erhöhung«, frei wird, wie das Johannesevangelium meint, paßt gut
zu den oben angedeuteten ägyptischen Vorstellungen vom Leben nach dem Tode. Die starke Vater-Sohn-Beziehung im Zusammenhang mit Tod und Auferstehung weist in die gleiche
Richtung.

Man unterschätzt generell den Einfluß des ägyptischen Geistes für die Bildung der christlichen Gedanken. Man spricht
viel vom Einfluß des griechischen Geistes. Aber Platon, der
hierfür in Frage kommt, war ägyptisch initiiert. Plotin war von
Haus aus Ägypter, die maßgeblichen Gnostiker waren Ägypter, Origenes und Athanasius, die für die Trinitätslehre so bedeutend sind, waren ebenfalls Ägypter. Warum konnten sie so
wirksam werden? Weil sie in erster Linie auf ein Evangelium
zurückgriffen, das in seinen Erlebnisgrundlagen wesentlich
ägyptisch ist, das Johannesevangelium.

Das Johannesevangelium ist das in seiner geistigen Erscheinungsform esoterische Evangelium. Äußerlich gesehen spricht
es alles aus und – verschweigt. Die johanneischen Aussagen
sind Leerformeln, deren eigentlichen Inhalt man auf nicht
weiter mitgeteiltem spirituellen Wege erhalten muß – Bultmann füllt sie mit Aussagen der Existentialstruktur und greift

zu kurz. Er bleibt damit auf halbem Wege stehen. Was er bietet, sind selbst wieder Leerformeln, die Leerformeln der fundamentalontologischen Analyse. Das kann nicht anders sein; denn die johanneischen Aussagen füllen sich erst im Zusammenhang mit einer Einweihung mit Gehalt. Und von einer solchen Einweihung berichtet das Johannesevangelium, ja sie steht im Mittelpunkt desselben: die Auferweckung des Lazarus.

Die Einweihung

Um die Bedeutung dieses Lazarus-Wunders zu erschließen, ist es von Interesse, auf einen fehlenden Teil des Markusevangeliums einzugehen, den Morton Smith 1958 in einem Kloster bei Jerusalem entdeckt hat. Er ist bezeugt in einem Brief, den Klemens von Alexandria in der Absicht schrieb, diesen Teil aus dem Markusevangelium zu entfernen, um den gnostischen Lehren der Karpokratianer entgegenzutreten. In diesem Schreiben des Klemens an seinen Schüler Theodorus heißt es unter anderem: »(Was nun) Markus betrifft, so schrieb er damals, als sich Petrus in Rom aufhielt, (einen Bericht über) die Taten des Herrn, *ohne jedoch alle auszuführen oder die geheimen zu erwähnen.* Statt dessen traf er eine Auswahl aus jenen, die er für die geeignetsten zur Unterweisung der Gläubigen hielt. Nachdem Petrus den Märtyrertod gestorben war, kam Markus nach Alexandria und brachte sowohl seine eigenen Aufzeichnungen als auch die des Petrus mit. *Von diesen Notizen übertrug er diejenigen in sein früheres Buch, die dienlich sein konnten, um auf dem Weg zur wahren Erkenntnis (Gnosis) Fortschritte zu machen. (Auf diese Weise) entstand ein überaus spirituelles Evangelium zum Gebrauch für jene, die ihrer Vervollkommnung entgegensahen. Dessenungeachtet enthüllte er aber weder die Dinge, die nicht bekannt gemacht werden durften, noch die hierophantische Lehre des Herrn. Vielmehr fügte er den schon vorhandenen Geschichten andere hinzu, die er überdies mit gewissen Aussprüchen versah, von denen er wußte, daß ihre Lektüre den Leser in der Art eines Mystagogen in das innerste Heiligtum jener Wahrheit führen würde, die von sieben (Schleiern) verhüllt wird ... Dieses Werk hinterließ Markus*

*nach seinem Tod der Kirche in Alexandria, wo es noch heute
aufs sorgfältigste gehütet und nur denen vorgelesen wird, die
bereits in die großen Geheimnisse eingeweiht sind.«*[61]

Nach diesen Mitteilungen hat Markus sein Evangelium in
Alexandria zu einem »geheimen« esoterischen Evangelium erweitert, das Mysteriencharakter hatte und streng unter das
Schweigegebot, wie es für Mysterien üblich war, gestellt wurde.
In diesem Zusammenhang spricht Klemens von der »hiero-
phantischen Lehre« des Herrn und meint, daß die Lektüre der
Hinzufügungen zu diesem spirituellen Evangelium »den Leser
in der Art eines Mystagogen in das innerste Heiligtum jener
Wahrheit führen würde, die von sieben Schleiern verhüllt
wird«. Das heißt zugleich, daß das gewöhnliche Markusevangelium einen verborgenen geheimen Sinn besitzt, der erst
durch diese Zusätze wie durch einen Mystagogen aufgeschlos-
sen wird. Hier trifft also für das Evangelium im ganzen zu, was
für die Gleichnisse im einzelnen gilt. Es hat eine exoterische
Form, der eine esoterische Bedeutung zugrunde liegt, die sich
erlebnis- und erkenntnismäßig erst durch die Einweihung erschließt. Dahinter liegt dann ein noch tieferes Geheimnis, das
in schriftlicher Form überhaupt nicht mitgeteilt werden durfte.
So wird man die Bemerkung verstehen müssen, daß das »geheime« Evangelium trotz der genannten Eigenschaften weder
die Dinge, die nicht bekanntgemacht werden durften, noch
die hierophantische Lehre des Herrn enthüllte. Das Evangelium ist so in einem doppelten Sinn in einen Mysterienzusam-
menhang eingebettet, der nur denen, die ihrer Vervollkommnung entgegensahen, also der Gruppe der Vollkommenen (té-
leioi), erschlossen wurde. Die Geheimhaltung des geheimen
Evangeliums war so streng, daß, wie Klemens schreibt, selbst
unter Eid geleugnet werden müsse, daß es von Markus stam-
me: denn »nicht alles Wahre muß allen Menschen mitgeteilt
werden«[62]. Das heißt in diesem besonderen Fall: Man hatte
die Autorschaft des Markus vor den Karpokratianern, die das
»geheime« Evangelium offenbar kannten und sich darauf be-
riefen, gegen besseres Wissen zu verleugnen.

Klemens teilt nun folgende Textstelle mit, die an Markus
10,34 anschloß: »Sie kamen nach Bethanien, wo eine Frau auf
sie zutrat, deren Bruder gestorben war. Sie warf sich vor Jesus
nieder und sagte zu ihm: Sohn Davids, erbarme dich meiner!

Die Jünger wiesen sie jedoch zurück. Darüber war Jesus sehr erzürnt, und er ging mit der Frau dorthin, wo ihr Bruder begraben lag. Plötzlich hörte man einen lauten Schrei aus dem Grab. Jesus trat näher, rollte den Stein vom Eingang des Grabes hinweg und ging hinein. Er ergriff die Hand des Jünglings und richtete ihn auf. Dieser aber liebte Jesus vom ersten Augenblick an und flehte ihn an, mit ihm gehen zu dürfen. Gemeinsam verließen sie das Grab und begaben sich in das Haus des Jünglings, denn er war reich. Nach sechs Tagen sagte ihm Jesus, was er tun solle. Am Abend dieses Tages kam der Jüngling zu Jesus, nur mit einem leinenen Tuch bekleidet. Er blieb diese Nacht bei ihm, und Jesus lehrte ihn das Geheimnis des Reiches Gottes. Dann verließ er den Ort und kehrte auf die andere Seite des Jordans zurück.«[63]

Lincoln/Baigent/Leigh urteilen zunächst darüber, diese Episode sei »mit der Auferweckung des Lazarus im Johannesevangelium identisch. Mit Ausnahme von einigen Abweichungen zeigen die beiden Texte den gleichen Handlungsablauf. So ist in der hier zitierten Version im Gegensatz zu Johannes ein ›lauter Schrei‹ zu hören, noch bevor Jesus den Stein vom Eingang des Grabes weggerollt oder den Jüngling aufgefordert hat, die Grabstätte zu verlassen. Daraus könnte man schließen, daß der junge Mann gar nicht tot war, wodurch der Vorgang jeglicher Wundertätigkeit entkleidet würde. Zudem scheint es bei der Lazarusgeschichte um mehr zu gehen, als die anerkannten Berichte vermuten lassen. Ohne Zweifel deutet der Inhalt des obigen Zitats auf eine besondere Beziehung hin zwischen dem ›Toten‹ und demjenigen, der ihn wieder ›zum Leben erweckte‹.«[64] Morton Smith, der Entdecker dieser Überlieferung, vertritt diesbezüglich die Ansicht, »daß es in diesem Text von Markus vorrangig gar nicht um die Geschichte des Lazarus gehe, sondern daß darin eine Initiation zu sehen sei, ein symbolisches Ritual von Tod und Wiedergeburt, wie es in den verschiedensten Formen zu jener Zeit im Nahen Osten praktiziert wurde«[65].

Es ist allgemein anerkannt, daß das Johannesevangelium über genauere chronologische und topologische Kenntnisse verfügt als die synoptischen Evangelien. Darüber hinaus sagt Dodd mit Recht: »Hinter dem vierten Evangelium steht eine alte, von den anderen Evangelien unabhängige Überlieferung.«[66] Dem Johannesevangelium entnehmen wir, daß Jesus von Anfang an in Judäa, ja in Jerusalem tätig war. Bethanien ist von daher nicht ein Ort, den Jesus nur gelegentlich seines letzten und einzigen Aufenthalts in Jerusalem streifte, wie es die Synoptiker darlegen, sondern ein Zentrum, von dem aus Jesus in Palästina hinein wirkte und auch öfter nach Jerusalem kam. Dies tritt deutlich hervor, wenn wir die Angaben in den Evangelien, die auf Bethanien als Aufenthaltsort Jesu verweisen, zusammenstellen.

In den Zusammenhang mit Bethanien als Zentrum des Wirkens Jesu gehört die Frage, ob Jesus verheiratet gewesen ist. Dort wäre dann der Wohnort seiner Frau und seiner möglichen Nachkommenschaft gewesen, Zusammenhänge, über die die Überlieferung nicht nur schweigt, sondern die sie bewußt unterdrückt. Alle Hinweise, die wir aus einer kritischen Prüfung der kanonischen und darüber hinaus der apokryphen Überlieferung gewinnen, sprechen dafür, daß Maria Magdalena (Maria aus Magdala in Galiläa) die Frau Jesu gewesen ist. Ich folge den Argumentationen von Lincoln/Baigent/Leigh. Sie weisen darauf hin, daß Jesus den Zölibat nicht gepredigt habe, es wäre darum seltsam, wenn er selbst darin gelebt haben sollte. Außerdem war es für einen jüdischen jungen Mann obligatorisch, in der Ehe zu leben. Ehelosigkeit wurde verurteilt. Eine Ausnahme bildeten nur bestimmte Essenergemeinden. Wäre Jesus unverheiratet gewesen, dann wäre das eine so auffällige Abweichung von der Norm gewesen, daß sie von der Überlieferung ausdrücklich hätte bemerkt werden müssen. »Wenn also in den Evangelien jeder Hinweis auf eine Eheschließung Jesu fehlt, so ist das ein wichtiges Argument nicht gegen, sondern für eine hypothetisch angenommene Ehe (Charles Davis).«[67] Da Jesus den Titel Rabbi führte, ist zu beachten, daß nach dem jüdischen Gesetz der Mischna ein unverheirateter Mann kein Lehrer sein konnte. – Es sei schließlich nicht unmöglich, daß die Schilderung der Hochzeit von Kana eine Umgestaltung von Jesu eigener Hochzeit ist. Auffällig ist dort die Anwesenheit der Mutter und daß sich Jesus auf dem Fest ganz nach Art eines Gastgebers benimmt.

Im Blick auf Maria Magdalena schreiben Lincoln/Baigent/ Leigh: »In den Büchern des Matthäus und Markus tritt sie namentlich erstmals zum Zeitpunkt der Kreuzigung Jesu in

Erscheinung und wird dem Kreis seiner Jünger zugerechnet. Bei Lukas gehört sie zu jenen Frauen, die Jesus bei seinem Wirken in Galiläa begleiteten und mit ihm nach Judäa zogen. Allein diesen wenigen Hinweisen ist schon zu entnehmen, daß Maria Magdalena verheiratet gewesen sein muß, war es doch im Palästina jener Zeit einfach undenkbar, daß eine ledige Frau unbegleitet umherreiste oder gar zum Gefolge eines durch die Lande ziehenden Rabbi gehörte.«[68] Die Vorstellung, daß Maria Magdalena eine Dirne war, wird durch die Evangelien nicht gedeckt. Es heißt nur, daß Jesus aus ihr sieben Dämonen ausgetrieben habe, was einer Heilung durch Exorzismus entspricht. »Maria Magdalena war alles andere als eine ›gewöhnliche Dirne‹, sondern vielmehr eine begüterte Frau, die mit der Gattin eines hohen Beamten am Hofe des Herodes befreundet war.«[69] Sie ist offenbar die Frau, die Jesus die Füße salbte (Johannes 12,3), ein Ritual von hohem symbolischem Rang, aus dem folgt, »daß Jesus erst aufgrund der Salbung zum echten Messias wurde und daß die Frau, die ihn in diese Würde erhob, kaum eine Randfigur gewesen sein kann«[70]. Die Köstlichkeit und Menge des Salböls, die ausdrücklich hervorgehoben werden, setzen Reichtum voraus. »Das Ansehen, das Maria Magdalena am Ende von Jesu öffentlichem Wirken genoß, kann gar nicht hoch genug eingeschätzt werden. In den drei synoptischen Evangelien wird ihr Name stets an erster Stelle von allen Frauen genannt, die den Meister auf seinen Reisen begleiteten.«[71] Sie ist es, die mit anderen Frauen das leere Grab entdeckt; ihr erscheint der Auferstandene zuerst.

Wir haben im Zusammenhang mit der Salbungsgeschichte bereits die Identität von Maria Magdalena mit Maria von Bethanien vorausgesetzt. Diese spielt im Johannesevangelium eine bedeutende Rolle als Schwester des Lazarus und der Martha. »Sie und ihre Familie waren offenbar näher mit Jesus bekannt. Ihr Reichtum ermöglichte es ihnen, in einem eleganten Vorort von Jerusalem ein Haus zu bewohnen, das groß genug war, um Jesus und alle seine Jünger aufzunehmen. Zu diesem Haus gehörte eine Grabgruft – ein außergewöhnlicher Luxus in jenen Tagen und gleichzeitig ein Statussymbol, das sich nur die allerwenigsten leisten konnten.«[72]

Als Jesus nach Bethanien kommt (Johannes 11,20 ff.), läuft ihm Martha entgegen, um ihm nicht ohne Vorwurf den Tod des Bruders zu melden, Maria aber bleibt im Haus. Letzteres »wäre damit zu erklären, daß sie nach jüdischem Brauch Schiveh saß, das heißt, daß sie sieben Tage um den toten Lazarus trauerte. In diesem Fall wäre es ihr vom jüdischen Gesetz her untersagt gewesen, das Haus zu verlassen, es sei denn, ihr Gatte hätte sie ausdrücklich dazu aufgefordert. Insofern entspricht das Verhalten Jesu und Marias von Bethanien vollkommen dem Betragen eines jüdischen Ehepaars, wie es ihnen die Konventionen vorschrieben.«[73] Auch die Maria-Martha-Erzählung in Lukas 10,38–42 läßt auf eine mögliche eheliche Verbindung zwischen Jesus und Maria schließen. Marthas Bitte an Jesus, er möge von Maria verlangen, daß sie ihr bei der Hausarbeit helfe, »läßt vermuten, daß dieser eine gewisse Autorität über Maria besitzt. Seine höchst bemerkenswerte Antwort würde man in jedem anderen Zusammenhang als Hinweis auf ein eheliches Verhältnis deuten.«[74]

Maria und Maria Magdalena sind ein und dieselbe Person. Maria von Magdala (Magdalena) heißt sie, wenn sie im Zusammenhang mit anderen Frauen, die Maria heißen, genannt wird. Wenn man in frühchristlicher Zeit von Maria sprach, dachte man in erster Linie an Maria Magdalena, nicht an die Mutter Jesu. Die mittelalterliche Kirche identifizierte Maria Magdalena und Maria von Bethanien. »Wenn beide Frauen ein und dieselbe Person sind, würde das die Abwesenheit Marias von Bethanien bei der Kreuzigung erklären.«[75] Maria war zugleich die Schwester des Lazarus (Johannes 11,1–2). »Wenn Jesus also tatsächlich verheiratet gewesen sein sollte, dann nur mit dieser Frau, die in den Evangelien wiederholt genannt wird und unter drei verschiedenen Namen beziehungsweise Rollen auftritt.«[76] Unter den genannten Voraussetzungen war Lazarus der Schwager Jesu.

Das Neue Testament sagt nichts über die Herkunft Maria Magdalenas. Nach späteren Legenden soll sie königlicher Abstammung gewesen sein oder dem Stamm Benjamin angehört haben. Eine deutlichere Sprache sprechen die gnostischen Evangelien der Nag-Hammadi-Sammlung über das Verhältnis Jesu zu Maria Magdalena. »Im *Marienevangelium* zum Beispiel wendet sich Petrus wie folgt an Maria Magdalena: ›Schwester, wir wissen, daß der Erlöser dich mehr liebt als die anderen Frauen. Wiederhole uns die Worte des Erlösers, die du in Erinnerung behalten hast, die du kennst, und wir nicht.‹«[77] Maria Magdalena ist, wie es scheint, in besonderem Maße die Trägerin der esoterischen Überlieferung. Diese Bevorzugung einer Frau entrüstet Petrus, der die anderen Jünger in diesem Sinne fragt: »Hat er wirklich unter vier Augen mit einer Frau gesprochen und nicht offen mit uns? . . . Hat er sie uns vorgezogen?« Worauf einer der Jünger antwortet: »Sicher kennt der Erlöser sie gut. Darum liebt er sie mehr als uns.«[78] Das *Evangelium des Philippus* spricht davon: »Es waren drei, die stets mit dem Herrn wandelten: Maria, seine Mutter, ihre Schwester und Maria Magdalena, die man seine Gefährtin nannte.«[79] Das Wort »Gefährtin« hat hier wohl den Sinn von »Gattin«. Schließlich heißt es in diesem Evangelium: »Maria Magdalena ist die Gefährtin des Erlösers. Christus liebte sie mehr als alle Jünger und pflegte sie oft auf den Mund zu küssen. Die Jünger nahmen daran Anstoß und drückten ihre Mißbilligung aus. Sie sagten zu ihm: ›Warum liebst du sie mehr als uns alle?‹ Der Erlöser antwortete: ›Warum liebe ich euch nicht so wie sie?‹«[80] Küssen einer Frau, auch der Ehefrau in der Öffentlichkeit, war für die damalige Gesellschaft ungewöhnlich. Dabei muß man aber noch bedenken, daß dem Kuß Jesu hier eine mystische Bedeutung zukommt. Das Hohelied Salomos beginnt mit den Worten: »Er küsse mich mit dem Kusse seines Mundes; denn deine Liebe ist köstlicher als Wein!« Das Hohelied ist ein Teil der geheimnisvollen Weisheitsliteratur und bringt die heilige Hochzeit zum Ausdruck. Der messianische König teilt seiner Gefährtin im mystischen Kuß sein Innerstes mit. In unmittelbarer Nähe zu dieser Stelle spricht Jesus davon, daß das Mysterium der Ehe groß sei, wie überhaupt dieses Evangelium im ganzen vom Geheimnis von Braut und Bräutigam, der heiligen Hochzeit und dem Sakrament des Brautgemachs durchzogen ist. In den *»Großen Fragen der Maria«*, gemeint ist Maria Magdalena, wird davon berichtet, wie Jesus ihr Offenbarungen vermittelt habe: »Er habe sie beiseite genommen auf den Berg, gebetet und eine Frau aus seiner Seite hervorgebracht und begonnen, sich mit ihr zu vereinigen.«[81] Jesus bringt aus sich das Urbild der Frau hervor, deren irdisches Abbild Maria Magdalena ist, um sich mit ihr zu vereinigen. Die Vorstellung weist sicher auf 1. Mose 2,21 f. zurück, wonach Eva, die »Mutter der Lebendigen«, aus der Seite

Adams genommen worden ist. Der Gedanke ist wohl, daß Jesus und Maria Magdalena den zweiten spirituellen Adam und die zweite spirituelle Eva abbilden, wobei die Vorstellung von Maria Magdalena als Abbild der Sophia nicht fernliegt.

Lazarus war der Bruder der Maria Magdalena und damit zugleich der Schwager Jesu. Aber das nicht allein, er war auch der »Lieblingsjünger«, »der Jünger, den Jesus liebte« und damit auch der Verfasser des Johannesevangeliums. Nach antikem Brauch stellte er sich in dieser Eigenschaft sogleich zu Eingang der Geschichte seiner Auferweckung durch Jesus vor. Es heißt dort: »Es war aber einer krank, Lazarus von Bethanien« (ēn de tis asthenōn, Lázaros apo Bēthanías, Johannes 11,1). Das ist ganz die Art, wie sich in der Antike ein Autor zugleich nannte und versteckte. Das zeigt der Vergleich mit Xenophon, der sich in der Anabasis wie folgt vorstellt und versteckt: »Es war aber einer in dem Heer, Xenophon, ein Athener« (ēn de tis en tē stratiā Xenophōn Athēnaios; III,1,4). Einen Hinweis auf die Identität von Lazarus und dem »Lieblingsjünger« bildet der Umstand, daß von diesem zum ersten Mal nach der Auferweckung des Lazarus gesprochen wird: »Es lag aber einer von seinen Jüngern im Schoße Jesu, den Jesus liebte« (Johannes 13,23). Diese Formulierung ist auch darum merkwürdig, weil sie deutlich auf den Johannesprolog zurückweist. Dort heißt es: »Gott hat niemand je gesehen, der einzige Sohn« (gemeint ist der ewige Logos), »der im Schoße des Vaters ist, der hat es kundgemacht« (Johannes 1,18). Über den »Lieblingsjünger« setzt sich also die Offenbarung der göttlichen Tiefe durch den Logos fort. Aus diesen Zusammenhängen ist das Johannesevangelium das authentischste unter den vier kanonischen Evangelien. In diesen Zusammenhang gehört noch eine weitere Überlegung: In Johannes 1,35 ff. ist von zwei Jüngern Johannes des Täufers die Rede, die als erste Jesus nachfolgten, aber nur einer wird mit Namen genannt, während der andere in der Anonymität verbleibt, ja aus dem Blickfeld verschwindet. Dies könnte ein versteckter Hinweis auf den Lieblingsjünger sein, der erst später wieder ins Blickfeld treten soll. Gleichzeitig würde die Stelle deutlich machen, daß der Verfasser des Johannesevangeliums aus dem Täuferkreis hervorgegangen ist. Nach Johannes 1,28 war Bethanien der Ort der Taufe Jesu und der Begegnung mit den beiden ersten Jüngern. Der ungenannte Jünger ist wahrscheinlich in Bethanien geblieben. Als Lieblingsjünger nimmt er die Botschaft Jesu und Johannes des Täufers wieder auf. Darin könnte der Grund liegen, warum er sich nach seiner »Auferweckung« Johannes nannte, wie er uns in der Überlieferung und in der Bezeichnung seines Evangeliums vorgestellt wird.

Bereits zu Beginn des Jahrhunderts hat Rudolf Steiner in seiner Schrift »Das Christentum als mystische Tatsache und die Mysterien des Altertums«[82] die johanneische Wundergeschichte von der »Auferweckung des Lazarus« als eine verschlüsselte Einweihung desselben in die Mysterien durch Jesus erkannt. Jesus, so haben wir bereits ausgeführt, unterhielt in Bethanien eine Mysterienschule, in der er einen Teil seiner Jünger einweihte und mit seiner esoterischen Lehre vom Reich Gottes vertraut machte. Dieses geschah auf geheimnisvolle Weise im Verborgenen. Die Einweihung des Lazarus aber vollzog er in voller Öffentlichkeit. Dies hing mit der Absicht Jesu zusammen, den Kreuzestod zu sterben. Es bestand für Jesus ein fester Zusammenhang zwischen der Einweihung des Lazarus und dem Gang zum, wie Steiner es ausdrückt, »Mysterium von Golgatha«. Das Lazarus-Wunder bildet den Mittelpunkt des Johannesevangeliums. Es stellt geradezu den Schlüssel zu seinem Verständnis dar. Jesus hatte, wenn man das »Wunder« in eine Initiation zurückübersetzt, Lazarus nach Art der alten Einweihungen in einen dreitägigen schlafartigen Zustand versetzt. Genauer ausgedrückt: Jesus vermittelte dem Eingeweihten ein Todesnähe-Erlebnis, durch das er in den Bereich der geistigen Welt eindrang. Nach Ablauf dieser Zeit rief ihn Jesus zurück. »Man kann in den Worten ›Lazare, komm heraus‹ den Ruf wieder erkennen, mit dem die ägyptischen Priester-Initiatoren diejenigen wieder ins Leben des Alltags zurückriefen, welche, um dem Irdischen abzusterben und die Überzeugung von dem Dasein des Ewigen zu gewinnen, sich den weltentrückenden Prozessen der ›Einweihung‹ unterzogen.«[83] Steiner macht zugleich auf den Unterschied aufmerksam, wenn er fortfährt: »Aber Jesus hatte damit das Mysteriengeheimnis geoffenbart.«[84] »Es kam Jesus darauf an, in der Lazarus-Initiation vor alles ›Volk, das umherstehend‹ war, einen Vorgang hinzustellen, der im Sinne alter Priesterweisheit

175

nur in der Verborgenheit des Mysteriums sich vollziehen durfte. Diese Initiation sollte zum Verständnis des ›Mysteriums von Golgatha‹ vorbereiten.«[85] Das Johannesevangelium läßt auf die Handlung Jesu den Todesbeschluß des Hohen Rates folgen. Dieser, so Steiner, sei unausweichlich gewesen, da Jesus die Mysteriengeheimnisse verraten habe, worauf im ganzen Altertum die Todesstrafe stand.

Bedeutsam ist in diesem Zusammenhang die Deutung, die Steiner den Worten Jesu gibt: »Ich bin die Auferstehung und das Leben. Wer an mich glaubt, der wird leben, ob er gleich stürbe« (Johannes 11,4 f.) und der Aussage, die Krankheit des Lazarus sei nicht zum Tode, sondern zur Ehre Gottes, daß der Sohn Gottes dadurch geehrt werde. Steiner führt aus: »Sofern kommt Leben und Sinn in Jesu Worte, wenn wir sie als den Ausdruck eines geistigen Ereignisses und dann in gewisser Weise sogar *wörtlich* so verstehen, wie sie im Texte sind. Jesus sagt doch: Er sei die Auferstehung, die an Lazarus geschehen ist; und er sei das *Leben*, das Lazarus lebt. Man nehme doch *wörtlich*, was Jesus im Johannes-Evangelium ist. Er ist das ›Wort, das Fleisch geworden ist‹. Er ist das Ewige, das im Urbeginne war. Ist er wirklich die Auferstehung: dann ist das ›Ewige, Anfängliche‹ in Lazarus auferstanden. Man hat es also mit einer Auferstehung des ewigen ›Wortes‹ zu tun. Und dieses ›Wort‹ ist das Leben, zu dem Lazarus auferweckt worden ist. Man hat es mit einer ›Krankheit‹ zu tun. Aber mit einer Krankheit, die nicht zum Tode führt, sondern die zur ›Ehre Gottes‹, das ist zur Offenbarung Gottes dient. Ist in Lazarus das ›ewige Wort‹ auferstanden, dann dient wirklich der ganze Vorgang dazu, den Gott in Lazarus erscheinen zu lassen. Denn Lazarus ist durch den ganzen Vorgang ein anderer geworden. Vorher lebte nicht das ›Wort‹, der Geist, in ihm; jetzt lebt dieser Geist in ihm. Dieser Geist ist in ihm geboren worden. Gewiß ist doch mit jeder Geburt eine Krankheit, die Krankheit der Mutter, verknüpft. Aber diese Krankheit führt nicht zum Tode, sondern zu neuem Leben. Bei Lazarus wird dasjenige ›krank‹, aus dem der ›neue Mensch‹, der vom ›Wort‹ durchdrungene Mensch geboren wird.«[86] »Lazarus ist ein anderer geworden, als er vorher war. Er ist zu einem Leben erstanden, von dem das ›ewige Wort‹ sagen konnte: ›Ich bin dieses Leben.‹ Was also ist mit Lazarus vorgegangen? Es ist der Geist in ihm lebendig geworden. Er ist des Lebens teilhaftig geworden, das ewig ist.«[87] – Die Worte Jesu: »Ich bin die Auferstehung und das Leben« sind eine andere Formulierung des ANI-WE-HU. Der Myste identifiziert sich auf höchster Stufe der Initiation mit der Gottheit, in die er auferstanden ist und in der er lebt. »Wir werden Gott gleich sein« (1. Johannes 3,2): ANI-WE-HU. Was in der Mysterieneinweihung erlebt wird, ist die Zielbestimmung nicht nur Jesu, sondern jeglicher menschlichen Existenz. In der Initiation wird der Mensch auf einer höheren, ja der höchsten Stufe erlebt.

»An Lazarus«, so führt nun Steiner weiter aus, »hat Jesus im Sinne uralter Traditionen das große Wunder der Lebensverwandlung vollbracht. Damit ist das Christentum an die Mysterien angeknüpft. Lazarus war durch den Christus Jesus selbst ein Eingeweihter geworden. Er war dadurch fähig geworden, sich in die höheren Welten zu erheben ... Er war durch seine Einweihung fähig geworden, zu erkennen, daß das in ihm lebendig gewordene ›Wort‹ in dem Christus Jesus Person geworden war, *daß also in sinnlicher Persönlichkeitserscheinung in seinem Erwecker dasselbe vor ihm stand, was geistig in ihm offenbar geworden war.*«[88] Wenn Jesus das eigene Wesen in dem Menschen erweckt, wird dieser zum Mysten. Zu diesem Sinn führten die Mysterien hin. »Er ist das lebendige Wort; in ihm ist Person geworden, was uralte Tradition war. Und der Evangelist darf das mit dem Satz aussprechen: in ihm ist das Wort Fleisch geworden. Er darf in Jesus selbst ein *verkörpertes Mysterium* sehen. Und ein Mysterium ist deshalb das Evangelium des Johannes ... Hätte es ein alter Priester geschrieben: er hätte von einem traditionellen Ritus erzählt. *Dieser Ritus wird für Johannes Person. Er wird zum ›Leben Jesu‹.*«[89]

Das Mysteriengeheimnis des Kreuzes und das Kreuz von Golgatha

Das Hängen an dem Holz

Das Kreuz als Ursymbol konnte der Geheimlehre Jesu nicht fehlen; es ist nicht erst ein Reflex der Kreuzigung Jesu auf Golgatha, sondern ein Grundbestand aller Einweihungslehren. Darum spricht Jesus davon, daß jeder sein eigenes Kreuz auf sich nehmen müsse (Matthäus 10,38). Das Kreuz stellt den vollständigen, den integren Menschen dar und zugleich den, der daran hängt. Der Mensch besteht gleichsam aus zwei Menschen, dem Menschen in seiner Gottbildlichkeit und dem Schattenmenschen, den jeder mit sich herumführt. Nichts ist dem Menschen schwieriger, als seinen Schatten anzunehmen und auszuhalten. Wo der Mensch seinen Schatten, die ihm anhaftenden Minderwertigkeiten, Dunkelheiten, Schwächen und ihm selbst unbegreiflichen Bereitschaften, sich tief unter seinem Niveau zu verhalten, wahrnimmt, möchte er sie verdrängen. Zumeist projiziert er sie unbewußt auf seine Mitmenschen und verfolgt sie an ihnen. Seinen Schatten auszuhalten, anzunehmen, sich ans Kreuz seines Schattens schlagen zu lassen ist die Voraussetzung dafür, daß der andere, der höhere Mensch hervortritt und aufersteht. Der neue, der künftige, der göttliche Mensch, der Mensch von oben muß die Kreuzigung in diesem Sinne wie eine Stufe durchlaufen, um sich aus der Kontamination mit dem Schatten zugleich zu befreien und ihn anzunehmen. Die Formel Luthers vom gerechtfertigten Zustand des Menschen als simul iustus ac peccator (zugleich ein Gerechter und ein Sünder) bringt den gleichen Zusammenhang zum Ausdruck. Der gekreuzigte Mensch befindet sich also zwischen einer inflationären Identifikation mit dem höheren oder göttlichen Menschen und einer unbewußten Vermischung von hellen und dunklen Antrieben seines Handelns. Die Kreuzigung ist das Aushalten der Analyse, daß ich zwei Menschen bin, die aneinander geheftet sind.

Im Sinne einer Mysterienerkenntnis hat Rudolf Steiner diesen Sachverhalt deutlich herausgestellt, wenn er im Zusammenhang mit der Wotan-Einweihung dazu Stellung nimmt. Wotan war ja auch ein Gekreuzigter, der seine Weisheit seinem Hängen am Holz verdankt. Von Wotan heißt es in der Edda:

Ich weiß, daß ich hing am windigen Baum
Neun Nächte lang,
Mit dem Ger verwundet, geweiht dem Odin.
Ich selbst mir selbst,
an jenem Baum, da jedem fremd,
aus welcher Wurzel er wächst.
Sie spendeten mir nicht Speise noch Trank;
nieder neigte ich mich,
nahm die Runen, nahm sie rufend auf;
nieder dann neigt ich mich.
Neun Hauptlieder lernt ich vom hehren Bruder
der Bestla, dem Bölthornsohn;
von Odrörir, dem edelsten Met,
tat ich einen Trunk[1].

Hans Gsänger erläutert den Gesang: »Odin schildert mit diesen Worten seine Einweihung durch neun lange Nächte, hängend am windigen Baum. Odrörir heißt ›Geisterreger‹. Es ist
der Weisheitstrank, der die Dichtergabe verleiht. Bölthorn ist
der Unheilsdorn, Odins Großvater. Bölthornsohn ist Mimir,
der Hüter des Met. Bestla ist eine Riesin, die Mutter Odins.
Ohne Zweifel stellt das Runenlied einen Initiationsritus dar,
und Odin als der wichtigste Gott am Beginn der germanischen
Entwicklung leitet diese Initiation selbst ein. An die Stelle des
dreieinhalbtägigen Initiationsschlafes der orientalischen My-
sterienstätten trat bei den alteuropäischen Mysterien das Hängen am Holz.«[2]
Steiner schreibt dazu: »Und wie wurde Wotan der große
Lehrer der Vorzeit? Gar nicht anders als andere Eingeweihte
in den andern Geheimlehren. In allen Geheimlehren gibt es
Eingeweihte. Heute erleben diese genau dasselbe wie damals,
indem sie über ihr niederes Ich hinauswachsen, den geistigen
Wesenskern in sich entwickeln und in diesem Leben schon
Bürger einer höheren Welt werden. Zu gleicher Zeit aber wird
uns klargemacht, daß in einer gewissen Stunde die ganze niedere Natur vor sie hintritt. In jedem Menschen ist eine Summe
von Leidenschaften, Begierden und Wünschen, die seiner niederen Natur anhängen. Aus alledem muß der Mensch erst
heraus. Dann tritt es wie eine Wesenheit vor ihm auf. Steigt
der Mensch hinauf in seine höhere Natur, dann ist seine niede-

re Natur wie etwas, was außer ihm ist, während er sonst drinnensteckt in den Trieben, Begierden und Leidenschaften ... Man nennt diese abgelöste Wesenheit den Hüter der Schwelle.« (Was C. G. Jung den Schatten nennt, nennt Steiner den Hüter der Schwelle.) »Als eine Wesenheit steht neben dem Menschen seine niedere Natur, und er muß sich einmal sagen: Das bist du! Das mußt du ablegen! – Das nennt man bei allen Einweihungen die Höllenfahrt. Man hat da Genosse zu werden der höllischen Mächte, hinunterzusteigen in die Tiefen der Welt, weil der Mensch einfach drinnensteckt und seine höhere Natur nur halb in ihm lebt. Den Hüter der Schwelle nennt man diese Wesenheit, weil die Menschen, die sich nicht Mut und Geistesgegenwart aneignen, nicht darüber hinauskommen. Diejenigen, welche diese Schwelle überschritten haben, nennt man Eingeweihte. Stufenweise macht der Mensch die Entwicklung durch. Es wird zunächst eine Stufe überwunden, auf der der Mensch seine niedere Natur gewahr wird. Während er sonst drinnensteckt, sich mit ihr identifiziert, tritt sie jetzt wie etwas anderes ihm gegenüber, so wie der Tisch jetzt vor mir steht. *Diese Stufe nennt man in allen Einweihungen die Kreuzigung oder das Hängen an dem Holz.* Der Mensch wird gekreuzigt in seinem eigenen Leib, weil der ihm so gleichgültig ist wie ein äußeres Kreuz, an das er festgenagelt ist. Hat der Mensch diese Stufe überwunden, dann steigt er höher hinauf. Er ist dann weise geworden. Ihn nennt man mit einem sinnbildlichen Ausdruck ›Schlange‹, aus demselben Grunde, weil überhaupt die Schlange das Symbol der Weisheit ist. Da trinkt er aus den Quellen der Weisheit in der Welt.«[3] – Letzteres erinnert eigenartig an Johannes 3,14 f.: »Und wie Mose in der Wüste eine Schlange erhöht hat, also muß der Menschensohn erhöht werden, auf daß alle, die an ihn glauben, nicht verloren werden, sondern das ewige Leben haben.«

Jesus hat die Mysterieneinweihung des Lazarus in die Öffentlichkeit hineinverlegt. Sie sollte das Interpretament sein für seinen Gang nach Golgatha. In Johannes 10,17 f. sagt Jesus: »Deswegen liebt mich der Vater, weil ich mein Leben hingebe, damit ich es wieder nehme. Niemand nimmt es mir weg, sondern ich lege es von mir aus ab. Ich habe Macht, es abzulegen, und ich habe Macht, es wiederum zu nehmen.« Jesus verfügt über seinen spirituellen Leib. Er kann ihn in der

Verklärung vor seinen eingeweihten Jüngern zur Erscheinung bringen, er kann aus ihm heraus mit himmlischem Brot ernähren, er kann ihn seinen in Seenot befindlichen Jüngern vom entfernten Ort aus entgegensenden. Jesus weiß, daß er am Kreuz sein Leben in den Tod geben und seinen geistigen Leib aus dem Tode nehmen und, analog den erwähnten Beispielen, vor seinen Jüngern sichtbar machen kann in den Erscheinungen des Auferstandenen. Was Jesus an Lazarus vollzogen und dargestellt hat, wird er an sich selbst vollziehen und darstellen. Die äußeren Mächte, die daran mitwirken, mit Einschluß der Macht der Finsternis, sind nur Werkzeuge. In Jesus wird der ewige Logos die Auferstehung und das Leben sein. Jesus ist der Initiator und der Initiand. Das Mysteriengeheimnis ist damit in die Öffentlichkeit des Lebens Jesu gelegt. So will die Botschaft des Johannesevangeliums verstanden werden, und das ist die Botschaft Jesu selbst; denn der Verfasser dieses Evangeliums hat im Schoße Jesu geruht wie der Logos im Schoße des Vaters, des in alles ergossenen Weltgrundes.

Man darf sich die Frage stellen, ob vor dem geistigen Auge Jesu von Anfang an die Veröffentlichung des Mysteriengeheimnisses am Kreuz von Golgatha gestanden hat. Wahrscheinlicher ist, daß Jesus sich zu dieser Entscheidung durchrang, nachdem sein Auftritt in Jerusalem als Messiasprätendent gescheitert war. Das Gethsemane-Ereignis könnte auf dieses Ringen zurückweisen. Der Einzug in Jerusalem macht ganz den Eindruck einer geplanten Unternehmung Jesu, sich dem Volk als Messias Israels darzustellen. Jesus muß deutlich geworden sein, daß die Römer mit ihm wie mit einem Aufständischen (Zeloten) verfahren werden. Damit stand das äußere Kreuz vor seinen Augen. Jesus muß den Entschluß gefaßt haben, seine äußerlich aussichtslose Sache in ein ungeheures Symbol zu verwandeln, wodurch das Kreuz als Ursymbol und zentrales Einweihungserlebnis in die Mitte der Menschheitsgeschichte hineingepflanzt wurde. Jesus tut daher auch alles, um dem Kreuz nicht zu entgehen, das ihn in das Bild des höheren, des göttlichen Menschen »erhöht«, um den johanneischen Ausdruck zu gebrauchen, und das in der äußeren Erscheinung des zum Tode Verurteilten zugleich das Bild des niederen Menschen an sich trägt. Beide Menschenwesen werden im gekreuzigten Christus angeschaut. Er stirbt am Kreuz mit den Worten: »Es ist vollbracht« (tetélestai), was aber die tiefere Bedeutung hat: »Die Mysterien sind vollzogen.«

Jesus lag daran, vor der Priesterschaft und dem Hohenpriester als der zu erscheinen, der das Mysteriengeheimnis zugleich verriet und erfüllte. In diesem Sinne hat er den Tempel in drei Tagen zerstört und wiederaufgebaut, war ihm vor dem Hohenpriester die Möglichkeit gegeben, das Ani-We-Hu, das nur im Verborgenen des Tempelinneren und der Mysterien genannt sein durfte, zu veröffentlichen. Nur vor dem Priester konnte das ins Licht treten, was alles Priestertum zugleich aufhebt und erfüllt. Er zwang die offizielle Religion, den, der die strikte Scheidung von esoterisch und exoterisch durchbrach, zu verurteilen. In Wahrheit ist seitdem der Vorhang, der vor dem durch den Tempel symbolisierten Geheimnis hängt, zerrissen.

Im Kreuz von Golgatha umgreift der höhere göttliche Mensch den niederen Schattenmenschen. Das niedere Ich wird dem höheren Ich, das ein Sprecher des göttlichen Ich ist, geopfert. Der Schattenmensch wird zugleich geopfert und angenommen, nicht einfach abstrakt von Gott, sondern vom höheren Ich und Menschen, der der Mensch zuallererst, das heißt in seinem Wesen ist. Die Spaltung des Menschen in Wesen und Existenz, in wahres Bei-sich-Sein und Selbst-Entfremdung (Sünde), auf die Tillich in seinem Werk so nachdrücklich hingewiesen hat, wird im Kreuz und dem Gekreuzigten angeschaut und die Zusammengehörigkeit beider Teile betont. Das Wesen des Menschen ist nicht die Sünde, sondern die Gottesbildlichkeit, ja die Zugehörigkeit zur göttlichen Sphäre. »Ihr seid Götter«, heißt es im Johannesevangelium (Johannes 10,34), und das gehört zusammen mit der Aussage: »Ich und der Vater sind eins« (Johannes 10,30). Es gilt das nicht nur für das Ich Jesu, sondern für das höhere Ich des Menschen überhaupt. Dies zu erfahren war der Inhalt der Mysterieneinweihung mit ihrem Ani-We-Hu, und dies war der Inhalt der eschatologischen Erwartung. »Wir werden Gott gleich sein« (1. Johannes 3,2). Das Tod- und Auferstehungserlebnis der Mysterien führte zur Schau dieser Identität. Es war der Wille Jesu, daß seine Kreuzigung und seine Auferstehung als in die Öffentlichkeit gelegte Ereignisse in diesem Licht verstanden werden. Das wurde nun Gegenstand der Verkündigung und – des Glaubens. Die Teilhabe am Mysteriengeheimnis tritt aus der Stufe des Schauens in die des Glaubens, Glaube aber nicht als Zustimmung zu einer grundlosen Behauptung, sondern als Erweckung, als Suchen und Finden, als aufgedeckte Tiefe der Innerlichkeit und so als Wissen. An die Stelle des unmittelbaren Schauens in den Mysterien tritt der Glaube als Gnosis: »Wir haben geglaubt und erkannt.« Darum tritt Jesus in dieser gnostischen Erweckung als Zwillingsbruder des Menschen auf oder wird durch einen Evangelisten verkündet, der den Namen Thomas (= Zwilling) trägt. Jeder Mensch ist in der Tiefe der Zwillingsbruder des in Jesus erschienenen höheren Menschen. Darum heißt es im Thomasevangelium[4]: »Jesus sprach: Nicht soll aufhören der, welcher sucht, zu suchen, bis er findet, und wenn er findet, wird er verwirrt sein, und wenn er verwirrt ist, wird er sich wundern und wird herrschen über das All« (Spruch 2). »Wenn ihr euch erkennt, dann werdet ihr erkannt werden, und ihr werdet erkennen, daß ihr seid die Söhne des lebendigen Vaters« (Spruch 3). Es geht um die Entdeckung des Verborgenen, des Verborgenen im Menschen. »Es gibt nichts Verborgenes, das nicht enthüllt wird, und nichts Verdecktes, das nicht aufgedeckt wird« (Spruch 6). Jesus spricht ausdrücklich zu Thomas, seinem Zwilling: »Ich bin nicht dein Meister, denn du hast getrunken und dich berauscht an der sprudelnden Quelle, die ich ausgemessen habe. Er nahm ihn, zog sich zurück, er sagte ihm drei Worte. Als Thomas aber zu seinen Gefährten kam, fragten sie ihn: Was hat dir Jesus gesagt? Es sprach zu ihnen Thomas: Wenn ich euch eins der Worte sage, die er mir gesagt hat, werdet ihr Steine nehmen (und) auf mich werfen, und Feuer wird kommen aus den Steinen (und) euch verbrennen« (Spruch 13). Die Worte Jesu an Thomas haben sicher die Identität mit seinem Zwillingsbruder zum Ausdruck gebracht, eine Entsprechung zu Johannes 10,30: »Ich und der Vater sind eins.« Im Anschluß daran heben auch in Johannes 10,31 die Gegner Steine auf, um Jesus zu steinigen; so würden die nicht-eingeweihten Jünger mit Thomas verfahren, dem Jesus vermutlich wörtlich gesagt hat: »Ich und du sind eins.« Es kommt darauf an, sich selbst zu finden: »Wer das All erkennt und sich selbst verfehlt, verfehlt das Ganze« (Spruch 67). Der sich selbst findende Mensch ist existentiell entweltlicht und zugleich eins mit dem Göttlichen. »Wer sich selbst findet, die Welt ist seiner nicht wert« (Spruch 111). »Jesus sprach: Wer aus meinem Munde trinkt, er wird werden wie ich; ich selbst werde werden er, und das Verborgene wird sich ihm offenbaren« (Spruch 108).

Exoterisch – esoterisch

Die Lehre Jesu war von Anfang an esoterisch, er hat sie seinen Jüngern in der Zeit seiner irdischen Gemeinschaft mit ihnen, aber auch noch als Auferstandener (Apostelgeschichte 1,3) mitgeteilt; aber sie war immer auch exoterisch. Der Glaube war esoterisch gegründet auf das Zutrauen zum Meister, der durch seine Lehre zur Erkenntnis und dadurch zum tiefsten Geheimnis der Identität des höheren Menschen mit der Gottheit führt. In diesem Zusammenhang bedeutet das Kreuz, daß der Mensch bereit ist, die Spannung zwischen dem Schattenmenschen und dem göttlichen Menschen zu übernehmen und auszuhalten. Exoterisch war der Glaube gegründet auf Wunder und Gleichnisse, die die Güte des göttlichen Vaters bekundeten und die Nähe des Reiches Gottes, in dem sich die Wirklichkeit in ein Paradies auf Erden verwandeln wird. Der Glaube wird exoterisch als ein durch Jesus wiederhergestelltes Urvertrauen erfahren. Das Kreuz Jesu wird gedeutet als Zeichen der Vergebung und der Liebe Gottes zu den Menschen, der, wie es der kirchliche Redaktor des Johannesevangeliums ausdrückt, »also die Welt geliebt hat, daß er seinen einzigen Sohn gab, auf daß alle, die an ihn glauben, nicht verloren werden, sondern das ewige Leben haben« (Johannes 3,16).

Liegt esoterisch in der durch Jesus vermittelten Erkenntnis des höheren Menschen der Überschritt in das Leben – der so Glaubende und Erkennende »kommt nicht in das Gericht, sondern er ist vom Tode zum Leben hindurchgedrungen« (Johannes 5,24), er hat wie der Vater und der Menschensohn »das Leben in ihm selber« (Johannes 5,26) –, so heißt es hingegen beim kirchlichen Redaktor: »Es kommt die Stunde, in welcher alle, die in den Gräbern sind, werden seine (des Sohnes Gottes) Stimme hören und werden hervorgehen, die da Gutes getan haben, zur Auferstehung des Lebens, die aber

Übles getan haben, zur Auferstehung des Gerichts« (Johannes 5,28f.). Der kirchliche Redaktor hat durch seine exoterischen Einschübe das ursprünglich esoterisch-gnostische Johannesevangelium für die sich bildende Kirche möglich gemacht. Die sich bildende Kirche löste sich immer mehr von der esoterischen Lehre Jesu und seiner eingeweihten Jünger, die er seine Freunde nannte (Johannes 15,14), ab und bezeichnete die Gnosis als »fälschlich so genannte Erkenntnis« (1. Timotheus 6,20). Die geheime Urlehre Jesu wurde als erste Häresie oder Irrlehre von der sich bildenden christlichen Kirche ausgestoßen. Die exoterische Lehre Jesu und der Urgemeinde wurde als orthodoxe Lehre mehr und mehr kirchenrechtlich sichergestellt. Die christliche Lehre setzte an die Stelle des esoterischen Geheimnisses und seiner ihm eigenen Gnosis das Dogma.

Es ist ein allgemeines Kennzeichen der Religionen, daß öffentlich exoterische Religiosität in einem geheimnisvollen (geheimgehaltenen) Bund mit der esoterischen Lehre steht. In den Stammesreligionen stehen den öffentlichen Riten und mythischen Erzählungen die Initiationen zur Seite, von der Jugendweihe bis hin zu den Einweihungen von Erwachsenen, die in die tieferen Geheimnisse hineinführten. Frauen und Männer hatten (haben) ihre eigenen Initiationen. Im Hinduismus tritt zu den durch ihren Vollzug (ex opere operato) objektiv wirkenden Opferpraktiken die Geheimlehre der Upanishaden. Die Geheimlehren des Buddhismus hatte Buddha seinem Schüler Subhuti auf dem Geierspitzberg bei Rajagriha mitgeteilt. Zum öffentlichen Konfuzianismus Chinas treten die Geheimnisse des Taoismus. In Ägypten und Griechenland bilden die Mysterieneinweihungen eine Ergänzung und tiefere Interpretation der volkstümlichen Götterreligion. In Israel tritt als »dritte Thora« die Geheimlehre der Kabbala zum Alten Testament (zweite Thora ist die im Talmud niedergelegte mündliche Überlieferung). Alle drei Gestalten der an Israel ergangenen Weisung (Thora) werden auf Mose und den Sinai zurückgeführt. Man versteht die Religion Israels nicht richtig, wenn man sie nur aus dem exoterischen Alten Testament begreifen will. Der Jahwe des Alten Testaments ist nach der Geheimlehre nur der »Kleinmütige« (Se'ir Anpin) und muß innerhalb der mystischen Gestalt der Gottheit vom »Langmütigen« (Arich) unterschieden werden. Der Islam hat neben der exoterischen Koraninterpretation die mystische Geheimlehre des Sufismus, die auf Mohammed zurückgeht. Ali, der mystische Kalif, wird der Freund Gottes genannt, nicht nur, wie es exoterischem Brauch entspräche, Knecht Gottes.

Nur das Christentum kennt offiziell kein solches Miteinander und Nebeneinander exoterischer und esoterischer Lehre. Die christliche Mystik und Theosophie, meist verdächtigt, verketzert und bekämpft – man denke an Meister Eckart oder Jakob Böhme –, haben nie eine offizielle Würdigung in dem Sinne gefunden, daß dem Christen geraten wurde, die öffentliche Lehre durch Formen einer esoterischen Tradition zu ergänzen und zu vollenden. Im Gegenteil. Als das eigentliche Christentum gilt das Christentum des von außen verkündigten Wortes und nicht des von innen und aus der Tiefe erfahrenen Logos. Den göttlichen Vater vermögen sich Laien, aber auch Theologen in der Regel nicht als Seinsgrund, sondern nur als Persönlichkeit nach Art einer menschlichen Person vorzustellen, der man übermenschliche Eigenschaften zuschreibt. Der Logos wird mit einem Wort, das Gott wie ein Mensch spricht, verwechselt oder wird einfachhin mit Jesus gleichgesetzt. Jesus als hervorragender Mensch ist aber nur der Träger des Logos. Die Übersetzung »Wort« kommt nur in einem bildhaften Sinn in Frage. Im Logos sammelt sich das Herausgehen des Seinsgrundes, der bildhaft »Vater« genannt wird, in Richtung vom Unbewußten auf das Bewußte, von der Allmöglichkeit zur Wirklichkeit, vom Sein zur Welt. In der esoterischen Lehre heißt Gott Vater, nicht weil er einem menschlichen Vater gliche, sondern weil die Wirklichkeit im Geheimnis der jüdischen Buchstaben- und Zahlenlehre gegründet ist.

Zahlen und Buchstaben kommen dem reinen Geist am nächsten. In ihnen manifestiert sich die ursprünglichste archetypische Darstellung des Geistes, der sich in Richtung auf die materielle Welt manifestieren will. Die Zahl ist Urbuchstabe und der Buchstabe ist Zahl. Als Urmanifestation der Geisteswelt sind Zahlen und Buchstaben Mantras. Die ursprüngliche Bedeutung von Logos ist Mantra. Das Sein geht aus seinem unmanifestierten Zustand in den manifestierten über. Dieser Übergang ist im Logos zusammengefaßt (»Alles ist durch ihn geworden, und getrennt von ihm ward auch nicht eins, das

ward«, Johannes 1,3). Der Logos ist der entscheidende ener-
getische Vermittler zwischen der göttlichen Sphäre des Unmanifestierten zum Manifestierten. Buchstaben und Zahlen tragen den energetischen Fluß in Richtung auf das sich Manife-
stierende in sich. Sie bilden das ursprüngliche Kraftfeld, das
umfassender begriffen wird als in einer nur physikalischen
Kraftfeldlehre. Soviel nur, um wenigstens anzudeuten, was
hinter der Buchstaben- und Zahlenlehre, der Lehre von den
Buchstaben des Kosmos (stoicheía tu kósmu), wie Paulus sie
nennt (Galater 4,3; Kolosser 2,8), steht.

Das hebräische Wort für Vater heißt AB. Es besteht aus den
beiden ersten Buchstaben des hebräischen Alphabets. Der erste Buchstabe trägt den Namen Alef, der Stier, und repräsentiert die Zahl »Eins«. »Die Zahl ›Eins‹«, schreibt Friedrich
Weinreb in seinem Buch »Der göttliche Bauplan der Welt. Der
Sinn der Bibel nach der ältesten jüdischen Überlieferung«, »ist
nicht der kleinste Teil der Zahlrenreihe, sie ist der Ursprung
der Zahlen, aus der alle anderen Zahlen ›geboren‹ werden, sie
ist die Ein-heit. Als solche repräsentiert sie eine Welt, außerhalb welcher nichts besteht, da Alles, buchstäblich Alles in ihr
enthalten ist (auch alle anderen Zahlen). Der Begriff ›Zwei‹
ist daher in der Welt der ›Eins‹ unmöglich.«[5] Der zweite Buchstabe trägt den Namen Beth, das Haus, und repräsentiert die
Zahl »Zwei«. »Sobald die ›Zwei‹ ist, hat sich die ›Eins‹ geteilt.
Damit entsteht eine neue, andere Welt. Jetzt hat die ›Vielheit‹ ihren Einzug gehalten, gegenüber der vorher bestehenden ›Einheit‹. Mit dem Übergang von der ›Eins‹ zur ›Zwei‹
entsteht eine ganz neue Situation.«[6] Weinreb fährt dann fort:
»Das hebräische Wort für Vater ist ›AB‹, in Zahlen 1–2. Als
›erster‹ Vater tritt Gott auf, als er die 1–2 machte. Er ist damit
der Vater der Schöpfung. Die 2 losgelöst von der 1, oder die 1
losgelöst von der 2 würden den Begriff Vater zerstören.«[7] Das
dreieckige, keilförmige Profil des Stierhauptes, nachgebildet
in der althebräischen Schrift für den Buchstaben Alef (Stier),
bringt das Eindringen aus der Transzendenz in die Immanenz
zum Ausdruck. Zugleich ist der Stier das Opfertier, das zur
Erhaltung der Welt hingeopfert wird. Das (der) Eine opfert
sich in die Vielheit.

Der zweite Buchstabe »Beth« heißt »das Haus«. Wir denken an das Weltenhaus, das die aus der Einheit stammende

Vielheit in sich aufnimmt. Der exoterische Name »Vater« wird durch diesen esoterischen Hintergrund als Ausdruck für den aus Gott stammenden Übergang von der Transzendenz in die Immanenz erhellt. Der letzte, tiefste Name für die Gottheit, die als Seinsgrund vom erscheinenden Gott unterschieden wird, heißt esoterisch AIN = Nichts. Es ist das Nichts, das doch alles in sich birgt, identisch mit dem Nirvana. Vertauscht man aber die Buchstaben, dann bleibt der Zahlenwert gleich, während das Wort ANI = Ich entsteht. Im Nichts, dem Seinsgrund, steckt latent das Ich. Das tiefste Sein zielt auf das sich aussprechende Ich. In diesem Sinne kann man von Gott als einer Person sprechen, was etwas anderes ist als eine gesteigerte menschliche Persönlichkeit. Aus Gott bricht das Ich hervor und hallt im menschlichen Ich nach.

Die exoterisch-kirchliche Lehre unterscheidet in der Betrachtung des Kreuzes von Golgatha die einzelnen Konstituenten, die das Symbol und das ihm zugrundeliegende Ereignis menschlicher Vollständigkeit ausmachen. Der höhere Mensch, der in jedem Menschen ruht, wird als von außen kommender Erlöser ausschließlich in Christus angeschaut. Der höhere Mensch begegnet exklusiv in Christus. Der Gedanke der Inklusivität des Logos in jedem Menschen, herausragend in exemplarischen Menschen, zum Beispiel Sokrates und Buddha, wird zugunsten der Exklusivität des Glaubens an Jesus zurückgedrängt und schließlich aufgegeben. Ausgerechnet das Johannesevangelium muß dazu dienen, diese Exklusivität zu stützen. »Niemand kommt zum Vater denn durch mich« (Johannes 14,6). Jesus steht aber für den Logos (Johannes 1,14). Das heißt inklusiv: Wo immer der Mensch vom Logos geleitet wird, ist er auf dem Weg zum Vater, ob er nun den historischen Jesus kennt oder nicht. Wo der höhere Mensch in ihm aufwacht, für den Jesus neben Buddha, Sokrates und anderen ein Prototyp ist, ist er auf dem Wege, der ihn mit dem Grund des Seins wieder vereinigt. Das »Christus allein« der exoterischen Lehre trennt den Menschen von seinem höchsten Wert und stellt ihn als ihm fremd neben ihn. Der Mensch gilt dann nur noch als entfremdeter, als Sünder, als Schattenmensch.

Die exoterisch-personalistische Betrachtungsweise läßt nun den ganzen Zorn Gotes gegen diesen Schattenmenschen und Sünder los. Der Zorn Gottes wird als eine Vernichtungsglut vorgestellt, die den Menschen verzehrt, andererseits aber als ein Zwang, der auf Gott selber liegt, da Gott an seiner Gerechtigkeit nicht vorbeikommt. Für den gerechten Gott ist nach dieser Auffassung nur der völlig gerechte Mensch annehmbar. Also muß Gott den Menschen zum ewigen Tode bzw. zu ewigen Höllenstrafen verurteilen. Da aber Gott gleichzeitig barmherzig ist, ja der Inbegriff der Barmherzigkeit, entsteht ein Riesenkampf in Gott zwischen seiner äußersten Gerechtigkeit und seiner grenzenlosen Barmherzigkeit. Gott löst diesen Konflikt, indem er sich selbst in seinem Sohn, der Mensch wird und den Kreuzestod stirbt, für die Menschen opfert. Durch das stellvertretende Sühneleiden leistet Christus Genugtuung (Satisfaktion) für die Sünde der Menschen, während Christus gleichzeitig durch die Unschuld seines Leidens sich unendliche Verdienste erwirbt, die den Menschen zugute kommen, indem er denen, die an ihn glauben, Vergebung der Sünden und das Heil zuspricht. Der höhere Mensch und der niedere Mensch sind am Kreuz durch Stellvertretung repräsentiert. Der Glaubende schaut im sterbenden Christus beide gleichzeitig als außer sich an. Daß der Mensch vor Gott ein Sünder und in Christus ein gerechtgemachter Sünder ist, sind im exoterischen Verständnis des Kreuzes Glaubensartikel. Nur im Kreuz Christi werden die Strenge der Gerechtigkeit Gottes und das Übermaß der Liebe Gottes, aber auch die Tiefe der Sünde des Menschen radikal erkannt. Die christliche Theologie, insbesondere die protestantische, kann sich nicht genug tun, die Radikalität dieser exoterischen Deutung des Kreuzes zu unterstreichen. Das tiefste Hemmnis der Theologie, sich auf das esoterische Verständnis einzulassen, liegt in dieser Radikalität, die den Menschen ganz unter das Gericht bringt und sein Heil ausschließlich im Gott in Christus finden will. Dann ist der Mensch aber in sich ein Gottloser, ein Weltverfallener; menschliche Religiosität wird nun interpretiert als eine besonders frivole und raffinierte Auflehnung des sündigen Menschen gegen Gott. Alles Heil ist außer uns: das Zeichen dafür ist das Kreuz.

An diesem Kreuz sind viele Menschen zerbrochen. Innerkirchliche und innerweltliche Askese sind die Folgen einer so verstandenen Theologie des Kreuzes. Mit dieser Radikalität kann aber auch eine oft nicht minder große Leichtfertigkeit einhergehen, die alle unsere Schuld »auf ihn wirft«, der am Kreuz die Vergebung für uns ein für allemal erworben hat, eine Vergebung, die »umsonst« in Anspruch genommen werden muß. Es bleiben unauflösliche Fragen. Sind gute Werke notwendig? Kann der Sünder überhaupt gute Werke tun? Wenn der Glaube an Christi Opferwerk zum Heil notwendig ist, warum schenkt Gott nicht allen Menschen den Glauben? Diese Frage wird um so dringlicher, da der Glaube als Geschenk Gottes bezeichnet wird. Warum hat Gott den einen Menschen zum Glauben auserwählt, den andern aber verworfen? Besteht die Nachfolge Christi und die Teilhabe an seinem Kreuz im geduldigen Ertragen von körperlichen, seelischen und sozialen Leiden? Erfahre ich dadurch die Strafe Gottes gegen den sündigen Menschen? Mache ich mich dadurch empfangsbereit für die Rechtfertigung, die Jesus am Kreuz für mich erworben hat? Bewähre ich dadurch den Glauben, ohne den Christus vergebens für mich gestorben ist?

Dies sind Fragen, die die christliche Menschheit im Zusammenhang mit dem Symbol des Kreuzes bis heute bedrängen und, wie man den Eindruck hat, eher bedrücken als befreien. Die Selbstfindung, für die das Kreuz esoterisch steht, wird niedergehalten durch die Forderung der Selbstverleugnung. Die Selbstanalyse, die die Scheidung von höherem und niederem Menschen bewirkt, wird zur Festlegung des Menschen als Sünder, der nichts zu seinem Heil beitragen kann, letztlich nicht einmal den Glauben. Alles kommt ihm von außen zu, nicht nur sein Glaube, sondern auch sein Unglaube.

Daß die christliche Religion diesen Weg in die exoterisch-dogmatische Erscheinungsform unter Verlust der Mysterien und der Gnosis gegangen ist, entsprach sicher einer tieferen Notwendigkeit. Der Apostel Paulus spricht davon, daß zu einem bestimmten Zeitpunkt der Menschheitsentwicklung der Glaube kam (Galater 3,23). P. Althaus schreibt zu der Stelle: »Die Zeit des Glaubens als Heilsweg war nicht von Anfang an da (obgleich ein Mann wie Abraham geglaubt hat); der Glaube ist erst in einem bestimmten Zeitpunkte ›gekommen‹, nämlich (V. 24) als Christus kam, auf den er gerichtet ist. Da erst

Tafel IV (zu Seite 199)
Alexej von Jawlensky (1864–1941), Weisheitszeichen (1917).

wurde der Heilsweg des Glaubens, den Gott schon von Ewigkeit her vorgesehen, aber noch als Geheimnis verhüllt hatte,
›geoffenbart‹.«[8] Der Mensch schaute ursprünglich in die Welttiefe hinein; er sah in einer Art von Traumbildsehen die Wesenheiten, Götter, Engel und Dämonen, die den Hintergrund
unserer Welt bilden. Unter diesen Bedingungen hatte der
Glaube keinen Sinn.

Unser Bewußtsein ist nicht immer so gewesen, wie wir es
heute erfahren, und es wird sich auch in Zukunft nicht immer
so darstellen, wie es sich uns heute kundgibt. Unser Bewußt-
sein ist hineingenommen in eine Bewußtseinsgeschichte. Der
Verlust des ursprünglichen Traumbildsehens hängt zusammen
mit der Entwicklung des Zentrums des Bewußtseins, des Ich.
In einem langen, notwendigen Prozeß der Bewußtseinsgeschichte hat sich dieses Ich von dem traumbildhaft erfahrenen
Welthintergrund abgelöst und verdeckt diesen nun. In diesem
Moment der Geschichte des Bewußtseins liegt auch der tiefste
Grund für die Schließung der Mysterien und den vergehenden
Sinn für deren Geheimnisse. Das Bewußtsein hat sich vom
Welthintergrund emanzipiert und, in der Folge davon, atomi-
siert. Jeder einzelne Mensch, jedes Ich, erfährt sich als eine
abgelöste Entität, abgelöst vom Hintergrund der Welt und von
der Tiefenverbundenheit mit dem Mitmenschen und den Mit-
geschöpfen. Es ist insbesondere Rudolf Steiner, der auf diese
Zusammenhänge der Bewußtseinsgeschichte hinweist. Nur der
Glaube überbrückt den Verlust der unmittelbaren Verbundenheit mit dem Grund des Seins.

Es ist dies im eigentlichen Sinne der Glaube an Christus den
Gekreuzigten. Das radikale Element in der exoterischen Lehre vom Kreuz verurteilt das losgelöste Ich als den Sünder und
weist auf den Gekreuzigten, der stellvertretend die Erinnerung an den höheren Menschen und das höhere Ich wachhält
und die Verbundenheit mit dem niederen Ich durchhält. »Am
Kreuz hängt mein Heil«, diese Aussage hat in dieser Welten-
stunde der Bewußtseinsgeschichte, in der das Ich hinausgesto-
ßen ist, »verdammt zur Freiheit« (Sartre), um sich selbst zu
finden, ihre tiefe Notwendigkeit. Denn dem Ich ist eine nur
von ihm zu leistende Aufgabe zugedacht.

Die Welttiefe, in die der Mensch ursprünglich hineinschau-
te, ist in das menschliche Unbewußte gefallen. C. G. Jung

nennt dies den Sternenfall. »Seit die Sterne vom Himmel gefallen und unsere höchsten Symbole verblaßt sind, herrscht geheimes Leben im Unbewußten.«[9] Die geistig-göttlichen Wesenheiten, die den Kosmos durchdringen und tragen, wirken durch das Walten der Archetypen in der Tiefe der Seele. Der Mensch besteht nach dem »Sternenfall« aus Bewußtem und Unbewußtem. Seine Aufgabe ist es, beide Bereiche zu vereinigen. Das Ich-Prinzip, das den Menschen von der Welt und ihrer Tiefe getrennt und so das Ego zum zentralen Bezugssystem gemacht hat, gilt es als das Integrationsprinzip zu erkennen, das das Bewußtsein um die Tiefenbereiche des Unbewußten erweitert. Der Mensch wird darüber zur Person. Es scheint so zu sein, als habe es im Interesse der Tiefe der geistig-göttlichen Welt gelegen, im Ich des Menschen eine Instanz hervorzubringen, in der sie sich selbst in Bewußtsein und Freiheit erscheine. Das Ich wird zum Spiegel und Sprecher des göttlichen Wesenskerns des Menschen, des Selbst, das aus den Tiefen des Unbewußten auftaucht.

Der »grüne Christus«

Im Kreuz von Golgatha umgreift der höhere göttliche Mensch den niederen Schattenmenschen. Ein ungeheurer Dualismus ist darin ausgesagt. Aber im Schatten liegt die verborgene Tiefe der Natur, das ungelebte Leben. Nur wenn der Schattenmensch aus seinen noch ungeborenen Möglichkeiten sich in den lichten Christus hineinverwandelt, steht der Christus für Vollständigkeit, nicht nur für Vollkommenheit. Es geht also nicht darum, den erfahrenen und erkannten Schattenmenschen »abzulegen« (Steiner), sondern zu verwandeln. Christus war uns immer nur ein Bild höchster Vollkommenheit. Auch sein Erbarmen stand für eine vollkommene Überlegenheit, und er forderte Vollkommenheit. »Ihr sollt vollkommen sein, wie euer Vater im Himmel vollkommen ist« (Matthäus 5,48). Ihm gegenüber ist nur die Haltung der leeren Hände angemessen, die empfangen, nicht geben, oder die in ihrer Radikalität unlösbare Aufgabe einer Imitatio Christi.

Daß im Schattenmenschen dem hellen Christus ein Bruder begegnet, der Christus die Vollständigkeit schenkt, ist eine neue Erfahrung, die für unsere Zeit von entscheidender Bedeutung sein wird. Im Schatten liegt die verborgene Tiefe der Natur, die die Alchemie als den Bleizustand der »Schwärze« (nigredo) bezeichnet. Sie aufzuhellen und über das Gold hinaus in den Stein der Weisen zu verwandeln war das Bestreben der Alchemisten. Das Erste, was aus dieser »Schwärze« »aufgrünt«, nannten sie die »Grüne« oder »Viriditas«. Der, der in dieser »Grüne« sich zeigt, ist Mercurius, der Messias der Natur, wie Novalis sagt, der »Sohn der All-Natur« (filius macrocosmi), der den Christus aus dem reinen Geist, den Sohn aus der Höhe der Vater-Welt, als Sohn aus der Tiefe der Mutter-Welt ergänzt. Mercurius ist nach der Alchemie-Deutung von C. G. Jung dem Christus-Symbol der kirchlichen Lehre kompensierend zugeordnet. Die alchemistische Symbolik überwindet nach Jung das dualistische Element des kirchlich-dogmatischen Christussymbols, das contra naturam konzipiert ist (»Natur ist Sünde«). Vielmehr strebt der Geist zur Natur, und die Natur ihrerseits strebt zum Geist. Jung sieht im alchemistischen Symbol des Mercurius eine Projektion des Unbewußten, das ein Ergänzungsbild zum Christussymbol hervorbrachte. Er schreibt dazu: »Diese bemerkenswerte Tatsache hängt allem Anschein nach mit der Inkarnation des rein geistigen Gottes in der irdischen Menschennatur zusammen, ermöglicht durch die Zeugung des Heiligen Geistes im Uterus der Beata Virgo. So neigt sich das Obere, Geistige, Männliche dem Unteren, Irdischen, Weiblichen zu, und dementsprechend erzeugt die der Vaterwelt vorangehende Mutter, dem Männlichen entgegenkommend, ... einen Sohn, nicht den Gegensatz zu Christus, sondern dessen chthonische Entsprechung, nicht einen Gottmenschen, sondern ein mit dem Wesen der Urmutter konformes Fabelwesen. Und wie dem oberen Sohn die Erlösung des Menschen (des Mikrokosmos) zur Aufgabe fällt, so hat der untere Sohn die Bedeutung eines ›salvator macrocosmi‹« (Heiland der All-Natur)[10].

C. G. Jung sieht in dieser Beschreibung »in kurzen Zügen das dramatische Geschehen« dargestellt, »welches sich in den Dunkelheiten der Alchemie abspielte«[11]. Die Alchemie läßt, wie bereits angedeutet, aus der »Schwärze«, dem Bleizustand des Saturn, in Stufen der Wandlung über die »Grüne« den Kupferglanz der Venus und den Eisenglanz des Mars, schließlich das Silbern-Weibliche der Luna und das Golden-Männliche des Sol hervorgehen. Aus deren heiliger Hochzeit entsteht Mercurius, symbolisiert im Quecksilber, der zugleich männlich-weiblich, licht und dunkel ist. Mercurius repräsentiert aber nicht nur das Ergebnis des Wandlungsprozesses. In dieser Hinsicht ist er identisch mit dem Stein der Weisen. Er ist als ein wahrer Proteus eins mit dem Wandlungsprozeß selbst. Er ist aber auch die Urmaterie, die prima materia, die Urmutter, aus der er als deren einiger Sohn hervorgeht. Er ist die Vereinigung von Ursprung, Weg und Ziel, von Licht und Dunkel, von Stoff und Geist, von Männlich und Weiblich aus der Tiefe der Natur. In dieser Beschreibung stellt er nach Jung eine Projektion der Psyche, ihrer im Unbewußten ruhenden Prozesse und Wandlungen dar. Die Wandlungen der Seele, die im Individuationsprozeß und der Herausarbeitung des Selbst ihr inneres Ziel finden, sind im alchemistischen Prozeß auf die Natur und chemischen Wandlungsprozesse der Stoffe projiziert. Der Stein der Weisen, die immer wieder gesuchte stoffliche Erscheinungsform des Mercurius, steht für die Suche nach Verwirklichung des Selbst, des im Unbewußten verborgenen Zentrums des Menschen. Mercurius hängt mythologisch mit dem ägyptischen Weisheitsgott Thoth, griechisch: Hermes, zusammen.

C. G. Jung nennt die alchemistische Auffassung einen gnostischen Mythos, der, wie beschrieben, das christliche Symbol kompensiert. Er gibt dabei zu verstehen: »Das Mythologem ist die ureigenste Sprache dieser psychischen Vorgänge, und keine intellektuelle Formulierung kann auch nur annähernd die Fülle und Ausdruckskraft des mythischen Bildes erreichen. Es handelt sich um Urbilder, die darum auch am besten und treffendsten durch eine bildhafte Sprache wiedergegeben werden.«[12] Aus der »Schwärze« des Schattenmenschen will die Lebenshoffnung der Mercurius-Grüne hervortreten. Symbolgeschichtlich drückt sich das bereits bei den Kirchenvätern darin aus, daß sie das Kreuz mit dem Baum des Lebens im Paradies gleichsetzten, von dem wir zur Überhöhung unserer Natur zuletzt essen werden (Offenbarung 22,2). Christliche Kunst läßt aus den Balken des Kreuzes die Zweige der »Grüne« hervorbrechen. Nicht nur Christus hat sich um uns ein Verdienst erworben, sondern auch der Schattenmensch durch die »glückliche Schuld« (felix culpa) des Sündenfalls. Dieser trat in die Sünde ein und erwarb mit der Trennung von Gott und dem Naturzusammenhang das losgelöste Ich und seine Freiheit, damit,aber auch die Fähigkeit der Individuation und der Gegensatzvereinigung.

Triumphkreuz, Holzplastik um 1450, St. Lorenz, Nürnberg

197

Ingrid Riedel spricht in ihrem Buch »Marc Chagalls grüner Christus« davon, daß »der allzu helle Christus heute eine Taufe mit Mercurius-Grün, ein Eintauchen in die Tiefe des Unbewußten, über sich ergehen lassen« müsse[13]. Symbolgeschichtlich ist also eine zweite Taufe Christi gefordert und die Verwandlung seines Kreuzes in einen Baum, eine Wandlung seiner Gestalt in einen »grünen Christus«. Sie weist dabei auf den Traum einer Patientin hin, den Marie-Louise von Franz überliefert, »in dem Christus mit einem Körper aus weißglühendem Metall um eine Löschung und Dämpfung dieses übergroßen Glanzes bittet. Es scheint also heute alles darauf anzukommen, das Grün der Großen Mutter, das Weibliche und die Natur wiederzugewinnen, dabei aber nicht mutter-komplexhaft in ihm hängenzubleiben, sondern dieses Grün mit seiner gesamten Symbolik zu Baum und Frau mit emporzutragen ins Bewußtsein und es zu integrieren: wobei es nicht nur um die individuelle, sondern gerade um die kollektive Psyche und die in ihr lebendige Religion geht.«[14]

Ingrid Riedel sagt das mit Blick auf das grüne Christus-Fenster Marc Chagalls in der Fraumünster-Kirche in Zürich. Es ist nicht zufällig, daß dieses Werk ein Jude geschaffen hat, der aus kabbalistisch-chassidischer Tradition stammt. Als Jude war er frei von den Hemmnissen eines festgeschriebenen Dogmas; seine Herkunft aus der Welt der Kabbala und des Chassidismus schloß ihn an die Welt der Mysterien, der Esoterik und der Mystik an, die im Judentum nicht untergegangen war. Sie bot vielmehr den bedrängten Juden eine seelische und geistige Heimat. Der religiösen Größe dieses Bildfensters hat Ingrid Riedel dadurch einen Ausdruck gegeben, daß sie es mit dem Auferstehungsbild des Isenheimer Altars von Grünewald vergleicht. Symbolgeschichtlich ist es die Offenbarung eines gewandelten Christusbildes. Es weist in die Zukunft eines integralen, nicht mehr dualistisch-zerrissenen Christentums. Es ist voll seherischer Kraft. In Chagalls Bild ruht der Schatz, das geheimnisvolle Selbst bedeutend, in der Wurzel des Baumes, der in ein Kreuz übergeht, an dem der grüne Christus hängt. Im Umkreis des Baumes, der die Mutter-Welt repräsentiert, stehen Maria mit dem Kind und andere Gestalten der biblischen Kindheitsgeschichte, die Inseln der Bewußtseinsbildung veranschaulichen. Über dem Kreuz zeigen sich die Umrisse »der oberen Mutter, die geistige und natürliche Aspekte vereint«[15]. Christus wächst aus dem Mütterlichen der Natur über die individuelle Mutter zur oberen, kosmischen Mutter empor, zur Anima mundi oder Sophia, die ihn schon in seiner ersten Taufe mit ihrem Wesen, der Ruach, getauft hat. Die ursprüngliche Trinität Vater – Mutter – Sohn ist wieder konstelliert. »So ist es kaum übersehbar«, schreibt Ingrid Riedel, »daß oberhalb der Aureole des auffahrenden Christus der Umriß einer weiteren Figur sichtbar wird, die eine große Muttergestalt umreißt, deren Kopf der ... Mond ... ist, deren Oberkörper sich aus der radialen Form mit den vielen Segmenten zusammensetzt, deren Mitte etwa im Bereich der Brust liegt. Die gesamte Gloriole bildet den Schoß der Großen Mutter, in dessen weitem Raum der Auferstandene nun aufgenommen ist. Ihre Hände treffen sich im Schoß und könnten sein Haupt umschließen. Der Christus also, der die individuelle Mutter überwachsen, überwunden hat, der zum bewußten Individuum geworden ist, das frei aufsteigt aus dem Mutterbaum; der Christus, der die Leiden der Individuation wie ein Kreuz auf sich genommen hat, der als lebendiges Zeichen der Gegensatzvereinigung am Kreuz-Baum ausgespannt ist: er wird in eine letzte Dimension aufgenommen von der oberen, kosmischen Mutter, der Anima mundi (Seele der Welt). In dieser halb unbewußt, intuitiv gestalteten Figur am äußersten Horizont der Kompositon liegt deren Kulminationspunkt, ihre eigentliche Aussage: der gekreuzigte Christus, nicht irgendein mutterverhafteter Puer-aeternus-Gott der Antike, fährt auf; nicht in eine blutleere, rein geistige Welt; vor allem nicht mehr in eine patriarchale, sondern in den Schoß der oberen Mutter, die geistige und natürliche Aspekte vereint, die nichts Geringeres ist als die Anima mundi selbst. Oben und Unten zugleich umfassend, Links und Rechts, in deren Bereich die Sonne grünt und die Wurzel des Baumes vom Licht durchdrungen ist.«[16]

Eine verwandte Schau leuchtet in dem Bild »Weisheitszeichen« von Alexej von Jawlensky auf. Über Helle und Dunkelheit liegt ein Schleier hoffnungstragender »Grüne«. Das Dunkel, die »Schwärze«, wird selbst zu Augen und festem Blick in die Tiefe, die eingefangen wird in ein Kreuz aus Augen, Nase und Stirn, mit dem Mund als Erde und dem weißen Stirnpunkt des »dritten Auges« in einem Tabernakel aus Himmelshöh.

Alle Buntheit wirkt wie farbige Schatten dieses weißen Lichts mit der herangehobenen Schwärze als Gegenpol. Aufglühendes Rot noch als Hinweis auf Opferblut und Leben, das in der Weisheit ist (Tafel IV).

Das Johannesevangelium hat in unsern Überlegungen einen bedeutenden Platz eingenommen. In ihm ist der Dualismus von Oben und Unten wie in keinem andern Evangelium auf die Spitze getrieben. Andererseits erklärt es sich als unabgeschlossen und unvollständig. In seinen Abschiedsreden sagt Christus: »Es ist gut für euch, daß ich fortgehe. Denn wenn ich nicht fortgehe, wird der Paraklet (der ›Beistand‹) nicht zu euch kommen; wenn ich aber gehe, werde ich ihn zu euch senden ... Wenn aber jener kommt, der Geist der Wahrheit, wird er euch in die ganze Wahrheit leiten, ... das Zukünftige wird er euch verkündigen« (Johannes 16,7.13). Am Kreuz werden der höhere Mensch und der Schattenmensch aneinandergeklammert, aber nicht eigentlich vereint. Hier dämmert schon die Vorstellung eines anderen Zwillings Jesu auf, der in der Judasgestalt Person annahm. Judas ist der dunkle Bruder Jesu, ohne dessen »Verrat« es nicht zum Heilsgeschehen auf Golgatha hätte kommen können. Die islamische Überlieferung, die ihrerseits wieder auf gnostische zurückgeht, erzählt, daß Judas Jesus so ähnlich gesehen habe, wie ein Zwilling also, daß er statt seiner gekreuzigt worden sei. Hinter dieser Legende steht der tiefere Sinn, daß der Schattenmensch zu Christus und zum Kreuz Christi gehört. Am Kreuz tritt der Schattenmensch erst in seiner ganzen »Schwärze« hervor. Aber der Schattenmensch, der sich als solcher erfährt, vollzieht den ersten Schritt aus der Unbewußtheit, in der Höheres und Niederes, Lichtes und Dunkles, Gutes und Böses, Gedanken, Triebe, Wünsche und Leidenschaften noch ungeschieden ineinander und miteinander verwoben sind. Durch die Scheidung des einen vom anderen, von Wesen und gefallener Existenz wird der Mensch erst zum »Sünder«, zu einem Menschen, der seinen »Schatten« erkennt. Der empirische Mensch kann sich nicht als »Sünder« erkennen; er hält sich mit anderen Menschen für einigermaßen passabel. Luther spricht davon, daß der Mensch im geistlichen Sinne ein Sünder werden müsse und daß die Erkenntnis der Sünde ein Werk des Heiligen Geistes sei. In der Aufhellung des Schattens setzt sich die Menschwerdung Gottes fort, wandelt sich das Christusbild von einem Bild des vollkommenen in einen vollständigen Menschen, aus dessen »Schwärze« die Hoffnung »aufgrünt«. Der »Paraklet« oder »Beistand« ist der das Werk Christi fortsetzende Heilige Geist. Die Farbe des Heiligen Geistes ist Grün.

Wenn der Mensch seinen Schatten wahrnimmt, nicht mehr verdrängt oder/und auf seinen Mitmenschen projiziert, sondern annimmt, dann hängt er an seinem Kreuz. Kein Willensakt als solcher, der radikal in die Nachfolge des hellen Menschen im Sinne der Imitatio Christi zwingt, kann den Schatten aufhellen. Dies würde die Schattenmacht im Unbewußten nur verdichten. »Daß die imitatio Christi im Unbewußten einen entsprechenden Schatten erzeugt, dafür haben wir genügend Beweise.«[17] Der Mensch muß seinen Schatten bewußt annehmen, ihn erleiden und Erfahrungen mit ihm machen. Es ist das Unbewußte selbst, das ihm die Stufen der Erhellung mitteilt. In Träumen, Visionen, Meditationen und Ekstasen äußert sich, was unter dem Schatten verborgen liegt, tritt bisher Unbewußtes an das Bewußtsein des Menschen heran und erweitert es so. Der helle Mensch, der höhere Mensch, der ein Mensch des Bewußtseins und des ethischen Willens ist, wird dann »durchgrünt«, wird lebendig gemacht und erweitert durch die Naturkräfte des Unbewußten und darin zugleich zur unverwechselbaren Individualität, zum Selbst. Das Zeitalter des Heiligen Geistes, das der Christus des Johannesevangeliums geweissagt hat, bricht unter solchen Erfahrungen an, die wir als Offenbarungen Gottes kompensatorisch zu den biblischen hinzufügen müssen, verstärkt durch die Amplifikationen, die erkenntniserweiternden Offenbarungen und Symbole aus der gesamten Welt der Religionen und der Kunst. Der Heilige Geist vereinigt über das geschichtliche Christentum hinaus und will jeden von uns in das vervollständigende Offenbarungsgeschehen (»in die ganze Wahrheit«) einbeziehen. »Und es wird geschehen in den letzten Tagen – spricht Gott – da werde ich ausgießen von meinem Geist über alles Fleisch, und eure Söhne und Töchter werden weissagen und eure Jünglinge werden Gesichte sehen und eure Greise werden Träume träumen. Ja, auch über meine Knechte und über meine Mägde werde ich in jenen Tagen von meinem Geist ausgießen und sie werden weissagen« (Apostelgeschichte 2,17 f.; Joel 2,28). Der »grüne

Christus«, dessen Kreuz im Baum des aus dem Unbewußten aufwachsenden Lebens hängt, ist das Christussymbol im Zeitalter des Heiligen Geistes.

Anmerkungen

Vorwort

1 Ich halte mich in diesem Vorwort an meinen Aufsatz »Symbole in der Theologie«, Zeitschrift für Religionspädagogik, ZRP 4/1976, S. 196–203
2 C. G. Jung, Definitionen, Gesammelte Werke 6, Olten 1978[13], S. 515
3 C. G. Jung, Über die Energetik der Seele, Gesammelte Werke 8, Olten 1979[3], S. 56
4 C. G. Jung, Definitionen, a. a. O., S. 515 f.
5 Eugen Rosenstock-Huessy, Des Christen Zukunft, München 1955, S. 200

Das Kreuz der Wirklichkeit

1 Johann Gottfried Herder, Ideen zur Philosophie der Geschichte der Menschheit, Herders Werke, 4. Bd., Berlin u. Weimar 1969, S. 82
2 Ebd.
3 Ebd.
4 Ebd.
5 Ebd.
6 Ebd., S. 84
7 Ebd., S. 87
8 Ebd., S. 88
9 Walter F. Otto, Die Menschengestalt und der Tanz, in: Die Gestalt und das Sein, Darmstadt 1959, S. 408
10 Ebd.
11 Ebd.
12 Ebd.
13 Walter F. Otto, Gesetz, Urbild und Mythos, in: Die Gestalt und das Sein, Darmstadt 1959, S. 86
14 Ebd.
15 Ebd., S. 35
16 J. G. Herder, a. a. O., S. 89
17 Klagelieder des Jeremia 4,20, in einer Variante der Septuaginta
18 Justinus Martyr, Erste Apologie, Kap. 55, in: Bibliothek der Kirchenväter, Frühchristliche Apologeten und Märtyrerakten, 1. Bd., Kempten und München 1913, S. 69
19 Ingrid Riedel, Formen, Stuttgart 1985, S. 42
20 Alfons Rosenberg, Kreuzmeditation. Die Meditation des ganzen Menschen, München 1976
21 Ebd., S. 16 f.
22 Ebd., S. 11
23 Ebd., S. 10
24 Ebd., S. 16
25 Ebd., S. 17
26 Ebd.

27 Ebd.

28 Ebd.

29 Ebd., S. 17 f.

30 Ebd., S. 32

31 Ebd., S. 34

32 Ebd., S. 38

33 Ebd., S. 38 f.

34 Ebd., S. 39

35 Johann Wolfgang Goethe, Wilhelm Meisters Wanderjahre, 2. Buch, 1. Kap.

36 Ebd.

37 Ebd.

38 Ebd.

39 Ebd.

40 C. G. Jung, Über die Archetypen des kollektiven Unbewußten, Gesammelte Werke 9/1, Olten 1978, 3. Aufl., S. 29

41 Erich Neumann, Kulturentwicklung und Religion, Frankfurt a. M. 1978, S. 17

42 Ebd., S. 13

43 Ebd.

44 C. G. Jung, Das Wandlungssymbol in der Messe, Gesammelte Werke 11, Olten 1973, 2. Aufl., S. 244

45 Erich Neumann, Kulturentwicklung und Religion, a. a. O., S. 13

46 Ebd., S. 62

47 Alfons Rosenberg, Kreuzmeditation, a. a. O., S. 38

48 Ebd.

49 Aniela Jaffé, Bildende Kunst als Symbol, in: C. G. Jung u. a., Der Mensch und seine Symbole, Olten 1979, S. 259

50 Alfons Rosenberg, Kreuzmeditation, a. a. O., S. 10

51 Ebd., S. 28

52 Siehe: Ulrich Jürgen Heinz, Die Runen, Freiburg i. Br. 1987, S. 454, 538 f.

53 Siehe: Abd-ru-shin, Im Lichte der Wahrheit, Vomperberg, Tirol 1986, S. 194 f.

54 Siehe: Evelyn Rossiter, Die ägyptischen Totenbücher, Lizenzausgabe Gütersloh 1978, S. 26

55 Siehe: Ebd., S. 52, 61, 82, 88

56 Siehe: Ebd., S. 71, 82

57 Siehe: Nofretete. Echnaton, Berlin Ägyptisches Museum 1976, Nr. 61

58 Kap. VI,13

59 Siehe: Alfons Rosenberg, Kreuzmeditation, a. a. O., S. 29

60 Siehe: Ebd., S. 48

61 Siehe: Wolfgang Bauer, Irmtraud Dümotz, Sergius Golowin, Lexikon der Symbole, Wiesbaden 1980

62 Siehe: Aniela Jaffé, C. G. Jung, Bild und Wort, Olten 1977 (Sonderausgabe 1983), S. 73

63 Siehe: Ebd., S. 71 (Abb. 55)

64 Siehe: Ebd., S. 82 (Abb. 68)

65 Plutarch, Lebensbeschreibungen (Übersetzung J. F. Kaltwasser/H. Floerke), Gesamtausgabe, 1. Bd., München 1964, S. 72 f.

66 Mircea Eliade, Das Heilige und das Profane, Das Wesen des Religiösen, Hamburg 1957, S. 28 f.

67 Ebd., S. 9

68 Ebd.

69 Siehe: Ebd., S. 17

70 Ebd., S. 20

71 Siehe: Ebd., S. 33

72 Die Betrachtung dieser wegen des seltenen Motivs interessanten Ikone machte mir Herr Prof. Dr. Hans-Jürgen von Mallinckrodt, Dortmund, zugänglich (siehe: Katalog des Ikonenmuseums, Antenried bei Günzburg/Donau, 1974, S. 116

73 Mircea Eliade, Das Heilige und das Profane, a. a. O., S. 25

74 Ebd., S. 37

75 Ebd., S. 43

76 Ebd., S. 44

77 Ebd., S. 43

78 Ebd., S. 42

79 Ebd., S. 45

80 Ebd., S. 30

Der Opfermensch

1 Übersetzung nach: Hermann Lommel, Gedichte des Rig-Veda, München-Planegg 1955, S. 114 ff.

2 C. G. Jung, Das Wandlungssymbol in der Messe, Gesammelte Werke 11, Olten 1973, 2. Aufl., S. 243. (Die folgenden Ausführungen dieses Kapitels schließen sich eng an die entsprechenden Darstellungen in meinem Buch »Vom Totempfahl zum Kruzifix, Vergessene Voraussetzungen unseres Weltverständnisses«, Dortmund 1976, an.)

3 Ebd., S. 243

4 Hans Findeisen, Das Tier als Gott, Dämon und Ahne, Eine Untersuchung über das Erleben des Tieres in der Altmenschheit, Stuttgart 1956

5 Ebd., S. 22–24

6 Ebd., S. 24 f.

7 Ebd., S. 25

8 Ebd., S. 25 f.

9 Ebd., S. 29

10 Eugen Rosenstock-Huessy, Soziologie, Die Vollzahl der Zeiten, Stuttgart 1958 (Soziologie II), S. 339 f.

11 Ebd., S. 339

12 Ebd., S. 343, 361

13 Ebd., S. 340

14 A. Lommel, Vorgeschichte und Naturvölker (Schätze der Weltkunst, Bd. 1), Gütersloh 1968, S. 122

15 Ebd.

16 J. G. Fichte, Die Grundzüge des gegenwärtigen Zeitalters, Hamburg 1956, S. 44

17 Ebd., S. 66

18 Die Religion in Geschichte und Gegenwart, Handwörterbuch für Theologie und Religionswissenschaft (RGG), 3. Aufl., 3. Bd., Tübingen 1959, Sp. 1115 f.

19 L. Bloy, Der undankbare Bettler, Tagebücher des Verfassers (übers. v. P. A. Roesicke), Nürnberg 1949, S. 307

20 C. G. Jung, Über die Archetypen des kollektiven Unbewußten, Gesammelte Werke 9/1, Olten 1978, 3. Aufl., S. 34

21 C. G. Jung, Das Wandlungssymbol in der Messe, a. a. O., S. 280

22 Ebd., S. 280–282

23 Ebd., S. 282

24 Ebd., S. 286

25 C. G. Jung, Über die Archetypen des kollektiven Unbewußten, a. a. O., S. 43 (Jung nimmt dort ein »präexistentes Denken« an.)

26 C. G. Jung, Das Wandlungssymbol in der Messe, a. a. O., S. 285

27 Ebd.

Das Kreuz als Mandala

1 C. G. Jung, Die Beziehungen zwischen dem Ich und dem Unbewußten, Gesammelte Werke 7, Olten 1974, 2. Aufl., S. 244 f.

2 Ebd., S. 245

3 Ebd.

4 C. G. Jung, Die Bedeutung der Psychologie für die Gegenwart, Gesammelte Werke 10, Olten 1974, S. 168 f.

5 Ebd., S. 169

6 Erich Neumann, Tiefenpsychologie und neue Ethik, München 1973, 3. Aufl., S. 47

7 Jolande Jacobi, Die Psychologie von C. G. Jung, Olten 1978, 8. Aufl., S. 175

8 Ebd., S. 173

9 Ebd.

10 Ebd., S. 178

11 Ebd., S. 179

12 In dem Gedicht »Selige Sehnsucht« (West-östlicher Divan)

13 Jolande Jacobi, Die Psychologie von C. G. Jung, a. a. O., S. 188

14 Pseudo-Clementinen, H II,16,1, in: Hennecke-Schneemelcher, Neutestamentliche Apokryphen, II. Bd., Tübingen 1964, 3. Aufl., S. 382

15 Aniela Jaffé, Anna Kingsford – Religiöser Wahn und Magie, Fellbach 1980, S. 41 f.

16 Christa Mulack, Die Weiblichkeit Gottes, Stuttgart 1983

17 Petrusakten, in: Hennecke-Schneemelcher, Neutestamentliche Apokryphen, II. Bd., a. a. O., S. 220

18 Jolande Jacobi, Die Psychologie von C. G. Jung, a. a. O., S. 193

19 Ebd., Abb. 5 u. 6

20 C. G. Jung, Über die Archetypen des kollektiven Unbewußten, Gesammelte Werke 9/1, Olten 1978, 3. Aufl., S. 19

21 Ebd., S. 46

22 Ebd., S. 45

23 Gershom Scholem, Von der mystischen Gestalt der Gottheit, Frankfurt/M 1977, S. 251 f.

24 C. G. Jung, Psychologische Typen, Gesammelte Werke 6, Olten 1978, 13. Aufl., S. 359

25 Ebd., S. 361 f.

26 Ebd., S. 406

27 Ebd., S. 381

28 Ebd., S. 443

29 C. G. Jung, Das Wandlungssymbol in der Messe, Gesammelte Werke 11, Olten 1973, 2. Aufl., S. 299 ff.

30 Ebd., S. 299 f.

31 Ebd., S. 301

32 Ebd.

33 Ebd.

34 Ebd., S. 301 f.

35 Ebd., S. 302

36 Ebd., S. 305 f.

37 Ebd., S. 306

38 Ebd.

39 Ebd., S. 307

40 Ebd.

41 Ebd.

42 Ebd., S. 307 f.

43 Ebd., S. 309

44 Ebd.

45 Ebd., S. 310

46 Ebd., S. 311

47 Ebd.

48 Ebd., S. 313

49 Ebd., S. 318 f.

50 Ebd., S. 319

51 Ebd.

52 Ebd., S. 321

53 Ebd., S. 320 f.

54 Ebd., S. 323

Logos und Stauros (Kreuz)

1 Hildegunde Wöller, Ein Traum von Christus. In der Seele geboren, im Geist erkannt, Stuttgart 1987, S. 113

2 Ebd., S. 119

3 Ebd., S. 53

4 Ebd.

5 Ebd., S. 54

6 Paul Tillich, Wesen und Wandel des Glaubens (Ullstein Buch Nr. 318), West-Berlin 1961, S. 57

7 Hildegunde Wöller, Ein Traum von Christus, a. a. O., S. 55

8 Ebd., S. 56

9 Übers.: Zürcher Bibel

10 Übers.: Die Apokryphen und Pseudepigraphen des Alten Testaments, übers. und hrsg. von E. Kautzsch, 2 Bd., Tübingen 1900 (Neudruck 1921), S. 395 ff. (H. Gunkel)

11 Hildegunde Wöller, Ein Traum von Christus, a. a. O., S. 57 f.

12 Ebd., S. 58

13 In: Hennecke-Schneemelcher, Neutestamentliche Apokryphen in deutscher Übersetzung, 1. Bd.: Evangelien, 3. Aufl., Tübingen 1951, S. 107

14 Ebd., S. 106

15 Ebd., S. 108

16 Ebd., S. 104

17 Hildegunde Wöller, Ein Traum von Christus, a. a. O., S. 58 f.

18 Ebd., S. 83

19 Ebd., S. 84

20 Ebd., S. 85

21 Ebd., S. 85 f.

22 Ebd., S. 87 f.

23 Ebd., S. 88

24 Ebd., S. 77

25 Ebd., S. 63

26 Ebd.

27 Ebd., S. 64

28 Ebd.

29 Ebd.

30 Ebd., S. 65

31 Ebd., S. 69

32 Ebd.

33 Ebd., S. 71

34 Ebd., S. 72

35 Ebd.

36 Ebd., S. 72 f.

37 Ebd., S. 76

38 Ebd., S. 77

39 Ebd.

40 Ernst Haenchen, Der Weg Jesu, Berlin 1966, S. 43 f.

41 Ebd., S. 43

42 In: Hennecke-Schneemelcher, Neutestamentliche Apokryphen in deutscher Übersetzung, 2. Bd.: Apostolisches, Apokalypsen und Verwandtes, 3. Aufl., Tübingen 1964, S. 382–384

43 Die Pseudoklementinen, II Rekognitionen, in Rufins Übersetzung, hrsg. von Bernhard Rehm, Berlin 1965

44 Die Pseudoklementinen, I Homilien (= H), hrsg. von Bernhard Rehm, Berlin 1969, 2. Aufl.

45 Irenäus, Fünf Bücher gegen die Häresien (= adv. haer. I, 23, Übers.: E. Klebba), in: Bioblithek der Kirchenväter, Kempten und München 1912, 1. Bd., S. 69

46 Hans Leisegang, Die Gnosis, Stuttgart 1955, 4. Aufl., S. 65

47 Irenäus, a. a. O., S. 69 f.

48 Ebd., S. 70; Leisegang, a. a. O., S. 66

49 Hennecke-Schneemelcher, 2. Bd., a. a. O., S. 385 f. – Hervorhebung von mir

50 Ebd., S. 72

51 Walter Grundmann, Das Evangelium nach Lukas, Theologischer Handkommentar zum Neuen Testament 3, Berlin, 2. Aufl., S. 217 Zu Lukas 10,22

52 Ebd., S. 219 f.

53 Ebd., S. 219 (Sjöberg, der verborgene Mernschensohn in den Evangelien, S. 189)

54 Ebd., S. 217

55 Ebd.

56 Hennecke-Schneemelcher, 2. Bd., a. a. O., S. 385

57 Ernst Haenchen, Das Johannesevangelium. Ein Kommentar, Tübingen 1980, S. 112

58 Ebd., S. 151 ff.

59 Christa Mulack, Im Anfang war die Weisheit. Feministische Kritik des männlichen Gottesbildes, Stuttgart 1988, S. 74

60 Ernst Haenchen, Das Johannesevangelium, a. a. O., S. 152

61 Übersetzung nach : Die Apokryphen und Pseudepigraphen des Alten Testaments, übers. u. hrsg. von E. Kautzsch, 1. Bd., Tübingen 1900 (Neudruck 1921), S. 351 ff. unter Berücksichtigung der Vulgata

62 C. G. Jung, Antwort auf Hiob, Gesammelte Werke 11, Olten 1973, 2. Aufl., S. 416 f.

63 Ernst Haenchen, Das Johannesevangelium, a. a. O., S. 153 f.

64 Ebd., S. 154

65 Christa Mulack, Im Anfang war die Weisheit, a. a. O., S. 75

66 Rudolf Bultmann, Das Evangelium des Johannes, Göttingen 1962, 17. Aufl., S. 5

67 Christa Mulack, Im Anfang war die Weisheit, a. a. O., S. 75

68 Wilhelm Kelber, Die Logoslehre. Von Heraklit bis Origenes, Frankfurt/M 1986, S. 13

69 Ebd., S. 17

70 Ebd.

71 Siehe: Johannes Hemleben, Johannes der Evangelist, Hamburg 1972, S. 75

72 Diels 45; zit. nach W. Kelber, Die Logoslehre, a. a. O., S. 29

73 Die Gnosis, 1. Bd., Zeugnisse der Kirchenväter, unter Mitwirkung von Ernst Haenchen und Martin Krause eingeleitet, übersetzt und erläutert von Werner Foerster, Zürich. Stuttgart 1969, S. 165. Zur Überlieferung von Irenäus, adv. haer. I,1,1–8,6, worauf sich das folgende bezieht, ebd., S. 170 ff., und Irenäus, a. a. O., S. 3 ff.

74 Irenäus , a. a. O., S. 5 ff. I,2

75 zit. nach C. G. Jung, Das Wandlungssymbol in der Messe, Gesammelte Werke 11, Olten 1973, 2. Aufl., S. 307 f.

Die Geheimlehre Jesu

1 W. Grundmann, Das Evangelium nach Markus, Theologischer Handkommentar II, Berlin, 3. Aufl. 1965, S. 92
2 Ebd.
3 Ernst Haenchen, Botschaft des Thomas-Evangeliums, Berlin 1961, S. 44
4 Ebd., S. 40
5 Ebd.
6 Ebd., S. 44
7 Ebd., S. 44 f.
8 Ebd., S. 42 f.
9 Ebd.
10 Ebd., S. 43 f.
11 Ebd., S. 45
12 Ebd., S. 45 f.
13 Ebd., S. 46
14 Ebd.
15 vgl. ebd., S. 47
16 Ebd., S. 47 f.
17 Ebd., S. 48
18 vgl. ebd., S. 52
19 Ebd., S. 55
20 Ebd., S. 58
21 Ebd., S. 61
22 vgl. ebd.
23 Upanishaden. Altindische Weisheit, übertr. u. eingel. von Alfred Hillebrandt, Düsseldorf. Köln 1973, S. 40
24 Übers. nach E. Bock, Das Neue Testament, Stuttgart 1987, 3. Aufl.
25 Ernst Haenchen, Der Weg Jesu, Berlin 1966, S. 307 f.
26 Buddhistische Geisteswelt. Vom Historischen Buddha zum Lamaismus, Texte ausgewählt und eingeleitet von Gustav Mensching, Baden-Baden, o. J., S. 43
27 Übers. E. Bock, a. a. O.
28 Schöpfungsberichte aus Nag Hammadi, neu formuliert und kommentiert von Konrad Dietzfelbinger, Dingfelder Verlag, Andechs 1989, S. 73
29 Buddhistische Geisteswelt, a. a. O., S. 43
30 Ebd., S. 29
31 Rudolf Otto, Reich Gottes und Menschensohn. Ein religionsgeschichtlicher Versuch, München 1954, 3. Aufl., S. 299
32 Ebd.
33 Ebd., S. 301
34 Ebd.
35 Ebd., S. 301 f.
36 zit. nach K. Deschner, Abermals krähte der Hahn, Reinbek 1972, S. 63
37 zit. nach Rudolf Otto, Reich Gottes und Menschensohn, a. a. O., S. 281
38 Ebd.
39 Ägyptisches Totenbuch, übers. u. kommentiert von Gregoire Kolpaktchy, Bern. München. Wien 1980, 7. Aufl. S. 59

40 Ebd., S. 60
41 Ebd., S. 63
42 Ebd., S. 64
43 Ebd., S. 66
44 Ebd., S. 67
45 Ebd., S. 71
46 Ebd., S. 101 f.
47 Ebd., S. 102
48 Ebd.
49 Ebd., S. 103
50 Ebd.
51 Ebd., S. 104
52 Ebd., S. 105 (Hervorhebung von mir)
53 Ebd., S. 115 f.
54 G. Klein, Ist Jesus eine historische Persönlichkeit? Tübingen 1910, zit. nach P. Lapide, Ist das nicht Josephs Sohn? Jesus im heutigen Judentum, Stuttgart. München 1976, S. 127 f.
55 Ebd. (Zum 4. Evangelium vgl. Joh. 9,15; 5,19 ff.; 14,10 ff.; 17,6 ff.)
56 Ebd., S. 128
57 Ebd.
58 Günter Schlichting, Ein jüdisches Leben Jesu. Die verschollenen Toledot-Jeschu-Fassung Tam ū-mū ād, Tübingen 1982, S. 97, 12,39–13,6
59 Ebd., S. 198, Joma 5,3
60 Ebd.
61 Henry Lincoln, Michael Baigent, Richard Leigh, Der Heilige Gral und seine Erben (aus dem Englischen übertr. von Hans E. Hausner), Bergisch Gladbach 1984, 2. Aufl., S. 288 – Hervorhebungen von mir
62 Ebd., S. 289
63 Ebd.
64 Ebd., S. 289 f.
65 Ebd., S. 290
66 Ebd., S. 297 f.
67 Ebd., S. 299
68 Ebd., S. 301
69 Ebd., S. 302
70 Ebd.
71 Ebd.
72 Ebd., S. 303
73 Ebd.
74 Ebd., S. 304
75 Ebd.
76 Ebd., S. 305
77 Ebd., S. 345
78 Ebd.
79 Ebd.
80 Ebd.
81 Hennecke-Schneemelcher, Neutestamentliche Apokryphen in deutscher Übersetzung, I. Bd., Evangelien, Tübingen 1959, S. 250
82 Rudolf Steiner, Das Christentum als mystische Tatsache und die Myste-

rien des Altertums, Gesamtausgabe Dornach 1976 (Bibl. Nr. 8), 7. Aufl. (= 2. Aufl. 1910)
83 Ebd., S. 129
84 Ebd.
85 Ebd., S. 129f.
86 Ebd., S. 123f.
87 Ebd., S. 124f.
88 Ebd., S. 128
89 Ebd., S. 129

Das Mysteriengeheimnis des Kreuzes

1 Odins Runenkunde 3, zit. nach Hans Gsänger, Die Externsteine. Christliches Heiligtum oder germanische Kultstätte? Schaffhausen 1985, 4. Aufl., S. 98f.
2 Ebd., S. 99
3 Rudolf Steiner, Die Welträtsel und die Anthroposophie, Gesammelte Werke, Bibl.-Nr. 54, Dornach 1983, 2. Aufl., S. 377f. – Hervorhebung von mir
4 Die folgenden Sprüche zitiert nach Übersetzung und Zählung in: Die Botschaft des Thomas-Evangeliums von Ernst Haenchen, Berlin 1961
5 Friedrich Weinreb, Der göttliche Bauplan der Welt. Der Sinn der Bibel nach der ältesten jüdischen Überlieferung, Bern 1978, 5. Aufl., S. 36
6 Ebd.
7 Ebd., S. 60
8 Der Brief an die Galater, übers. u. erkl. v. H. W. Beyer u. Paul Althaus, Neues Testament Deutsch 8, Die kleineren Briefe des Apostels Paulus, Göttingen 1962, 9. Aufl., S. 30. (Siehe zu dem Folgenden meinen Aufsatz in »Religion heute« 4/1988, »Was kommt nach dem Abschluß der christlichen Theologie?«, S. 244–248.)
9 C. G. Jung, Über die Archetypen des kollektiven Unbewußten, Gesammelte Werke 9/1, Olten 1978, 3. Aufl., S. 33
10 C. G. Jung, Psychologie und Alchemie, Gesammelte Werke 12, Olten 1980, 3. Aufl., S. 39
11 Ebd.
12 Ebd., S. 40
13 Ingrid Riedel, Marc Chagalls grüner Christus, Ein ganzheitliches Gottesbild – Wiederentdeckung der weiblichen Aspekte Gottes. Tiefenpsychologische Interpretation der Fraumünster-Fenster in Zürich, Olten 1988, 3. Aufl., S. 102
14 Ebd.
15 Ebd., S. 109
16 Ebd., S. 109f.
17 C. G. Jung, Antwort auf Hiob, Gesammelte Werke 11, Olten 1973, 2. Aufl., S. 476

Bildnachweis

Farbtafeln:

Seite 32: C. G. Jung »Symbol des Sakralen in einem Flammenkreis« aus C. G. Jung »Bild und Wort«.

Seite 64: Österliches Prozessionskreuz, kretisch, um 1700, Ikonenmuseum Schloß Autenried.

Seite 80: Albrecht Dürer »Anbetung der Heiligen Dreifaltigkeit«, 1511, Ausschnitt, Kunsthistorisches Museum, Wien.

Seite 192: Alexej von Jawlensky »Weisheitszeichen«, 1917, © VG Bild-Kunst, Bonn, 1990.

Schwarzweiß-Abbildungen:

Seite 31: »Vitamin-C-Kristall« (125fache Vergrößerung), aus C. G. Jung »Bild und Wort«.

Seite 70: Tibetisches Mandala aus »Das große Mandala-Buch«.

Seite 197: Triumphkreuz, Holzplastik um 1450, St. Lorenz, Nürnberg. Foto: Traute Lehmann, Bamberg.

Paul Schwarzenau
Das göttliche Kind
Der Mythos vom Neubeginn
In der Buchreihe »Symbole«

203 Seiten mit vier Farbtafeln, kartoniert,
ISBN 3-7831-0728-8

Gott wird Kind. Davon erzählen die Religionen. Dieser Mythos ist ein Urbild für das Hereinbrechen eines neuen Gottes-
und Menschenbildes in die Geschichte und damit für ein neues
Zeitalter. Das Symbol des göttlichen Kindes als Hoffnungszei-
chen für die Gegenwart ins Bewußtsein zu heben ist das Ziel
von Dr. Paul Schwarzenau, Professor für Evangelische Theologie mit Schwerpunkt Religionswissenschaft an der Universi-
tät Dortmund.

Das Kind, das so ganz auf seine Mutter angewiesene, hilflose
Wesen, wird zum Urbild göttlicher Seinssicherheit und Selbst-
gewißheit. Ein Buch über den Kind-Archetyp ist aber keine
Abhandlung über Kinder und den Umgang mit ihnen. Das
»göttliche Kind« ist ein Gottesbild. Darum ist auch die mytho-
logische Kindvorstellung ausdrücklich keine Kopie des natürli-
chen Kindes, sondern ein klar erkennbares Symbol: Es handelt sich um ein wunderbares, eben gerade nicht menschliches
Kind, gezeugt, geboren und aufgezogen unter ganz ungewöhn-
lichen Umständen.

KREUZ: Bücher zum Leben.

In der Buchreihe *Symbole* sind außerdem erschienen

KREUZ: Bücher zum Leben.